志愿服务实务丛书

中国志愿服务联合会
中国志愿服务基金会 组编

国外志愿服务

主编 张强 魏娜

中国人民大学出版社
·北京·

《国外志愿服务》编委会

主　　编　张　强　魏　娜

编辑委员会（按姓氏笔画排序）

　　　　　　王　焕　王娅梓　卢英华　任荟萃
　　　　　　刘　蕾　齐从鹏　严国宁　杨　灿
　　　　　　张　元　张　强　张晓婷　陈　光
　　　　　　陈俊杰　屈乐怡　赵　烁　曹蕗蕗
　　　　　　蔡铠韩　魏　娜　魏培晔

总　序

　　志愿服务是现代社会文明进步的重要标志,是加强精神文明建设、培育和践行社会主义核心价值观的重要载体和有效抓手。改革开放以来,我国志愿服务事业不断发展、服务队伍不断壮大、服务水平日益提升,志愿服务已经成为促进社会和谐、推动文明进步的重要力量。

　　中央高度重视志愿服务事业的发展。党的十八大以来,习近平总书记多次回信、寄语并做出重要指示,给予广大志愿者极大的鼓舞。一系列文件及法规,如《中华人民共和国慈善法》《志愿服务条例》《关于支持和发展志愿服务组织的意见》《关于公共文化设施开展学雷锋志愿服务的实施意见》的出台,为志愿服务事业保驾护航。党的十九大报告在加强思想道德建设层面,明确提出要推进诚信建设和志愿服务制度化,强化社会责任意识、规则意识、奉献意识,为新时代志愿服务事业指明前进的方向。如今,在习近平新时代中国特色社会主义思想的指引下,我国志愿服务事业步入历史发展的新阶段。

　　为进一步推动志愿服务事业健康发展,在中国志愿服务基金会的支持下,中国志愿服务联合会自成立以来便高度重视志愿服务培训工作,紧紧围绕志愿服务的制度化、法制化、规范化、信息化、专业化,积极探索志愿服务培训的新途径、新机制、新模式。依托全国宣传干部学院建立了中国志愿服务培训基地,并分别在武汉、青岛、河北、惠州、三明、长春等地及宋庆龄基金会建立培训基地，先后举办了秘书长培训班、理论研讨班、法制化培训班、信息化培训班、志愿服务组织负责人培训班以及青年志愿服务、公共文化设施志愿服务、巾帼志愿服务、助残志愿服务、社区志愿服务等各类培训班。全国各省市志愿服务联合会及志愿服务组织通过多种渠道积极开展了形式多样的培训活动。同时，各领域的专家学者积极开展理论研究，先后出版发行了《中国志愿服务大辞典》《中国特色志愿服务概论》《经验·价值·影响——2008北京奥运会、残奥会志愿者工作成果转化研究》等，为培训提供了智力支撑，为相关教材编写奠定了坚实的基础。

为了满足全国各行各业的志愿服务培训需求，中国志愿服务联合会、中国志愿服务基金会联合组织专家编写了这套具有较强针对性、可读性和实用性的"志愿服务实务丛书"，旨在帮助广大志愿组织和志愿者深入领会中共中央关于志愿服务工作的一系列文件精神和政策法规，了解志愿服务的内涵，掌握志愿服务的思路方法、实践路径，不断提高培训质量，提升志愿服务的能力水平。

本丛书由中国人民大学公共管理学院魏娜教授主编、中国人民大学出版社出版，通过公开征集的方式向志愿服务领域的专家学者和科研机构发布有关信息，在自主报名和推荐的基础上经过专家评审确定执行主编。

希望在各方支持和大家共同努力下，丛书在实践中不断丰富和完善，编纂工作顺利推进。相信本丛书会在推动中国特色志愿服务事业发展中发挥积极的作用。

前　言

在当今的全球治理格局中，志愿服务①已经成为联合国实现可持续发展目标（SDGs②）的贯穿性、基础性实施手段，是推动发展的重要工具，有助于改善治理情况，加强人民与国家的关系，建设更平等和包容的社会。在我国进入新发展阶段、贯彻新发展理念、构建新发展格局的进程中，志愿服务是推进国家治理体系和治理能力现代化的重要内容之一。习近平总书记明确指出，志愿服务是社会文明进步的重要标志，志愿者事业要同"两个一百年"奋斗目标、同建设社会主义现代化国家同行。从服务实践来看，2022年的统计显示全球每月15岁及以上的志愿者人数达到8.624亿，由此可见志愿服务创造的价值也不可小觑。2019年末新冠肺炎疫情暴发，截至2020年5月31日，仅中国参与疫情防控的注册志愿者就达到881万人，志愿服务项目超过46万个，记录的志愿服务时间超过2.9亿小时③。经过新冠肺炎疫情的洗礼，中国志愿服务发展达到一个新的里程碑。据统计，2020年志愿服务组织共79.46万家，志愿者达2.31亿人，其中有8 649万名有1小时以上志愿服务记录的活跃志愿者。参考全国志愿服务信息系统等平台的相关数据，按平均每人每年志愿服

---

① 本研究采用《志愿服务条例》中对志愿服务的界定，即志愿服务是指志愿者、志愿服务组织和其他组织自愿、无偿向社会或者他人提供的公益服务。国务院. 志愿服务条例. [2022-05-16]. http://www.gov.cn/zhengce/content/2017-09/06/content_5223028.htm.

② 可持续发展目标（Sustainable Development Goals，SDGs）诞生于2015年联合国可持续发展峰会（"里约＋20"峰会），在2000—2015年千年发展目标（Millennium Development Goals，MDGs）到期后继续指导2015—2030年的全球发展工作。

③ 国务院新闻办公室. 抗击新冠肺炎疫情的中国行动. [2022-05-16]. https://www.gov.cn/xinwen/2020-06/07/content_5517737.htm.

务时间 43 小时计算，累计提供志愿服务时间 37.19 亿小时，较 2019 年增长 63.98%；2020 年志愿者贡献服务总价值为 1 620 亿元，较 2019 年增长 79.28%，相当于为社会无偿提供了 185 万名全日制雇员①。可以说，面对危机，志愿者能够从参与创新性活动回归到"传统"的志愿服务，以满足其所在社区的基本需求，充分发挥人力供给、知识传递、服务递送和社会调节的作用，是应对重大突发公共卫生事件的重要生力军②。

新时代我国已经形成新型外交战略布局，立足大国关系，深耕周边外交，提出"亲、诚、惠、容"周边外交理念，推进金砖国家合作，拓展"一带一路"，深化南南合作，推动全球发展倡议。作为国家志愿服务事业的重要组成部分，开展国际志愿服务是我国推进社会治理创新、提高国家治理能力的重要内容，更是推进创新对外援助模式、建立全面分享网络的关键举措。尤其是企业社会责任的兴起以及互联网技术的深入发展，也为国际志愿服务带来新的发展机遇。在抗击新冠肺炎疫情的过程中，中国的国际志愿者积极参与，尤其是在全球疫情暴发后积极将中国抗疫经验带到世界各地，用行动诠释着人类是休戚与共的命运共同体。

研究国际志愿服务以及相关国家经验、推动中国国际志愿服务发展具有重大意义，有利于促进民心相通，增进国际交流；有利于共建"一带一路"，推进全球发展倡议，践行全球可持续发展目标；有利于加强全球治理，构建人类命运共同体；有利于培养国际人才，反哺国内社会治理创新。具体说来，国际志愿服务的研究主要涉及以下几个方面的重点内容：

一是国际志愿服务研究。当今世界正处于大发展大变革大调整时期，生态环境和气候变化、能源资源安全、粮食安全三大全球性问题更加突出，新冠肺炎疫情和气候变化等因素相互影响、

---

① 翟雁，辛华，张杨. 2020 年中国志愿服务发展指数报告//杨团，朱健刚. 慈善蓝皮书：中国慈善发展报告（2021）. 北京：社会科学文献出版社，2022：34-64.
② 张强，张元. 中国应急志愿服务发展现状与前瞻：基于新冠肺炎疫情应对的观察. 杭州师范大学学报（社会科学版），2020（4）.

共振叠加，加剧了全球治理的困顿。如何积极融入新兴的全球治理体系，把握机遇、应对挑战，为全球治理作出建设性贡献，已成为一个重要议题。当前国外诸多政府组织、非政府组织以及各个国家有关机构开展了诸多国际志愿服务，而中国的国际志愿服务仍处于起步阶段，虽然也形成了一定的规模和品牌项目，但在国际化、标准化、专业化等各个方面还有待与国际接轨，因此梳理并总结国际志愿服务先进经验，将有助于我国进一步优化国际志愿服务路径，进而参与全球治理以践行人类命运共同体的理念。

二是中国国际志愿服务研究。开展国际志愿服务研究，自然也需要对中国国际志愿服务发展现状进行反思与回顾。联合国志愿人员组织在2022年《世界志愿服务状况报告》中指出，尽管有疫情，但报告研究组关注的八个南方国家（发展中国家）的志愿者参与仍然非常稳定，与部分北方国家（发达国家）的经历形成了鲜明的对比，可见发展中国家的经验也越来越得到重视。因此，充分认识当前中国国际志愿服务的发展历程和现状，分析国内国际双循环下面临的挑战和机遇，将有利于进一步明确中国特色志愿服务"走出去"的战略定位和创新路径，为世界提供中国模式，传递中国经验，讲好中国故事。

三是国外志愿服务研究。回顾志愿服务发展历史，发达国家无论是国际志愿服务还是国内志愿服务都兴起较早、规模较大、发展较为成熟。因此，总结发达国家的整体志愿服务系统设计、推进策略及相关经验，对于推动我国志愿服务高质量发展具有重要意义。

基于此，本书内容分为上编和下编，分别对国际志愿服务与国外志愿服务的历史、现状和经验进行了梳理。上编为"国际志愿服务概览"，共包含五章，第一章"国际志愿服务发展历程"明确了志愿服务和国际志愿服务的概念，梳理了国际志愿服务的发展环境和历史演变，以回顾志愿服务发展历程；第二章"国际志愿服务发展现状"总结了当前国际志愿服务的发展概况、发展特点以及所发挥的功能，其中重点总结了我国国际志愿服务的发展现状，以描述当前全球和我国国际志愿服务发展的系统图景；

第三章"国际志愿服务典型组织"关注不同类型的国际志愿服务组织的基本情况，以及在项目运营、志愿者管理等方面的路径和经验，为我国国际志愿服务发展提供参考；第四章"国际志愿服务品牌项目"重点选取了影响力较大的国际志愿服务以及中国国际志愿服务的品牌项目，不仅梳理了这些项目的运行经验，也形成对比，反思并优化我国的相关品牌项目；第五章"国际志愿服务未来展望"分析了当前国际志愿服务面临的挑战并展望了未来的发展趋势，为未来探索优化中国国际志愿服务发展路径提供建议。下编为"典型国家志愿服务"，共分为六章，分别对英国、美国、澳大利亚、德国、日本、新加坡等国的志愿服务发展阶段、发展现状和特点、法制建设、组织体系、品牌项目和特色活动等内容进行了介绍，系统地呈现了国外志愿服务发展模式，同时还附上了各个国家相关部门和研究机构的网站，供读者追溯和参考。

综上，推进国际志愿服务发展是践行全球可持续发展目标的有效手段，是国家外交战略的有机构成，是促进民心相通的重要路径，是中国企业"走出去"的有力支持，是我国社会组织能力建设的重要渠道，是培养国际化人才的关键途径。希望通过本书的梳理，能够为当前国际志愿服务的实践发展和理论研究提供参考，为健全志愿服务体系、推动志愿服务事业高质量发展提供知识借鉴。

另外，本书是由多位作者分工合作完成的。其中，张强教授和魏娜教授担任主编工作，设定了全书的框架和撰写思路，组建了编写团队，统筹全书编写过程，撰写了全书的核心内容。

关于上编"国际志愿服务概览"，张强教授负责书稿的总体设计及各章节的具体内容，并把握写作风格和写作规范；齐从鹏、严国宁负责撰写第一章；张元、任荟萃负责撰写第二章；陈光老师及其团队负责撰写第三章；屈乐怡、张晓婷负责撰写第四章；蔡铠韩、赵烁、王娅梓负责撰写第五章；张强教授负责第一到第五章的统稿和校对工作，赵烁、王娅梓、屈乐怡、张晓婷和卢英华参与了第一到第五章的校对工作。

关于下编"典型国家志愿服务",魏娜教授负责书稿的总体设计及各章节的具体内容,并把握写作风格和写作规范;杨灿负责撰写第六章;王焕负责撰写第七章;陈俊杰负责撰写第八章;刘蕾负责撰写第九章;曹蕗蕗负责撰写第十章;魏培晔负责撰写第十一章;魏娜教授、陈俊杰负责第六到第十一章的统稿和校对工作。

最后,需要说明的是,受新冠肺炎疫情的影响,编写组对于国际方面相关内容的撰写主要依靠的是文献资料,与国际同行的直接交流非常有限。为此,恳请各位读者多加指正。此外,中国国际志愿服务工作委员会已于2022年成立,未来希望更多来自国内外的同行能够参与本书的修订,丰富本书的各章节内容,共同推动国外志愿服务的相关研究。

编者

2022年4月

目 录

上编 国际志愿服务概览

第一章 国际志愿服务发展历程 …………………………………… 3
　第一节 国际志愿服务概念界定 ………………………………… 3
　第二节 国际志愿服务发展环境 ………………………………… 5
　第三节 国际志愿服务历史演变 ………………………………… 9
第二章 国际志愿服务发展现状 …………………………………… 15
　第一节 国际志愿服务发展概况 ………………………………… 15
　第二节 国际志愿服务发展特点 ………………………………… 23
　第三节 国际志愿服务功能探析 ………………………………… 29
第三章 国际志愿服务典型组织 …………………………………… 36
　第一节 国际志愿服务组织总体特征 …………………………… 36
　第二节 国际组织示例 …………………………………………… 38
　第三节 各国机构示例 …………………………………………… 48
第四章 国际志愿服务品牌项目 …………………………………… 75
　第一节 国外品牌项目 …………………………………………… 75
　第二节 中国品牌项目 …………………………………………… 81
第五章 国际志愿服务未来展望 …………………………………… 90
　第一节 面临挑战 ………………………………………………… 90
　第二节 发展趋势 ………………………………………………… 93
　第三节 关键行动 ………………………………………………… 94

下编　典型国家志愿服务

第六章　英国的志愿服务 ········· 101
　　第一节　发展阶段 ········· 101
　　第二节　发展现状和特点 ········· 103
　　第三节　法制建设 ········· 107
　　第四节　组织体系 ········· 113
　　第五节　品牌项目和特色活动 ········· 117
　　第六节　重要机构和网站 ········· 119

第七章　美国的志愿服务 ········· 122
　　第一节　发展阶段 ········· 122
　　第二节　发展现状和特点 ········· 127
　　第三节　法制建设 ········· 130
　　第四节　组织体系 ········· 134
　　第五节　品牌项目和特色活动 ········· 135
　　第六节　重要机构和网站 ········· 138

第八章　澳大利亚的志愿服务 ········· 143
　　第一节　发展阶段 ········· 143
　　第二节　发展现状和特点 ········· 149
　　第三节　法制建设 ········· 157
　　第四节　组织体系 ········· 163
　　第五节　品牌项目和特色活动 ········· 166
　　第六节　重要机构和网站 ········· 170

第九章　德国的志愿服务 ········· 174
　　第一节　发展阶段 ········· 174
　　第二节　发展现状和特点 ········· 175
　　第三节　法制建设 ········· 179
　　第四节　组织体系 ········· 182
　　第五节　品牌项目和特色活动 ········· 188
　　第六节　重要机构和网站 ········· 190

第十章　日本的志愿服务 ········· 194
　　第一节　发展阶段 ········· 194
　　第二节　发展现状和特点 ········· 197

第三节　法制建设 …………………………………… 201
　　第四节　组织体系 …………………………………… 203
　　第五节　品牌项目和特色活动 ……………………… 207
　　第六节　重要机构和网站 …………………………… 209
第十一章　新加坡的志愿服务 …………………………… 212
　　第一节　发展阶段 …………………………………… 212
　　第二节　发展现状和特点 …………………………… 218
　　第三节　法制建设 …………………………………… 225
　　第四节　组织体系 …………………………………… 228
　　第五节　品牌项目和特色活动 ……………………… 233
　　第六节　重要机构和网站 …………………………… 235

上编
国际志愿服务概览

第一章
国际志愿服务发展历程

第一节 国际志愿服务概念界定

一、志愿服务

2002年联合国大会通过的关于支持志愿服务的相关决议将志愿服务定义为，为公众利益而自愿开展且金钱回报不是主要的激励因素的活动。在中国，与志愿服务相关的法律法规也对志愿服务进行了界定。2017年，国务院颁布的《志愿服务条例》把志愿服务界定为"志愿者、志愿服务组织和其他组织自愿、无偿向社会或者他人提供的公益服务"。《北京市志愿服务促进条例》将志愿服务定义为"自愿、无偿向社会或者他人提供的公益服务"。志愿服务的定义不尽相同，但都强调了志愿服务的自愿性、无偿性和公益性以及"奉献、友爱、互助、进步"的理念[①]。

联合国志愿人员组织（United Nation Volunteers，UNV）发布的2018年《世界志愿服务状况报告》将志愿服务理解为一种社会行为，地理、性别、年龄及其他社会、经济和政治现实会影响人们的志愿行动，影响人们如何以及为何参与志愿服务。有的志愿服务是不定时的或偶发的，而有的志愿服务则是系统的、可预测的；有的志愿服务机会由组织创造，而有的志愿服务则是非正式的、自发的，且直接在个人之间进行。尽管大多数志愿行动在地方层面开展，但人们可以在国家层面、国际层面自愿参加志愿服务。

---

① 魏娜，王哲. 志愿服务对公共服务的价值与影响. 长白学刊，2016（1）.

二、国际志愿服务

有学者提出一种类型学模型来描述一国志愿者在他国从事的志愿活动，将跨境志愿者活动划分为"跨国"（cross-national）和"国际"（international）志愿服务。本书认可这种对国际志愿服务的定义，认为国际志愿服务是指政府、社会组织、企业以及其他机构向外派遣志愿者提供志愿服务或者志愿者个体在海外积极开展国际志愿服务，具体包含两类：一类是跨越国界的相关主体开展的国际志愿服务活动，主要指的是政府间国际组织、非政府间国际组织开展的国际志愿服务；另一类是一个国家的相关主体在境外开展的志愿服务活动，可称其为境外志愿服务。早期国外志愿服务的主要路径是南北合作①，以欧美等发达国家为主体开展国际志愿服务，为发展中国家或因疾病、战争或自然灾害等因素面临困境的国家和地区提供援助和支持。而当前，随着发展中国家的不断发展，人们也在探索一条南南合作②的国际志愿服务发展路径。中国的发展以及"一带一路"建设的进行，为南南合作的推进提供了助力。开展国际志愿服务的不仅仅是政府组织，还包括非政府组织，随着发达国家的"援助疲劳症"日益严重，以及非政府组织的兴起，各类非政府组织主导的国际志愿服务行动日益成为国际志愿服务的重要组成部分。

在国际志愿服务的内容上，早期的国际志愿服务活动主要关注教育、医疗卫生等领域；从现有的实践来看，国际志愿服务的内容涵盖教育、医疗、紧急救援、工程技术援助等数十个甚至上百个专业技术领域。国际志愿服务的内容会受到诸多因素的影响：一是服务对象的需求，大多数国际志愿服务项目都是需求导向型的，尤其是对于国外志愿服务来说，如果受援国没有此项需求，援助国的志愿活动就不能起到作用，甚至还会引起相关国家的反感；二是服务方的比较优势，服务方的比较优势也决定着国际志愿服务的内容，这不仅有利于降低单个项目的成本，也有利于提升服务方的声誉；三是服务的力度，这直接决定着国际志愿服务内容的广度和深度。

当前国际志愿服务实践主要包含以下要素：一是资金支持。在20世纪

---

① 国际上，"南"指的是广大的发展中国家，"北"指的是发达国家。因为发展中国家多在南半球或者北半球的南部，而发达国家多在北半球的北部。所以，"南北合作"指的是发展中国家同发达国家之间在经济、技术等领域的广泛合作。

② "南南合作"指的是发展中国家之间在经济、技术等领域内的广泛合作。

70年代，大部分的国际志愿服务合作组织由政府资助。20世纪80年代，它们的资金来源逐渐多样化，部分资金来自私人和企业。现在，对国际志愿服务合作组织而言，来自政府的核心资金已不再能够得到保证，还需要获取私人捐助者的支持。二是项目目标。当前国际志愿服务目标较为多样，从受援方的角度来看，包括推动受援地的经济社会发展等"硬"目标；从援助方的角度来看，包括培养青年的公民意识和全球化技能等"软"目标。三是参与主体。参与国际志愿服务的志愿者一般都来自不同的国家，这些国际志愿服务者一般是有较强技能和国际活动能力的技术人员，或者是有较强活动能力的青年志愿者。志愿者的来源地也日趋多元化，发达国家、发展中国家皆有。四是项目设计。项目设计要考虑到服务期限，一般除了培训外，服务周期是两年，不过各类短期（少于两年）的志愿服务项目也在逐渐增加；在志愿者的补助和保护方面，一般包括发放生活津贴、为志愿者购买残疾和意外伤害保险，如果是政府支持的项目则可能会设置未来就业支持等方面的优惠条件；国际志愿服务的评估趋向于以结果为导向的管理，记录志愿者们对发展目标的贡献，相比于国内志愿服务会更加精细化[①]。

第二节 国际志愿服务发展环境

2019年末，新冠肺炎疫情席卷全球，不仅挑战着世界各国的经济社会发展，也使得越来越多的全球性问题日益凸显，影响着人类生活的方方面面。为了更好地认识并发挥志愿服务作为实现可持续发展目标的关键资源和跨领域的实施手段的作用，本节将从历史的角度，结合当前国际形势，梳理并总结国际志愿服务发展面临的政治、经济、文化、社会和生态等方面的外部环境。

一、政治环境

由于全球政治局势不稳定且政治环境复杂，志愿服务的发展过程漫长而曲折。19世纪中期，英国先后进行了两次选举制度改革，保障绝大部分成年男子享有选举权和参与权，制度上的进步为英国志愿服务的形成奠定

---

① 陈秀红，张登国. 志愿服务项目成效评估指标体系研究：基于AHP法和模糊区间评价. 广西社会科学，2015（1）.

了坚实的基础①。19世纪后期到20世纪初，西方工业化和城市化急速发展，民主运动频发，使人们看到平等使用社会公共资源、参与社会公共事务的机会。现代意义的国际志愿服务主要在第二次世界大战后兴起，其背后的原因和政治紧密相关。因为冷战对抗的政治需要，发达国家单向对发展中国家输送志愿服务以满足自身政治利益。可以发现，许多国家的国际志愿服务与其国际战略和国内政策存在明显的联动关系。20世纪60年代，西方福利国家出现危机，政府调整社会保障政策，转向积极的福利政策，使得原先由政府一手包办的公共服务领域出现力量缺口，这为社会志愿服务组织的发展提供了机会。20世纪90年代后，冷战结束，国际志愿服务活动被定义为促进现代社会快速成长的有效途径。21世纪以来，随着2008年金融危机的爆发，大多数国家经济受到重创，导致对志愿服务的资助大幅下降，国际志愿服务的发展面临挑战。如今国际形势受到新冠肺炎疫情全球蔓延和大国博弈激烈程度上升的双重影响，世界多国再度出现孤立主义的政治倾向②，现有国际机制的治理短板日益凸显，例如国际组织难以保持治理议题的中立、现有全球治理机制难以应对新涌现的全球性挑战、国际机制面临改革困境且缺乏改革共识等③。因此，国际志愿服务作为跨越国界的手段，在全球政治与安全形势的复杂性有所增加的环境下，更有可能充分发挥自身跨越国界的属性优势，参与到全球问题的治理中。

二、经济环境

伴随经济全球化的影响以及工业革命的进行，贫富差距拉大、生产外部性等问题不能单纯依靠政府的力量去解决，社会力量成为弥补市场以及政府缺陷的重要力量。由此，工业国家的社会组织日益发展，逐渐汇聚成一股强大的志愿力量，提升了公众的社会参与感，早期的志愿服务组织应运而生④。

第二次世界大战后，资本主义国家的经济迅速恢复，政府和人民的财力大增，以美国为代表的发达国家开始支持和参与国际志愿服务活动。21世纪以来，经济全球化进入高潮期，发达国家和发展中国家通过跨国公司

---

① 刘成. 民主的悖论：英国议会选举制度改革. 世界历史，2010（2）.
② 杨洁勉. 当前国际形势的特点和展望：着眼于中国定位与应对的讨论. 国际展望，2019（1）.
③ 张宇燕，邹治波. 国际形势黄皮书：全球政治与安全报告（2022）. 北京：社会科学文献出版社，2021：126-142.
④ 郑畅. 工业化背景下志愿服务的发展. 大家，2011（9）.

达成良好的经济合作。近几年，世界上很多企业公司在企业社会责任理念的指导下投入公益领域，2019年8月美国商业组织"商业圆桌会议"（Business Roundtable）在华盛顿发表联合声明，由美国多家顶尖企业首席执行官集体签署，重新定义公司运营的宗旨，宣称公司的首要任务是创造一个更美好的社会。因此，在经济全球化的趋势中，志愿服务在服务内容上扩展至经济建设、生态保护、灾害治理、社区建设等与可持续发展相关的内容，并且成为践行企业社会责任的重要方式。此外，新科学技术革命的出现、知识经济和信息化浪潮的兴起，给世界经济注入了新的活力，也给国际志愿服务创造了更多的可能性。尤其在新冠肺炎疫情应对中，在线志愿服务已经成为有效联结服务主体、推动社区治理创新的重要途径。

三、文化环境

国际志愿服务的发展演变，离不开文化的作用力。人性关怀、慈善公益无一不体现着志愿服务的精神内涵。

在全球化和工业革命的浪潮中，全球各国间的文化交流、信息共享日趋频繁密切。但是，各个国家的民族特色、种族文化、生活习性都呈现出较大的不同，如何在保持国家文化差异的同时做到文化理解成为各个国家都要解决的重要难题。国际志愿服务在此机遇和挑战下，成为一种促进异国文化交流理解的有效方式。通过国际志愿服务，人们在认知和行为上更加理解和接纳异国文化，对异国文化有了新的认识和新的态度。同时，国际间的文化交流也促进了志愿精神和志愿服务在世界各地的传播与普及。此外，世界各国的文化和生活日渐交融，使国际志愿服务更加多样，丰富了志愿服务理念。一方面，来自不同国家地域的志愿人员，将其本国文化理念和服务理念运用到对他国的志愿服务中，开阔国际视野，开拓解决问题的新思路。另一方面，在服务的过程中，志愿人员也受到不同国家、民族和区域特色的影响，在合作交流中结合当地实际情况因地制宜，不断融合发展创新服务，形成独具地域特色的服务理念和服务模式。

四、社会环境

在早期西方社会中，各种公益慈善和志愿服务活动是少数富人阶层的专属活动，广大民众受经济条件、社会地位、人际关系网络以及信息资源等因素的限制，难以参与此类活动。但是，随着近现代民主思想的宣扬，全球各地公民逐渐认识到志愿服务是自由平等的活动，每个人都有权利参与其中，无论奉献的力量是大还是小。

由于各国的国际交往和合作日趋频繁，许多地方性的问题迅速扩大成国际性、全球性的问题。全球社会愈发关注社会公平、人类生存和生态平衡等全球性问题，来自不同国家、地区之间的人秉承共同的信念、共同的追求，更加积极主动参与全球治理。目前，在参与全球治理的诸多力量中，反响最热烈的就是非营利组织、志愿服务组织等社会力量。志愿服务能够弥补政府和企业在解决国际矛盾与争端方面的不足，在处理社会问题上发挥越来越重要的作用。尤其是在当前新冠肺炎疫情肆虐全球、各地重大突发事件频发的大背景下，国际志愿服务更是凝聚人类共识、携手共渡难关的重要方式。

五、生态环境

随着各种极端自然灾害愈发频繁，生态环境问题已经成为当今世界各国面对的共同难题。从中国政府将生态文明建设列为"五位一体"总体布局的重要一环，到全世界195个缔约方共同签署《巴黎协定》以应对国际气候变化，这都进一步证明了处理好生态环境问题对于人类的重要性[①]。生态环境不同于政治、经济、文化等领域，全世界各国都同属于一个地球村，在生态环境问题面前，没有一个国家可以独善其身。

以生态环境问题解决为目的的国际合作不能仅仅依靠政府间的合作，更需要社会力量在共同的人类价值与理念的指引下参与到保护生态环境的国际志愿服务当中。联合国在2015年提出的17个可持续发展目标，也侧重从生态环境角度阐述了人类若想长期持续发展需要达到的目标。目标的达成，需要世界各个国家的共同参与，但是限于当前国际秩序的不平等以及国家之间实力差距悬殊，各个国家在国际生态环境领域的话语权并不一致，甚至出现部分发达国家对发展中国家的资源进行掠夺，通过垃圾外运转嫁生态环境风险的情况。目前，世界上已经成立了很多专注国际生态环境治理的非营利机构，它们在全世界很多欠发达地区开展关于环境治理的国际志愿服务工作，弥补了当前政府间关于生态环境治理国际合作的不足，尤其在很多发展中国家的生态环境治理中发挥了举足轻重的作用。可以说，国际志愿服务组织是当前全球生态环境治理的重要力量，它们摒弃民族国家的利益差别，为人类的可持续发展事业而奋斗。

不仅生态环境是国际志愿服务发展中的重要议题之一，而且，生态环

---

① 数据截至2022年6月30日。

境领域的创新实践也在推动国际志愿服务的协作机制的变革。

第三节 国际志愿服务历史演变

从历史的角度考量，志愿服务的文化源远流长，是世界各国所共有、共享的精神财富。因地域、文化和发展道路的不同，各国志愿服务的发展不可一概而论，本节将遵循时间主线介绍国际志愿服务的历史演变及特征。

一、国际志愿服务发展阶段

现代意义上的志愿服务至今已有200多年的历史，最初出现在与战争相关的人道主义救助活动中。在和平时代，志愿服务会涵盖更为广泛的领域，包括环境保护、救灾抢险、维护和平、促进社区建设和社会进步等领域。笔者通过梳理志愿服务的历史演变脉络，将全球志愿服务发展划分为以下三个阶段：萌芽伊始阶段（19世纪初至20世纪50年代末）、迅猛发展阶段（20世纪60年代初至20世纪末）和动态多元阶段（21世纪初至今）。

（一）萌芽伊始阶段（19世纪初至20世纪50年代末）[1]

国际志愿服务起源于19世纪初，当时是为了应对第一次世界大战造成的损失和破坏。

20世纪20年代，国际志愿服务的主要主体是国际工作营（international work camps）和志愿军（volunteer armies）。反战人士在第一次世界大战期间着力推动和平主义思潮，发起了"良知拒服兵役者"运动，国际工作营和志愿军有力推动了世界和平。此时，公共国际服务项目规模扩大，主体人员致力于重建战后的欧洲地区。

20世纪30年代到40年代是非殖民化运动的发展时期，志愿者营地发动了大量青年人援助新独立起来的国家并对其进行经济扶助。其间，一批正式的非营利志愿服务机构开始出现。国际公民服务团（Service Civil In-

---

[1] LOUGH B J. 国际志愿服务的历史演变. [2022-05-16]. https://www.researchgate.net/profile/Benjamin-Lough/publication/282769652_guojizhiyuanfuwudelishiyanbian_Evolution_of_International_Volunteering——CH/links/561bd3d508ae78721fa10686/guojizhiyuanfuwudelishiyanbian-Evolution-of-International-Volunteering——CH.pdf.

ternational，SCI）于1934年成立，旨在开展发展性援助，帮助战后和灾后地区恢复重建，促进国际理解和减少国际争端。与此同时，大型跨国机构也不断发展，1945年成立的联合国是其典型代表。在国际合作的框架下，全球涌现大量国际志愿服务合作组织，当时它们当中的大多数得到了政府的资助和支持。

20世纪50年代到60年代，政府资助的国际志愿服务主要目的是满足发展中国家的技术技能和"中级人力"的需求，帮助和支持更多的青年投身并参与到发展活动中。1951年，墨尔本大学毕业生志愿者计划标志着第一个正式的长期国际志愿者项目发端，此后欧洲各国、加拿大、新西兰等纷纷效仿，建立了类似的长期国际志愿服务模式。截至1960年，全球已投入运行的国际志愿者项目超过20个[1]。

（二）迅猛发展阶段（20世纪60年代初至20世纪末）[2]

20世纪中后期，全球非营利组织和非政府组织大量涌现，使得许多公立和私立项目发展壮大，志愿服务呈现出前所未有的发展势头，而当今绝大多数的国际志愿者项目正是由相关非营利组织推动的。

在此阶段，联合国制定了两个"发展十年"目标，1961到1970年为第一个发展十年。1968年国际志愿服务协调委员会和联合国教科文组织合作起草的第一份《志愿人员服务宪章》，提到承认互惠平等的国际合作及支持地方和国家志愿人员方案的重要性，正式强调了志愿服务国际交流合作的重要性。在此期间，发展援助和促进跨文化交流被理解成国际志愿服务运动的主题，政府得到立法授权为国际志愿服务提供资金资源，这使得许多国际志愿服务组织的项目资金更加充足。很多优秀的知名国际志愿服务组织也在此时纷纷建立起来，包括知名的美国和平队（Peace Corps）、英国海外志愿服务社（Voluntary Service Overseas，VSO）等。这些国际志愿服务组织都建立了类似的项目，包括为期两年的技术援助定向实习等[3]。

1971到1980年为第二个发展十年，在这一时期内，因为反战运动而开展的公民行动使得公众大大提高了对全球事务的关注度和参与意识，更

---

[1] 王艺. 国家战略下的国际志愿服务与青年参与. 北京青年研究，2020（2）.
[2] LOUGH B J. 国际志愿服务的历史演变. [2022-05-16]. https：//www. researchgate. net/profile/Benjamin-Lough/publication/282769652_guojizhiyuanfuwudelishiyanbian_Evolution_of_International_Volunteering——CH/links/561bd3d508ae78721fa10686/guojizhiyuanfuwudelishiyanbian-Evolution-of-International-Volunteering——CH. pdf.
[3] 邝洁若. 国际志愿服务. 智库时代，2020（2）.

多的公众尤其是青年希望从事国际志愿服务工作。因此，为了响应公众需求，许多大型国际志愿服务组织相继成立，小规模的志愿服务组织数量也猛增，国际志愿者的队伍规模和人员数量都大幅提升。这些非政府志愿服务组织在私人资金的帮助下，提供了更为灵活的志愿服务模式。它们主要来自美国、英国、法国、德国、日本等国家，其中，具有代表性的两个大型非营利组织是成立于1971年的无国界医生组织（Médecins Sans Frontières，MSF）和成立于1976年的仁爱之家（Habitat for Humanity）。此外，旨在动员合格志愿者参与联合国项目的联合国志愿人员组织也于1970年设立。

此后20年，即1981—2000年，国际志愿服务的资金来源、发展理念、服务模式等都发生了新的变化。首先，就资金来源而言，当时各个国家纷纷削减官方发展援助，使得许多国际志愿服务组织难以仅仅依赖政府提供核心资金，而不得不从私营部门寻求帮助、筹集资金，从而扩大与非政府部门的接触面。其次，就发展理念而言，当时的国际志愿服务组织开始关注社会和公民参与，重视人类发展、以人为本和能力建设等。在这段时间里，国际志愿服务组织提出了新的短期专业志愿人员服务模式并使其成为一种制度性安排①，同时，开创了南北合作的服务模式，各种国际志愿服务组织一并纳入南南和南北志愿人员岗位安置方案之中。

（三）动态多元阶段（21世纪初至今）②

21世纪初，国际局势和国际问题更加多元化，国际志愿服务作为满足人类多样化需求的有效手段，俨然成为世界各国所关注的热点领域之一。2001年被定为"志愿人员国际年"，这大大提高了志愿服务的关注度和知名度，提升了国际志愿服务的国际地位。当时的国际志愿服务的核心工作已经转变为服务于联合国千年发展目标。与此同时，得益于新世纪极速发展的通信及科技信息技术，线上活动成为国际志愿服务的一种新形式，借助互联网，国际志愿服务人员能够更便捷地处理志愿服务事务，组织宣传和培训。此外，企业社会责任的兴起为国际志愿服务拓宽了融资渠道，加强了与私营企业的伙伴合作关系。尤其受2008年经济衰退的影响，政府不

---

① 王艺. 国家战略下的国际志愿服务与青年参与. 北京青年政治学院学报，2020（29）.

② LOUGH B J. 国际志愿服务的历史演变. [2022-05-16]. https://www.researchgate.net/profile/Benjamin-Lough/publication/282769652_guojizhiyuanfuwudelishiyanbian_Evolution_of_International_Volunteering——CH/links/561bd3d508ae78721fa10686/guojizhiyuanfuwudelishiyanbian-Evolution-of-International-Volunteering——CH.pdf.

再是也不愿是国际志愿服务唯一的核心资金提供者，由此使得许多社会资本涌进。

联合国193个成员国在2015年9月举行的可持续发展峰会上一致通过了《2030年可持续发展议程》，议程中的17个可持续发展目标是人类的共同愿景，也是世界各国领导人与各国人民之间达成的社会契约，而志愿服务正是作为实现可持续发展目标的贯穿性、基础性的实施手段。世界各国明确认可志愿服务在可持续发展目标实现中的重要作用，并将志愿服务组织作为推动可持续发展目标实现的重要参与方。如今，国际志愿服务组织和志愿人员的数量快速增长，国际志愿服务不再局限于发达国家，许多中低收入的国家也加入国际志愿服务队伍中，出现了许多南北合作和南南合作的案例。

二、国际志愿服务的演变特征

经过较长时期的发展，国际志愿服务在发展路径、服务内容以及实施观念等方面都呈现出一些演变特征。

（一）国际志愿服务的路径变化

国际志愿服务呈现出从以南北合作为中心向南南合作兴起转变的发展趋势。南北合作模式在早期志愿服务中占据主导地位，使得志愿服务具有明显的单向性特征。在志愿服务的第一个发展十年，即1961—1970年，发达国家主要向与其有历史渊源的发展中国家部署志愿人员，这个援助过程带有强势的殖民主义和文化帝国主义色彩。因此，南南合作在早期是罕见的、难以实现的。

如今，南南合作模式日渐得到关注。就大规模的南南合作的支持方来说，联合国志愿人员组织是典型的促进南南合作的代表。自联合国志愿人员组织成立以来，它便致力于推动南南合作的发展，接受政府、非政府组织和其他私营部门的捐款，建立志愿信托基金，为从发展中国家招募合格志愿者提供资金支持。到后期，在联合国志愿人员总体中，来自南方国家的志愿人员占了绝大部分。

（二）国际志愿服务的内容变化

经过长时间的发展演变，国际志愿服务的内容表现出从单一浅显到丰富多元的转变，笔者将从志愿服务的目的、领域和方式这三个方面介绍国际志愿服务实践的内容变化。

在服务目的方面，志愿服务的目标不断变化。早期的国际志愿服务的目的主要是进行战后重建、文化交流以及提供宗教服务。20世纪50年代末至60年代，国际志愿服务的目的是满足发展中国家的技术技能和"中级人力"的需求，帮助和发动更多的青年人参与到发展活动中。70年代，西方国家利用志愿服务在冷战期间进行和平演变、传递西方价值。80年代和90年代，国际志愿服务关注社会和公民参与，重视人类发展和以人为本。21世纪至今，多样化成为国际志愿服务目的的显著特征，世界各国都遵循互惠性的利益准则开展多样化的国际志愿服务。

在服务领域方面，国际志愿服务领域不断拓展，涵盖教育、农林业、医疗卫生、工程建造、科学技术等领域，不同国际志愿服务组织表现出鲜明独特的行业专业性，比如英国海外志愿服务社关注教育领域，日本青年海外协力队（JOCV）聚焦农业领域和林业领域，还有一些国家地区关注社区发展和社区建设。

在服务方式方面，随着时间的推移，发展型的支援方式成为时代潮流。"授人以鱼，不如授人以渔"的理念贯穿国际志愿服务的发展过程。起初，志愿人员只是通过自身劳动和服务来援助他国，填补服务空白，但后期他们的着重点转为加强当地人或者当地社会的能力建设，他们只是作为辅助角色，核心任务是推动当地青年人参与国内志愿活动，促进新生力量的崛起。

随着科学技术和信息网络的不断发展，国际志愿服务的形式变得灵活多样、方便快捷。人们不用再碍于空间和时间，借助互联网工具便可做到国际志愿服务合作交流和信息共享。此外，线上社交网络还能让各国志愿人员保持联系，实实在在地提高了国际志愿服务的效率和质量。有鉴于此，联合国志愿人员组织实施了在线志愿人员方案，将其作为志愿人员致力于和平与发展项目的一种新方式。在新时代，信息共享和网络互助对国际志愿人员的合作实践尤为重要。信息的互通一方面可以使志愿人员迅速了解情况，另一方面能够汇集各种参考信息和参考建议来帮助志愿人员处理问题争端。在网络互助方面，从原始的志愿服务网络到如今信息沟通、资源共享的网络，现实网络和虚拟网络相互交织，为国际志愿人员的合作实践提供了更多的可能性，也为志愿服务的革新指出了清晰的前进方向。

（三）国际志愿服务的观念变化

正如前文提到的，早期的国际志愿服务往往带有强势的主导单向性援助的特征，援助国常常是工业化水平比较高的发达国家，受助国一般是发展中国家。发达国家和其志愿人员在国际志愿服务中常常会自带大国优越感，自认为是先进的"文明传播者"和"高等的救世主"，对待国际志愿服务表现出"被动应付"[①]和"居高自傲"的态度，过度炫耀，缺乏同理心。而有些发展中国家屈辱卑微地接受帮助，也有一些国家为维护本国尊严，态度抵触，不愿意接受援助合作。于是，在这种矛盾多元的观念影响下，国际志愿人员的合作实践难以开展，即使顺利开展，成效也和目标相去甚远。

随着全球化进程的加快，和平与发展成为当今时代的主题，世界各国的志愿人员逐渐开始明白，相互学习、相互尊重、沟通交流的合作观念才是促进各国快速发展、解决问题的良方。因此，国际志愿人员应改变旧观念，紧追时代潮流，加强国际志愿人员的平等合作。其中，观念的变化在各国的志愿者手册和服务指南中体现得淋漓尽致，读物中详细罗列了与其他国家民族进行交流合作时的注意事项，并重点强调注意平等对话、以平等的心态尊重和了解他国国情等。

思考与讨论

1. 志愿服务的国际定义和本土化认知为什么存在差异？
2. 国际志愿服务发展受哪些环境因素的影响？
3. 当前国际志愿服务发展呈现的新变化有哪些？
4. 国际志愿服务发展演变有哪些主要特点？

---

① 谭建光. 全球化背景下的志愿服务与国际融合. 江海学刊，2005（1）.

第二章
国际志愿服务发展现状

第一节 国际志愿服务发展概况

一、国际志愿服务

志愿服务活动在国际社会中没有统一的界定,这使得研究国际志愿服务的发展状况没有统一的基准。联合国志愿人员组织2011年发布的《世界志愿服务状况报告》试图衡量全球范围内国家和国际层面志愿者工作的规模,但是国内和国际方法、数据及定义不一致导致难以精确评估。2018年《世界志愿服务状况报告》介绍了志愿服务规模,但难以统计非正式的志愿服务活动,即没有通过组织、社会团体的途径参与的国际志愿服务。因此,本节致力于概述各国的志愿服务情况①,结合当前联合国志愿人员组织发布的《世界志愿服务状况报告》,对国际志愿服务发展概况进行简要概述。

(一)服务规模

一直以来,国际志愿服务规模的统计存在难题。1966年,英国海外发展研究院根据对"合格"志愿者的调查发布了一份名为"推动发展型志愿者"的报告,该报告指出,国际志愿者总数为14 478。此外,还有国际志愿者服务秘书处(ISVS)所撰写的《ISVS志愿者服务统计摘要》。这些统计所显示的志愿者数量各不相同。国际志愿服务发展论坛(The International Forum for Volunteering in Development)2016年对其成员组织展开

---

① 以本国对国际志愿服务的定义为准。

的一项调查显示，当年志愿者总数为58 917。根据调查数据，志愿者最多的四大组织是联合国志愿人员组织、美国和平队、韩国国际合作机构和日本国际协力机构①。以日本为例，据统计，2021年3月底，日本国际协力机构的日本青年海外协力队有超过54 000名志愿者在发展中国家从事了不同的活动②。

在国际志愿服务的人员中，发达国家占比较高。20世纪90年代初，联合国志愿人员组织估计从事志愿者发展的人员"共占所有服务发展中国家的有技能的国际人员的五分之一，在长期驻外的国际人员中所占比例更高（且不断提高）"③。据估计，在将近33 000名的志愿者中，约90％的志愿者来自经济合作与发展组织（OECD）成员国④。发展中国家志愿者的数量在不断增加。

与此同时，在新冠肺炎疫情肆虐的大背景下，尽管对志愿人员的需求有所增加，但受防控的影响，志愿人员的参与度大大降低了。在2022年2月针对130个志愿者组织进行的调查发现，47％的国际志愿者称其因新冠肺炎疫情而回到各自的国家，其中许多人以远程工作等形式参与各种活动⑤。2019年，日本国际协力机构的国际合作志愿队派出1 029人⑥，但是受疫情影响，2020年3月，所有派遣的志愿者都返回日本，并暂停新志愿者的派遣工作。2020年11月下旬，日本国际协力机构恢复派遣。截至2021年3月31日，共有76名日本国际协力机构的志愿者被派遣到14个国家⑦。

---

① 王艺. 国家战略下的国际志愿服务与青年参与. 北京青年政治学院学报，2020（29）.

② 2021 Japan International Cooperation Agency annual report. ［2022－05－16］. https://www.jica.go.jp/english/publications/reports/annual/2021/indx.html.

③ The appropriate use of volunteers in development：programme advisory note. ［2022－05－27］. https://digitallibrary.un.org/record/149539?ln=zh_CN.

④ BEIGBEDER Y. The role and statuts of International Humanitarian Volunteers and Organizations：the right and duty to humanitarian assistance. Martinus Nijhoff Publishers，1991：14－18；SMITH J D, ELLIS A, BREWIS G. Cross-national volunteering：a developing movement. Emerging Areas of Volunteering. Indianapolis，IN：Association for research on nonprofit organisations and voluntary action，2005：65－77.

⑤ The 2022 state of the world's volunteerism report. ［2022－05－16］. https://swvr2022.unv.org/wp-content/uploads/2022/04/UNV_SWVR_2022_ZHS.pdf.

⑥ 2019 Japan International Cooperation Agency annual report. ［2022－05－16］. https://www.jica.go.jp/english/publications/reports/annual/2019/indx.html.

⑦ 2021 Japan International Cooperation Agency annual report. ［2022－05－16］. https://www.jica.go.jp/english/publications/reports/annual/2021/indx.html.

（二）筹资情况

从筹资角度来看，20世纪50年代，国际志愿服务的开展、能够派遣的志愿人员数量都受到了可用资金的限制，以至于具备中级技能的志愿者在国际志愿服务中十分紧缺。直到60年代，各国政府认识到国际志愿服务的价值，开始向相关组织或协会投注大量的资金，在此之前很多组织的资金完全来源于非政府组织。例如，澳大利亚毕业生志愿者计划于1961年作为海外服务局项目正式注册成立，但澳大利亚政府直到1965年才开始向海外服务局及其相关的澳大利亚海外志愿者计划提供资金[1]。而日本青年海外协力队和挪威志愿人员组织等其他组织则相反，它们一开始就由政府投资推动。

在接下来的20年，随着资金的涌入，越来越多的专业志愿者参与进来，甚至开始出现供大于求的情况。

到了80年代，许多国际志愿服务组织对国际志愿人员的需求进一步下降。与此同时，许多北方国家减少了官方发展援助支出，其中包括对国际志愿人员项目的资助。而志愿人员平均费用上涨，导致国际志愿服务的经费紧张情况进一步加剧。虽然此时的志愿人员个体费用支出已远低于联合国志愿服务第一个十年期间的志愿人员个体费用支出，但整体上志愿人员费用的紧张情况并未因此而得到缓解，这是因为要为专业性更强的志愿人员提供更高的津贴和福利[2]。为此，80年代中期部署在外的国际志愿人员人数降至最低水平，而且需求也在减少。

为了加强自身地位，许多国际志愿服务组织再次实施之前的战略，从私营部门筹集大部分的预算资金。从20世纪90年代至21世纪初期，国际志愿人员的供给人数出现增长。21世纪初，许多国际志愿服务组织部署的志愿人员人数达到最高水平。根据2020年联合国志愿人员组织公布的筹资数据，共收到来自各伙伴国家及其他捐赠主体的资金达2 643万美元，其中包括特别志愿基金593.8万美元，其他资源（全额资金、信托基金、费用分摊）2 049.2万美元[3]。

---

[1] LOUGH B J. 国际志愿服务的历史演变. [2022-05-16]. https://www.researchgate.net/profile/Benjamin-Lough/publication/282769652_guojizhiyuanfuwudelishiyanbian_Evolution_of_International_Volunteering－－CH/links/561bd3d508ae78721fa10686/guojizhiyuanfuwudelishiyanbian-Evolution-of-International－Volunteering－－CH.pdf.

[2] ARTHUR G. Aims and organization of voluntary service by youth. Community development journal，1979（2）.

[3] UNV annual report 2020. [2022-05-16]. https://www.unv.org/Annual-report/Annual-Report-2020.

与此同时，从具体组织来看，无国界医生组织报告显示2020年的收入增长了17％，达到19.02亿欧元（2019年为16.22亿欧元），且在其开展募集资金工作的大多数国家，规模均有所增加。从收入结构来看，2020年数据显示，来自基金会和企业的收入分别增长了55％和53％，个人捐赠者已增加到700万人，个人加上私营机构共为无国界医生组织提供了97.2％的收入。来自国家、公共和多边组织的收入共为2600万欧元，占总收入的1.4％（与2019年相同）[1]。对比来看，英国海外志愿服务社在2020—2021年度的报告中指出，其收入水平显著下降，这主要与国际公民服务（International Citizen Service，ICS）合同收入进一步减少有关，因为在合同的最后一年受到新冠肺炎疫情的影响，组织无法派遣志愿者。从数据结构来看，全年总收入4940万英镑，其中机构资助占比49％，英国外交、联邦事务和发展部（Foreign，Commonwealth & Development Office，FCDO）志愿提供发展资助占比23％，个人捐赠占比16％[2]。这与无国界医生组织整体收入结构存在较大差异。

（三）性别比例

值得一提的是，国际志愿人员的性别比例多年来也发生了显著的变化。20世纪60年代政府赞助的国际志愿服务项目很少招募女性人员。到1976年，女性占所有大型国际志愿服务组织国际志愿人员数量的26％～36％。但根据年度的国际志愿服务组织评估，发现没有一个国际志愿服务组织自成立以来任命过女性主任、副主任或国家代表。

多年来推动社会性别平等的努力显著改变了国际志愿人员的男女比例。如今，在任何主流国际志愿服务组织中，男性志愿者人数大幅超过女性志愿者人数的情况很罕见，日本国际协力机构2021年实现了政府为独立行政机构设定的管理职位女性的总体目标值，到2021年3月达到15％。联合国志愿人员组织2022年公布的《世界志愿服务状况报告》的数据显示，目前全球正式志愿服务中女性与男性占比分别为46.4％和53.6％，非正式志愿服务中女性与男性占比分别为53.42％和46.58％。

（四）志愿人员期限

20世纪50年代和60年代，志愿人员通常服务一个暑期或数月之久。

---

[1] International financial report 2020. [2022-05-16]. https://www.msf.org/resource-centre.

[2] Annual report and accounts 2020—2021. [2022-05-16]. https://www.vsointernational.org/about/annual-review.

20世纪60年代由于各国政府开始投入资金，国际志愿服务逐渐开始注重系统化、体系化的长期的项目模式。

有关方认为短期服务适合国内志愿人员，少于两年服务期限的志愿活动不适宜国际志愿人员，原因是期限短限制了志愿人员融入服务国的结构和文化的能力。1977年，在受政府赞助的国际志愿服务中，几乎所有志愿人员的服务期限都为两年，还不包括11~19周的培训时间。两年期服务模式几乎成为受政府赞助的国际志愿服务组织的普遍模式。当然这一模式也受到一些专家的质疑，他们认为，在许多情况下具备较高技术能力的志愿人员没有必要在项目中长期服务。20世纪80年代以来，各种国际志愿服务开始寻找更加灵活的替代方案。

如今，两年期志愿服务模式仍然是政府赞助方案的常见模式，但随着近几年的探索转变，政府短期资助"专业性"或"技能型"志愿人员的情况日渐增多，也越来越多地招募企业志愿人员和技术熟练的老年志愿者，为技术、农业、卫生等领域提供专门的援助。

（五）法律及相关政策

伴随着国际志愿服务的发展，立法和政策对于促进志愿服务的重要性更为显著。联合国志愿人员组织的一项调查发现，至少有72个国家在2008年5月之前已经推出、修改或者正在起草与志愿服务相关的政策、法规。政策和法规虽然在许多国家产生了积极的效果，但在另外一些国家并没有促进志愿服务的发展。因此，人们越来越关注与志愿服务有关的政策和法规的应用，尤其是过度管控、缩小获得服务的范围、减少多样性、限制公民空间。

多年来，国际志愿人员已得到一定程度的保护。这些保护与加强宣传志愿人员面对的危险和脆弱境况，以及所认为的外部威胁增多有关。当代国际志愿服务组织推出一套保卫志愿人员的服务和保护措施，配备了信息收集和交流系统，以尽量减少潜在的威胁。从志愿人员的筛选阶段就开始使用这些安全保障措施，并贯穿培训和发展、住房供给和志愿人员身心健康保护阶段。

值得注意的是，除了各国对国际志愿服务的政策和法规支持外，联合国作为最大的政府间组织也在积极发出倡议强调志愿服务的作用。

二、中国国际志愿服务

我国正式的海外志愿服务尽管起步晚，但经过这些年的发展，取得了初步的成绩，目前在制度和实践层面都进行了很多有益的探索。需要说明的是，此处讨论的国际志愿服务主要是中国向海外派遣志愿者开展的国际志愿服务。

（一）制度环境

首先，在战略规划层面，我国已在国家战略上明确了志愿服务的重要作用。志愿服务是一种跨越种族、文化的国际语言，志愿服务配合外交和对外发展援助"走出去"，将积极助力国家在全球治理中提升话语权。在实践中，随着中国参与全球治理的程度日益加深，很多中国志愿者也在中国境内举办的众多国际赛事活动中提供志愿服务，或以联合国机构的本国志愿者身份开展本地化服务。党的十八大报告指出，要加强"民间团体的对外交流，夯实国家关系发展社会基础"。2015年3月，国家发展改革委、外交部、商务部联合发布了《推动共建丝绸之路经济带和21世纪海上丝绸之路的愿景与行动》，指出"民心相通是'一带一路'建设的社会根基。传承和弘扬丝绸之路友好合作精神，广泛开展文化交流……志愿者服务等，为深化双多边合作奠定坚实的民意基础"。根据《中国实施千年发展目标报告（2000—2015年）》，中国将志愿服务作为重要抓手之一，派遣国际志愿者积极参与南南合作，协助其他发展中国家践行千年发展目标。《中国落实2030年可持续发展议程进展报告（2021）》指出，将践行可持续发展目标同诸多中长期发展战略有机结合、统筹谋划[1]。相继设立中国-联合国和平与发展基金、中国南南合作援助基金、中国气候变化南南合作基金，成立中国国际发展知识中心、南南合作与发展学院等机构，在南南合作框架下为其他发展中国家落实2030年议程提供了大量帮助[2]。面对新冠肺炎疫情的冲击，中国实施了新中国成立以来规模最大的全球人道主义行动，截至2021年9月，已对外提供了2900多亿只口罩、35亿多件防护服、45亿多份检测试剂盒，为全球抗疫作出中国贡献[3]。此外，中国为全球减贫事业作出历史性贡献，通过南南合作援助基金、中国-联合国和平与发展基金等积极深化南南合作，并出台鼓励企业和社会组织参与脱贫攻坚的支持政策。

2018年3月，十三届全国人大一次会议表决通过了关于国务院机构改革方案的决定，组建中华人民共和国国家国际发展合作署，其主要职能包

---

[1] 张强，齐从鹏. 中国志愿服务"走出去"发展报告//中国志愿服务联合会. 志愿服务蓝皮书：中国志愿服务发展报告（2017）. 北京：社会科学文献出版社，2017：215.
[2] 于宏源. 全球发展治理进程与中国角色转型. 当代世界，2022（10）.
[3] 吕红星. 中国落实2030年可持续发展议程进展报告发布. 中国经济时报，2021-09-27.

括拟订对外援助战略方针、规划、政策，统筹协调援外重大问题并提出建议，推进援外方式改革，编制对外援助方案和计划，确定对外援助项目并监督评估实施情况等。援外的具体执行工作仍由相关部门按分工承担[1]。这对于优化援外方式、促进统筹管理意义显著，也有益于对外援助作为大国外交的重要手段进一步发挥积极作用，更好地服务国家外交总体布局及可实现持续发展目标。同时，由国家国际发展合作署、外交部、商务部联合发布的部门规章《对外援助管理办法》，自2021年10月1日起施行，为推进对外援助工作规范实施与统筹管理、提升对外援助效果具有关键性积极作用，是援外工作高质量发展的重要保障。

其次，在支持保障层面，相关部委进一步明晰了开展国际志愿服务所需的管理、资金组织等保障政策。一是为派遣志愿者提供政策支持。《对外援助管理办法》明确将志愿服务项目纳入国家援外项目[2]，为志愿服务"走出去"搭建了总体性制度框架。针对"中国青年志愿者海外服务计划"，各有关部门出台了《援外志愿者生活待遇内部暂行办法》《援外青年志愿者选派和管理暂行办法》《援外青年志愿者招募、培训（暂行）办法》。针对"国际汉语教师中国志愿者计划"，中国国家对外汉语教学领导小组办公室制定了《"国际汉语教师中国志愿者计划"实施办法》[3]。这些政策的出台，为海外志愿者派遣提供了指导性、操作性、实践性规定，使志愿者派遣有章可循，推动了"官办民助"模式的开展。二是为派遣志愿者提供资金保障。国家对外援助资金拨款，为派遣志愿者提供海外生活津贴、保险费、往返国际旅费及培训费等费用补贴。三是为派遣志愿者提供组织保障。中国志愿服务联合会与中国民间组织国际交流促进会正式设立中国国际志愿服务工作委员会，秘书处设在江苏南京，成为系统推进中国国际志愿服务工作的组织平台。援外青年志愿者项目形成了商务部、团中央与省级团委及指定招募机构三级管理体系。在国家层面，援外青年志愿者项目被纳入国家对外援助体系后，商务部作为海外青年志愿者的主管部门，负责制定青年志愿者海外派遣的年度规划，划定志愿者需要的年度预算，与对象国确定志愿服务的具体领域，并对志愿者进行评核；在海外，

---

[1] 中共中央印发《深化党和国家机构改革方案》. [2022-05-16]. https://www.gov.cn/zhengce/2018-03/21/content_5276191.htm#2.

[2] 对外援助管理办法. [2022-05-16]. https://www.gov.cn/gongbao/content/2021/content_5651734.htm.

[3] 张强，齐从鹏. 中国志愿服务走出去现状与趋势. 社会治理，2018（9）.

青年志愿者由商务部派出的商务参赞进行具体管理，使馆其他部门给予适当配合；共青团中央作为这个项目的最初发起者，以及最为了解这个项目运作程序的部门，承担志愿者招聘、培训及评核的具体工作[1]。在地方层面，地方省市团委负责国际志愿服务交流合作。以广东省为例，通过与联合国开发计划署、联合国志愿人员组织合作，广东省积极探索"一会两院三基地"的国际合作架构："一会"即在广东省志愿者联合会设立国际合作项目办公室，统筹和协调各项交流合作工作；"两院"即联合国志愿人员组织与广东省志愿者联合会分别建立了"广东志愿服务国际发展研究院"和"深圳国际志愿者学院"；"三基地"为社区志愿组织国际观测基地、志愿者低碳生活国际推广基地、青年志愿者领袖国际培养基地[2]。

（二）实践发展

中国国际志愿服务的发展有三个比较显著的阶段。第一阶段，2002—2008年。2002年5月，中国首次派遣5名青年志愿者远赴老挝，在教育和医疗卫生领域开展为期半年的志愿服务，由此正式开启了中国青年国际志愿服务的大门。2003年，中国开始对外派遣汉语教师志愿者。这段时间的志愿服务是在联合国南南合作和对外援助发展框架下由政府主导的海外志愿服务。第二阶段，2009—2015年，社会海外志愿服务与个人海外志愿服务开始兴起，绝大多数是1~4周的短期志愿服务；在中国扶贫基金会、爱德基金会、平澜公益基金会等社会组织的推动下，服务范围从发展援助、文化系统拓展到防灾减灾、扶贫及环境保护等多个领域。第三阶段，2016年至今，国际志愿服务被正式列入国家发展战略。据2016年统计，每年参与政府主办的海外志愿服务的约有5 000人，而社会组织每年派往海外的志愿者激增到1万人左右。据不完全统计，全球每年有160多万人在海外从事志愿服务，我国海外志愿者约占全球的3‰[3]。

总体来说，中国国际志愿服务发展规模不断壮大。虽然正式起步较晚，但经过十余年的发展，中国海外志愿服务从自发的、零散的个人举动，逐渐向规模化、多样化方向发展。规模化、多样化主要体现在两个方面：一是数量不断增长。国务院新闻办公室发布的《中国的对外援助（2014）》白皮书显示，仅2010—2012年，中国就向60多个国家派遣青年志愿者和汉语教师志愿者近7 000名。单就北京市而言，近年来，北京市

---

[1] 黄立志. 被遮掩的中国名片：中国青年志愿者在海外. 北京：北京时代华文书局，2016：55.
[2] 谭建光. 广东省志愿服务国际化的调查分析. 广东青年职业学院学报，2015（2）.
[3] 推动志愿服务国际化 构建人类命运共同体. 国际人才交流，2018（2）.

志愿服务联合会已与全球 50 多个国家的 83 个志愿服务组织建立联系，共接待来自 50 个国家的 626 名志愿组织代表，派出 70 人到 18 个国家参与交流，包括参与伦敦奥运会、索契冬奥会、里约奥运会、残奥会志愿服务。二是领域不断拓展。中国海外志愿服务服务的领域涉及语言教学、体育教学、计算机培训、中医诊治、农业科技、艺术培训、工业技术、社会发展、国际救援等，服务对象包括学校、医院、政府机关、农场、科研院所等[1]。

此外，国际志愿服务的发展路径日益丰富。中国志愿服务在"走出去"的过程中，探索出多种行动路径和行动方式[2]。一是"嵌入援外体系"的官办民助模式。官办民助模式是指政府通过国家援外资金支持志愿者参与海外援助的方式。其中，中国青年志愿者海外服务计划最具典型性，该项目由商务部主管、外交部协助驻地管理、共青团中央下属的中国青年志愿者协会承办，青年志愿者积极参与对外援助。二是"借船出海"的战略伙伴依托模式。以北京市志愿服务联合会为代表，分别依托联合国志愿人员组织等国际平台或枢纽开展国际志愿者派遣等工作。三是"以我为主"的自适应模式[3]。以中国扶贫基金会为代表，结合机构自身能力、资源特征以及当地社区的需求，由机构自主设计并直接选派志愿者参与国际项目。当然，与此同时，还出现了一些"经验直接输出"等模式。

第二节 国际志愿服务发展特点

回顾国际志愿服务的发展现状，我们可以进一步对国际志愿服务的发展特点进行总结，具体从国际志愿服务的战略定位、服务领域、服务网络、开展模式、价值测度等角度进行阐释。

一、国家战略的多元影响

国际志愿服务与国家的政策导向高度关联。例如，在 1960 年的美国

---

[1] 国务院新闻办公室. 中国的对外援助（2014）．[2022-05-16]. https://www.gov.cn/zhengce/2014-07/10/content_2715467.htm.

[2] 张强，陆奇斌. 我国社会组织走出去的路径与挑战. 学习时报，2015-11-16；黄浩明. 我国社会组织国际化战略与路径研究. 学会，2014（9）.

[3] 张强，齐从鹏. 中国志愿服务走出去现状与趋势. 社会治理，2018（9）.

总统大选中,"和平队"作为一项政策承诺被采纳。有专家认为,各国政府关于解决青年"问题"的政策是其国际志愿服务政策的关键甚至是决定性影响因素。例如,德国和英国实施的青年计划在很大程度上致力于培养积极的公民。2014年,一份对"澳大利亚国际发展志愿者计划"的评估指出,大约63%的志愿任务与外交贸易部的国家战略保持一致[①]。澳大利亚外交贸易部(DFAT)的相关负责人强调了新的外交政策方向与新的澳大利亚志愿者计划之间的协同作用。例如,澳大利亚2017年发布的外交政策白皮书列出的五大目标是:促进开放、包容及繁荣的印度洋-太平洋地区,尊重区域内所有国家及地区的权益;反对保护主义,推动商业发展;在面对恐怖主义等威胁时,确保澳大利亚人的安全及自由;推行及保护国际规则;增加对更加稳定和繁荣的太平洋的支持[②]。

国际志愿服务项目的资金来源反映出各国政府政策与国际志愿者计划之间的关系。大部分发达国家的规模化国际志愿服务计划都离不开政府财政预算的支持。历史悠久的志愿者机构 Progressio 在缺少了政府资金支持后不得不关闭。英国政府国际发展部(DFID)对参与长期志愿服务的主要志愿者机构的支持资金在2011年停止或大幅减少,这已经导致两个主要组织关闭,并且使另外两个机构的长期国际志愿服务规模急剧萎缩。总之,志愿者计划与政府政策、国内或国际政策之间的关系因国家而异,并随时间而变,但有很多相似的线索和挑战使得国家战略和国际志愿服务发展相互关联。

二、服务领域趋于多样化

在联合国第一个发展十年,大多数国际志愿服务的政策目标可被归纳为两大方面:第一,侧重于跨文化知识交流和各国之间和平关系建设,第二,侧重于满足发展中地区对技能熟练人力资本的需求。由于全球推动发展的方法论随着时间在变化,国际志愿服务的优先目标也随之改变。志愿者最初主要侧重于通过自身劳动填补服务空缺,但随后重视推动服务多样性,最后又转而侧重于加强受援国的社会建设。20世纪70年代,许多国际志愿服务的政策目的是推动受援国青年参与其国内志愿活动。20世纪80年代末到90年代,国际志愿服务已经开始把在紧急时刻投入更多的技术援助作为一项广泛的政策目标。多个国际志愿服务合作组织和志愿人员组织

①② 王艺. 国家战略下的国际志愿服务与青年参与. 北京青年政治学院学报, 2020 (29).

携手联合国志愿人员组织，共同编制参与危机应对的专业志愿者名册。同样，在20世纪90年代的许多武装冲突中，不少国际志愿服务合作组织加强了对冲突后恢复重建工作的参与力度。事实证明，这已经成为联合国志愿人员组织的优先活动。如今，大多数的联合国志愿者致力于维持和平行动及相关领域的支持活动。

服务领域专业化细分发展同样不可忽视。20世纪60年代，大多数志愿者具备一般技能，教育是其主要工作领域。在逐步发展中，不同的国际志愿服务合作组织都开始具有一定程度的行业专业性。例如，日本青年海外协力队主要侧重于农业和林业，挪威志愿服务主要集中在医疗服务，英国海外志愿服务社和美国和平队优先考虑教育。到了70年代，尽管志愿者的大部分活动依旧是教育，但在一些合作组织中从事农业和农村发展工作的志愿人员比例已达25%～30%。从事卫生服务、工程和其他技术和工业工艺的人员数量也呈上升趋势。根据国际志愿服务秘书处的世界统计目录，1973年，仅26%的海外志愿人员报告称教育是他们的工作领域，紧随其后的是卫生（22%）、社区发展或社会工作（13%）和农业（11%）。目前，专业化趋势已成为全球国际志愿服务的结构性设置之一。当然这也会带来相应的人员资质管理和评估的挑战。

三、国际平台发挥枢纽作用

在国际志愿服务合作中，国际志愿服务网络发挥着起承转合的枢纽作用，组织协调国际志愿服务合作组织在不同国家和地区开展不同类型的志愿工作，统筹安排国际志愿事务，促进世界各国群策群力，推动国际志愿服务事业蓬勃发展。国际上，第一个志愿服务网络"志愿服务工作营协调委员会"即目前的国际志愿服务协调委员会（简称"志愿服务协委会"，CCIVS）于1948年由联合国教科文组织发起成立，作为非营利的非政府国际组织，用以支持青年组织通过非政府组织参与国际工作营。1970年，联合国决定在系统内建立"三结合"的协作①，正式成立联合国志愿人员组织。起初，国际志愿服务协委会、国际志愿者服务秘书处和联合国志愿人员组织既是合作的关系，也是竞争的关系。随着时间的推移，联合国

---

① 联合国秘书长在多项提案中均建议通过国际志愿者服务秘书处（International Secretariat for Volunteer Service，ISVS）（政府或政府资助）、国际志愿服务协委会（非政府）、国际志愿服务网络或直接通过联合国系统拟议的信息交换机制，在志愿人员、政府和非政府组织之间开展"三结合"的协作。

志愿人员组织迅速发展，开始独立负责招募志愿人员，接受联合国大会的指定，成为青年志愿方案的核心管理者，同时，扩大了对支持地方社区团体提供国内发展服务或者志愿服务的任务范围。这些都使得联合国志愿人员组织成为全球志愿服务的关键协调方和促进志愿服务发展的中坚力量。

2000年以后，国际志愿服务发展论坛有了新的转变和尝试①，开始主要负责举行国际志愿人员合作组织领导人的年度会议，并在政府赞助的国际志愿人员协调组织方面成为当时最突出的全球平台。2001年被确定为国际志愿者年（IYV）。国际志愿者年的四大目标②和2015年联合国大会通过的《2030年可持续发展议程》中的17个可持续发展目标③，都对国际志愿服务发展论坛、国际志愿服务协委会和联合国志愿人员组织寄予了更多的期待，它们作为国际志愿服务工作的核心枢纽，身兼重任，各组织相互补充、配合协作，共同致力于全球志愿服务事业，促使其又好又快地发展。

四、互惠模式逐步推进

从整体情况来看，南北模式的志愿服务活动目前仍然占主导地位。联合国志愿人员组织自创建以来，来自全球南方国家的志愿者一直占多数，且多年来，南南志愿活动一直是很多项目的特点。例如，Progressio在也门和索马里的项目就是以南南模式为基础的。此外，有些机构甚至通过引进南南模式来改革原有的项目模式，以进行优化更新。例如，挪威和平队决定摒弃长久以来的传统项目模式，代之以基于合作伙伴关系与交流协作的新模式。在英国，由于政府政策的转向，该国的志愿者机构得以引进南南志愿活动模式并将其作为机构能力建设模式的组成部分，这使得英国海外志愿服务社之后在菲律宾和肯尼亚设立了招聘中心。这种模式的吸引力在于，它解决了在英国招聘本国志愿者困难重重且志愿者人数不足的

---

① 国际志愿服务发展论坛在2000年开始接受来自世界各地的国际志愿服务合作组织成为其会员，而在前36年，该论坛只接受欧洲机构会员。

② 国际志愿者年的四大目标包括加强对志愿者及活动的认知、为志愿者工作创造便利条件、建立志愿服务的电子通信网络和促进志愿服务的发展。

③ 17个可持续发展目标具体包括：消除贫困，消除饥饿，良好健康与福祉，优质教育，性别平等，清洁饮水与卫生设施，廉价和清洁能源，体面工作和经济增长，工业、创新和基础设施，缩小差距，可持续城市和社区，负责任的消费和生产，气候行动，水下生物，陆地生物，和平、正义与强大机构，促进目标实现的伙伴关系。

问题。

当然，学术界仍然对南南志愿活动关注甚少，关于南方国家开展的政府资助型国际志愿者项目的文献记录有限，这也说明它并不是国际志愿活动的主导形式。为数不多的研究表明，南南志愿活动并未表现为主流的推动发展型志愿活动，更多的是与南方国家建设、青年领导力以及志愿活动发展相关。联合国志愿人员组织2014年为志愿者基础设施工作的回顾提供了对有关方面经验的深入阐释，这也进一步凸显了志愿者作为社会发展的软性基础设施在推动和鼓励南南志愿活动方面的重要意义。

在全球化的大背景下，世界各国结成了命运共同体，无论是在南北合作中，还是在南南合作中，主导性的单向派遣模式都不符合进步的发展思路，只有互惠互利的双向合作才能逐渐成为国际志愿服务的主流。

五、价值测度存在较大挑战[①]

志愿服务等社会发展行为能否被数值化测度，一直以来都是理论界和实践领域争论的议题。前文在介绍国际志愿服务发展现状的时候提到，因为各个国家和地区对志愿服务的界定不一致，所以难以对其规模进行准确的统计和分析。如何评价志愿服务的价值贡献也面临相同的问题。志愿服务数据的有效获取往往受限于如何收集和向谁收集数据的问题，争论的焦点往往是在各地不同的背景下进行的调查中到底哪些行为可以被记录成志愿服务。当然不可回避的共识是，寻找共同的价值尺度会有利于人们认识和推进志愿服务的发展。志愿服务价值的评定不仅可以帮助管理和评估志愿服务项目，而且可以让组织者、赞助者和公众更好地了解志愿服务所产生的社会影响。

联合国大会曾通过一项决议，要求各国政府开始正视并记录志愿服务的经济价值。随后，在2005年，联合国大会进一步鼓励各国政府，在社会各方的支持下，建立一个关于志愿服务的知识库，来扩大对志愿者相关问题的研究并传播相关数据。联合国统计局为此还专门发布了国家会计系统中非营利组织的操作手册，倡导各国尽快建立相关统计，特别是包含志愿服务的价值测度。国际劳工组织专门出版了志愿服务测度工作手册，其中重要测度的指标涉及以下几个方面：志愿者的数量、志愿服务小时数、志愿服务工作类型、涉及的志愿服务机构、志愿服务工作领域等。

---

① 张强. 全球志愿服务发展前沿：发展定位与价值测度//杨团. 慈善蓝皮书：中国慈善发展报告（2017）. 北京：社会科学文献出版社，2017：306-317.

在此基础上，志愿服务的测度通常会涉及三个层面：第一个层面是直接计量志愿服务的行为，例如志愿服务的参与人数、服务人群、服务类型以及相应的服务时间；第二个层面会涉及志愿服务产生的经济价值；第三个层面就是志愿服务行为带来的社会影响价值。

其实，很多国家在对志愿服务的价值贡献做评估时，往往通过衡量志愿服务的经济价值来判定志愿服务的价值贡献。以美国为例，2015年度的数据显示，居民中有24.9%的人参与了志愿服务，总计有6 260万志愿者，开展了79亿小时的志愿服务，创造了1 840亿美元的经济价值。美国志愿队Corps数据显示，每年招募超过25万名志愿者投身各社区和组织，服务时长累计超过16亿小时。在加利福尼亚州，2021年有1.8万多名不同年龄和背景的美国人团结起来，通过为全国服务来满足当地需求。美国志愿队向联邦政府投资了1.005亿多美元，以支持具有成本效益的社区解决方案。在纽约，美国志愿队成员和老年志愿者在纽约各地2 100多个地点服务，包括学校、食品银行、无家可归者收容所、诊所、青年中心以及其他非营利和宗教组织等。通过一种独特的公私伙伴关系，美国志愿队及其合作伙伴2021年从纽约的企业、基金会、公共机构和其他来源获得了超过1 970万美元的外部资源。在2001年至2015年的十多年里（截至2015年底），美国的志愿服务小时数总计为1 130亿小时，大约创造了2.3万亿美元的经济价值[1]。美国的志愿服务每小时经济价值逐年在增长，从2001年的16.27美元/小时提升到2015年的23.56美元/小时，再到2022年的29.95美元/小时。当然需要注意的是，美国的计算方法与国际通用的方法类似，只是加上12%的附加价值。其中的每小时平均价值（工资）是由美国劳工统计局提供的私立非农业部门所有生产性和非管理层工作人员工资的年度平均值[2]。

加拿大往往利用全国捐赠、志愿服务与参与的综合社会调查（Canada Survey of Giving, Volunteering and Participating；CSGVP）来系统分析志愿服务的进展情况，先后于1997年、2000年、2004年、2007年、2010年和2013年实施了调查。2013年的数据显示，127万加拿大居民或者说大约44%的15岁以上居民贡献了19.6亿小时的志愿服务，相当于100万份全年全职工作的工作量。2013年的志愿服务率（44%）比2004年（45%）、2007年（46%）、2010年（47%）低，但总体志愿服务小时数基

---

[1] 美国国家以及各州的数据统计可具体参看AmeriCorps官方网站。
[2] http://independentsector.org/resource.

本保持平稳，总体创造的经济价值达到12.8亿美元。2018年的数据显示，有超过2 400万加拿大人参加了志愿活动，占15岁及以上加拿大人的79%，在志愿者活动中投入了大约50亿小时，相当于250多万份全年全职工作的工作量。此外，1 270万人代表组织投身志愿服务，这些组织包括慈善机构和非营利组织，如学校、宗教组织、体育或社区协会等等。也就是说，41%的加拿大人将超过16亿小时的时间投入他们的正式志愿者活动中，这一工作量相当于863 000份全年全职工作的工作量[1]。2022年《世界志愿服务状况报告》也指出，为了衡量全球志愿服务的经济贡献，将志愿者的贡献用全职工作者人数进行换算。假设每周工作40小时，则相当于每月大约61 000 000名全职员工[2]。

当然，我们不难发现，关于志愿服务的经济价值测度是具有局限性的，因为有些精神方面的价值是用经济尺度无法衡量的，就像硬币投到饼干罐里一样，每一次志愿服务都会是社会资本的细小投入，由此提升社会信任、互惠和社区归属感。与此同时，社会资本的增加也会激发社会更多的捐赠和志愿服务行为。此时，仅仅作为直接可测度的服务价值显然不能涵盖所有的社会价值贡献，还需要讨论如何从产出到成果以及长期的社会影响。

21世纪，国际志愿服务合作组织试图衡量和证明国际志愿人员对联合国千年发展目标的实现所作出的贡献。随着2015年后可持续发展议程的来临，许多国际志愿服务合作组织正在与国际志愿服务网络合作制定措施，以证明志愿服务对联合国新的可持续发展目标作出了贡献，试图从过去的GDP测量方式转向人类福祉和可持续发展的综合测度。

第三节 国际志愿服务功能探析

国际志愿者扮演了多种角色，例如双边或多边援助项目与当地社会的现实接驳点、国际前沿话语的承接者、穿行于援助国与受援国的文化与价值及利益之间的能动连接者、拥有国际视野并反哺国内社会的国际化人才

---

[1] Volunteering counts: formal and informal contributions of Canadians in 2018. [2022-05-16]. https://www150.statcan.gc.ca/n1/pub/75-006-x/2021001/article/00002-eng.htm.
[2] The 2022 state of the world's volunteerism report: build equal and inclusive societies. [2022-05-16]. https://swvr2022.unv.org/.

富矿。因此,国际志愿服务发挥着许多重要功能。

一、促进青年发展与成长,培养国际化人才

从国际经验来看,国际志愿服务是个人培养自身能力的重要方式,有利于培养具有国际视野的优秀青年人才。志愿者行为是公民个体实现自我参与权利的体现,是满足其社会参与需求的一种重要途径和方式。

志愿者的志愿服务过程,因其公益性和自愿性,能够贡献于社会管理和公共服务等诸多领域,是志愿者个体社会责任感的体现,同时,志愿者作为社会成员,这也是对社会责任和公民责任的践行。志愿者在志愿服务过程中践行志愿精神的同时,也在与社会的多元碰撞中塑造着自己的世界观、人生观、价值观。志愿者在志愿服务活动中,为服务对象提供了无偿的帮助,也使自己的身心感到愉悦,进而积极参与社会公共事务。同样重要的是,志愿者们在跨圈层的交流中增进了同理心,重塑了自己对社会甚至是对世界的认知与看法[①]。

开展国际志愿服务能够帮助志愿者积累海外实习经验和文化经验,提高个人的综合素养,培养语言能力,丰富专业知识,培养熟练的沟通能力以及建立较好的人际关系网络,进一步为志愿服务领域储蓄人才力量,促进国际志愿服务和国内志愿服务发展的有效链接。就我国来说,现实中有不少优秀的志愿者结束援外服务后,就留在国外的中资机构就业,成为充实我国驻外机构的坚实力量。此外,海外志愿者在服务对象社区的过程中,能够践行和弘扬社会主义核心价值观,实现自我价值。同时,在提供国际志愿服务的过程中,能够帮助中国青年在不同文化的交流与碰撞中,增强对中国文化与价值的认识与理解,强化青年人才对中国核心价值的认同感。

二、强化组织能力建设,参与社会治理创新

发展志愿服务事业是创新社会治理体制的重要组成部分。兼具专业性与灵活性的社会组织、志愿服务组织发挥弥补政府和市场服务缺口的重要作用,提供多样化的公共服务,带动广泛的社会公众参与,关心和帮助弱势群体,协助他们打破教育、医疗、环保等领域存在的一些困境。

从某种程度来说,志愿服务组织的发展状况是判断社会发育成熟与否

---

① 赵旭辉. 青年志愿者行为的个体价值与社会价值同构. 人民论坛,2016 (17).

的参考尺度之一，其广泛的服务内容和多样化的活动形式决定了其在动员社会力量方面具有号召力和影响力。因此，对于志愿服务组织来讲，需不断拓宽参与志愿服务的路径，探索志愿服务的可持续发展机制，使志愿服务充分发挥其凝聚功能，进而推进社会治理创新①。

国际志愿服务是社会组织和相关机构加强能力建设的有效途径。各社会组织在参与国际志愿服务的过程中，能够充分利用志愿服务国际合作来培养国际化的人才，学习国际组织的动员筹资、组织运营以及能力储备等方面的策略，完善组织内部管理架构和工具，这是社会组织机构能力发展和国际影响力提升的重要促进因素。

与此同时，随着全球化的深入发展，国际志愿服务在参与全球治理的进程中越来越受到重视。推动国际志愿服务的国际非政府组织成为全球治理中的重要行为体，它们在促进全球性社会公正、促进世界和平、治理全球性环境污染、应对全球性气候变暖、向遭受重大灾难地区提供国际救助、防止世界范围内的疾病传播等方面发挥着重要作用。

三、推动国家经济发展，促进全球可持续发展

对国家来说，一方面，国际志愿服务可以提供就业岗位。随着国际志愿服务的专业化和体系化，各个国家都出现了许多致力于国际志愿服务的专业社会组织和机构，例如联合国志愿人员组织、英国海外志愿服务社、日本国际协力机构、我国的北京市志愿服务联合会。联合国志愿人员组织2018年发布的《世界志愿服务状况报告》明确指出，全球志愿者所形成的劳动力相当于1.09亿名全职员工，这一数字超过了全球许多主要产业，这其中有30%是通过组织、协会和团体正式开展志愿服务而实现的，这意味着志愿服务为灵活性就业提供了更多的岗位和机会。

另一方面，国际志愿服务与中国企业"走出去"之间相互支撑、互为促进。随着经济全球化的发展，越来越多的企业走出国门、走向国际。这为新时期国际志愿服务的纵深发展进一步创造机遇、搭建平台。从对外投资角度来看，据商务部的统计数据，2020年中国对外全行业直接投资1 329.4亿美元，对外承包工程完成营业额1 559.4亿美元，对外投资合作大国地位持续巩固。结合动态发展趋势来看，2019年中国对外直接投资流量 1 369.1亿美元，同比下滑4.3%，下滑幅度较上年降低5.3个百分点，

---

① 张勤. 创新社会治理体系中的志愿者行动及其价值. 中共浙江省委党校学报，2014（4）.

下滑幅度有所缓解。此外，放眼全球发展大环境，2019年中国对外直接投资流量高出美国120.1亿美元，全球占比10.4%，继续保持全球第二位并连续八年居全球前三。由此可见，在当前国际大环境下，尽管我国对外直接投资流量较之往年有所下滑，但整体仍呈现向好发展态势，国际地位稳定且势头良好。具体从对外工程承包方面来看，2019年，中国对外承包工程完成营业额1 729亿美元，同比增长2.3%，新签合同额2 602.5亿美元，同比增长7.6%，整体呈现增长趋势，取得较为显著提升的效果。在劳务合作领域，2019年中国对外劳务合作平稳有序开展。商务部统计数据显示，2019年中国对外劳务合作派出各类劳务人员48.7万，同比减少0.5万，截至2019年底，中国对外劳务合作累计派出各类劳务人员1 000.2万，这些劳务人员在中国企业"走出去"进程中发挥了重要作用。此外，从境外企业发展来看，2019年，中国境外企业整体经营情况良好，超过七成企业盈利或持平，当年向所在国家（地区）缴纳各种税收总额560亿美元。中国境外企业雇用外方员工数量持续上升，《2019年度中国对外直接投资统计公报》显示，中国境外企业2019年末雇用外方员工226.6万人，占当年末境外企业从业人数的60.5%，较2018年末增加38.9万人，较2017年末增加55.6万人。总体而言，无论是对外投资、承包工程、劳务合作还是境外企业发展，对中国企业来说机遇与挑战并存，越来越多的中国企业"走出去"，这也为国际志愿服务的深入发展进一步搭建桥梁、开拓平台。

与此同时，从另一个角度来看，国际志愿服务是协助海外中资企业履行社会责任、保障企业海外投资收益的重要途径。国际志愿服务是一种"世界语言"，具有文化中介的功能，能够在社会、文化之间的巨大差异中，找到共同的切入点，快速地消除隔阂、拉近距离。企业参与国际志愿服务或与海外志愿者保持沟通合作，有助于其融入当地社会，改善中国企业的形象，营造良好的经营环境，降低社会风险。

对全球来说，国际志愿服务是实现可持续发展目标的重要手段。2012年12月，联合国秘书长潘基文向联合国可持续发展大会提交了2015年后可持续发展议程的综合报告，报告明确阐述了志愿服务有助于扩大和动员支持者，推动人们普遍参与到促进可持续发展的国家规划和落实工作中。《2030年可持续发展议程》也明确提到了全球伙伴关系要把各国政府、私营部门、联合国系统和其他各方召集起来，各国政府将与慈善组织和志愿团体等密切合作，因此志愿者组织为所有目标的执行主体之一。另外，联合国还设置了联合国志愿人员组织这一专门机构来组织和协调国际志愿服务，向发展中国家提供积极有效的援助，以支持全球可持续发展。

2015年之后，很多国家的磋商报告和联合国秘书长的综合报告都认为志愿服务在实现可持续发展目标中发挥着十分重要的作用。人们愈发认识到，全球可持续发展目标可以在本国和国际两个层面帮助志愿服务实现相互加强的利益和协同作用，包括自愿行动可以有助于增进对可持续发展目标行动自主权的理解。

国际志愿服务有助于促进和平，使国家摆脱冲突。有关调查显示，在发生冲突的地区，青年往往是第一批"伸出和解之手"并克服领土和行为障碍的人。据此，作为年轻的国家志愿者，在实现和平方面发挥着重要的作用。在菲律宾、巴尔干等地区，构建国家志愿者团体，对维护国家和地区的和平具有重要的作用。这主要是因为，国家志愿者之间具有相似的文化和语言背景，他们能更快、更好地适应当地的社区组织活动，并与其建立起联系。

在偏远地区，国际志愿者发挥着重要的作用，能够促进当地的和平稳定。刚果民主共和国的特派团报告指出，志愿者更愿意在高冲突地区中开展志愿服务活动，同时志愿者也会被派往偏远地区。此外，加强与其他国家志愿者之间的交流与合作，有助于志愿者更好地维护国家的和平、增强社会凝聚力。

志愿者服务活动不仅能够促进教育的发展，而且也能促进卫生健康领域的发展。除此之外，志愿者还帮助政府创新发展方案，用以提高政府应对突发状况的能力，同时也能帮助管理机构提升自身的管理能力。例如，菲律宾的国际志愿者帮助实施了社区卫生志愿者方案，这不仅在一定程度上改善了当地居民的健康状况，同时也在一定程度上推动了当地志愿者活动的顺利开展。1964年，国际志愿者与纳米比亚教育部展开合作并构建了国家学校系统。从地方教育系统到教育部，志愿人员参与了各级教育实践。不仅如此，志愿者在开展志愿服务活动的过程中，还帮助受援国创建了一种新型的国家教学法，即"治疗教学法"。上述这些情况，不仅反映出志愿者的志愿服务积极响应地方以及中央的要求，同时也将志愿者对地方机构的责任担当彰显了出来。

志愿者服务活动在科学技术领域也发挥着举足轻重的作用。在实施项目的过程中，需要技术支持，而志愿者服务活动可以为实施项目提供技术支持，培训技术人员。日本国际协力机构将一些具有专业能力和技术能力的志愿者招募到公司内部，并对公共机构的工作人员展开培训工作。例如，日本国际协力机构与不丹信息和通信部保持长期的伙伴关系。目前，日本国际协力机构的日本海外合作志愿人员继续与该部合作，考虑如何应用信息和通信技术提高各级治理的效果。

志愿者服务活动对实现平等也有一定的积极作用。国际志愿人员倾向于关注人权和平等，这会对这个领域的治理工作产生巨大的影响，不仅包括法律层面的公平公正，同时也包括基层群众参与的公平公正。这项举措可以帮助利益相关者深刻意识到，性别、种族、阶级的不平等对国家治理，以及政治稳定所带来的巨大影响。此外，志愿者多为青年群体，所以他们擅长与年轻人沟通交流，尤其是对妇女和边缘化的群体有积极的帮助作用。国际志愿者与当地政府展开合作，提高妇女、青年和边缘化群体在决策机构中的参与程度和地位。

对于中国而言，随着综合国力的提升，国际地位日益提高，我国以雄厚的经济实力和开放包容的外交心态成为国际社会发展的重要力量，为全球可持续发展作出了重要贡献。而国际志愿服务是输送发展经验、共享发展成果的重要渠道，因此开展国际志愿服务正是实现可持续发展目标的有效手段。

相较于发达国家，中国的国际志愿服务事业虽然起步较晚，但是却伴随着中国改革开放的脚步蓬勃发展。目前中国在南南合作的框架下正在积极探寻一条适合中国志愿服务"走出去"的发展路径，和其他发展中国家共享发展经验和技术。作为一个负责任的大国，中国为其他发展中国家提供支持和帮助，为全球可持续发展贡献了力量。

四、促进民心相通，增进文化交流

无论是贫穷落后的发展中国家还是正在崛起的大国，来自世界各地的国际志愿者都是其发展进程中不容忽视的推动力量。近百年的国际志愿服务实践证明，国际志愿者们既联结了不同国家的民心、政策及战略，又有效传播了不同国家的经验及善意，塑造了援助国家新的形象。因此，派遣国际志愿者的重要目标是增强国家之间的友谊并促进相互了解，以及深入探究受援国所面临的问题以提供解决方案。

国际志愿者在为不同国家和民族提供服务的时候，也促进了国际文化之间的交流与融合。全球化时代的国际志愿服务，倡导的是互相尊重和互相借鉴，而不是互相排斥与互相取代。志愿组织的成员在同各国、各民族人士交往时，秉承了解、尊重、吸收对方文化精华的精神，促使不同文化背景的人士和睦相处、友好往来①。许多发达国家的志愿者对发展中国家的一些传统、习俗、观念、行为不能理解，但并不轻率否定，而是努力观察和了解，发现其中的价值。进入21世纪，各国志愿团体的进步在于不仅承认不同国家、民族文化的存在价值，而且主动学习和借鉴其他国家、民族的文化。

国际志愿者的流动促进了全球文化的交流和互动，推动了文化融合与文化创新。首先，国际志愿服务促进西方文化的反思与更新。近百年来，西方文化尤其是欧美国家的文化依靠经济发达的优势，形成强势姿态。伴随国际志愿服务的兴起，发达国家的志愿者到发展中国家服务时，不断发现发展中国家文化的价值，从而反思西方文化的不足，促进自我革新。其次，国际志愿服务促进发展中国家的文化开放和创新。一些发展中国家比较保守，而志愿团体以服务民众、服务社区为目标，志愿服务体现的现代文化因素日益受到受援国民众甚至领导人的关注，从而产生文化融合，促使发展中国家的文化走向开放和创新。国际志愿服务是新兴的事业。从地区到国家、从国家到世界，志愿者在服务空间、服务领域的扩大过程中，促进了社会文明的融合发展，也作出了更加有意义的共建共创共享式贡献，推动了全球文化的交流、互动、融合②。

思考与讨论

1. 国际志愿服务对于全球发展具有怎样的推进作用？
2. 肆虐全球的新冠肺炎疫情会对国际志愿服务发展产生什么样的冲击？
3. 当前中国国际志愿服务发展呈现怎样的特征？从历史演进来看，相关制度和实践发展的重大转折点有哪些？
4. 国际志愿服务助推中国国际志愿服务可持续发展，有哪些可借鉴的经验或启示？

---

①② 谭建光. 全球化背景下的志愿服务与国际融合. 江海学刊，2005（1）.

第三章
国际志愿服务典型组织

在了解国际志愿服务的历史演变和现状之后,本章通过对政府间国际组织、非政府间国际组织、发达国家以及发展中国家的相关机构等不同类型的国际志愿服务组织和部门的梳理,从基本情况、运作模式、志愿者管理等方面展现它们各自的组织特征及成长范式以供借鉴学习。

第一节 国际志愿服务组织总体特征

主流国际志愿服务组织已经形成了成熟的运行模式,形成了"问题确定—项目运行—成果产出—后续跟进"的规范性管理流程以及"伙伴战略—风险管理—监测与评估"的支撑性管理模块。规范性管理流程包括四个环节:一是问题确定,指组织在开展项目之前要明确要解决的社会问题,包括组织的愿景、中长期战略以及项目目标等;二是项目运行,指开展项目设计与实施、志愿者管理等工作;三是成果产出,是项目是否达成目标的重要表现形式;四是后续跟进,指项目结束后的跟进与反馈工作,涉及项目合作方、岗位申请机构、志愿者、当地使馆等相关方。支撑性管理模块包括三个部分:一是伙伴战略,构建多元、紧密的伙伴关系至关重要,如与联合国等国际组织、东道国政府和接收机构、本国大使馆、志愿者等多方力量紧密合作;二是风险管理,组织需要充分认知项目实施过程中面临的各类风险并为工作人员和志愿者提供全面、系统、完备的保障;三是监测与评估,其中包括对项目相关人员的绩效评估,更重要的是针对项目进行影响评估。

具体说来，国际志愿服务在资金来源和支持、组织体系、志愿者管理与保障上具备以下特征：

一是在志愿服务的资金来源和支持上，各大国际志愿服务组织具备良好的国家和社会支持系统。一方面是政府高度重视。一些发达国家的政府直接拨款或者建立相关部门和组织开展海外志愿服务，例如美国和平队。另一方面是社会系统的大力支持。在欧美发达国家，国际志愿服务得到了媒体、宗教机构、企业、社会机构和民众的广泛参与和推动。例如无国界医生组织80%的经费来自社会捐赠。二是在志愿服务项目的组织体系上，各大国际志愿服务组织建立完备的海内外组织体系，对志愿者实行全过程跟踪管理[1]。海外志愿服务对志愿者组织提出了更高的管理要求，需要关注并衔接好派遣前后和在受援地的管理的相关工作，主要方式包括建立本土管理机构和海外办公室。例如日本国际协力机构内设有"青年海外协力队事务局"，专门负责向海外派遣志愿者的相关事务。海外办公室一般是在经常性派出的国家或地区建立的分支机构，有助于实现志愿者管理的无缝对接。比如英国海外志愿服务社在全球44个国家设有项目办公室。日本国际协力机构在150多个国家和地区开展工作，有大约100个海外事务所。三是在志愿者的管理上，国际志愿服务组织大多具备完整的志愿者管理体系。国际志愿服务组织大都高度重视志愿者的选拔与培训，招募程序规范、目标清晰，这使得志愿者既符合海外志愿服务需求，又能在参与的过程中实现其个人目标；培训严谨正规、定位明确，具备体系化、规范化特点，通常覆盖行动前、行动中、行动后三个阶段。四是在志愿者的保障方面，西方国际志愿者组织为志愿者提供了一系列就业、就学和服务期满后的物质、政策保障。例如欧盟海外志愿服务行动（EVS）为志愿者设计并免费提供医疗保险、意外伤害险和人身保险以及第三责任险等，为志愿者提供24小时的保障，委托欧洲利益机构负责志愿者医疗保险和意外伤害险的认定和处理，协助志愿者回国和提供援助等。与此同时，国际志愿服务组织发展也显现出一些弊端，例如发达国家的对外援助存在部门利益之争，越来越"花拳绣腿"，程序主义盛行等。

伴随社会的不断发展，国际志愿服务组织的功能也在不断扩展，呈现出"智慧志愿服务、技术志愿服务、信息志愿服务、行为志愿服务"等多种功能[2]，对实现组织目标、国家战略和联合国制定的相关全球性议程与

---

[1] 滕素芬. 西方海外志愿服务成功经验对我国的启示. 中国青年研究，2011（5）.
[2] 汪彩霞，谭建光. 改革开放40年与志愿组织的发展变迁. 青年探索，2017（5）.

发展目标都有助益。

第二节 国际组织示例

一、政府间国际组织

（一）联合国志愿人员组织

1. 背景介绍

联合国体系由6个主要机构（联合国大会、安全理事会、经济及社会理事会、托管理事会、国际法院及秘书处）和多个附属的专门机构（如国际劳工组织、联合国粮食和农业组织、联合国教科文组织和世界卫生组织等）组成。目前，联合国主导的国际志愿服务平台主要由两部分组成：联合国志愿人员组织和国际志愿服务发展论坛。这两个组织互为补充，共同承担传播志愿服务、促进发展等方面的信息的责任。

实际上，联合国最初在推动国际志愿服务方面比较迟缓，因为联合国原先有规定，其资金不得通过任何方式用于支持志愿者。但是，进入20世纪60年代，联合国粮食和农业组织、联合国教科文组织开始大幅推动第三世界国家经济援助活动。1961年，联合国大会制定了第一个联合国发展十年决议。该决议的主要内容是通过联合国粮食和农业组织对第三世界国家提供粮食援助的世界粮食计划，以及对发展中国家实行资金和技术援助[1]。在这个过程中，不断有人建议联合国将青年志愿者引进联合国的援助计划中，因为这样可以直接降低联合国聘请技术专家的开销，使有限的经费发挥更大的作用。此时，国际志愿服务者逐渐开始活跃在联合国援助活动的外围。1965年，在第二次青年问题机构间特别会议上，与会者一致同意继续研究如何将青年志愿人员纳入联合国技术合作活动。此后，多个国际志愿服务相关机构会议都详细研讨了建立联合国志愿人员组织以及参与联合国相关机构的技术合作援助项目等问题。

2. 运作模式

1970年，联合国大会正式成立联合国志愿人员组织，该组织招募并推动志愿者参与联合国项目。之后，联合国大会通过了扩大联合国志愿人员组织的任务规定、推动志愿服务促进发展等两项决议。第一项决议指定联合国志愿人员组织作为青年方案的核心管理者；第二项决议扩大了联合国

---

[1] 罗伯茨，金斯伯里. 全球治理：分裂世界中的联合国. 北京：中央编译出版社，2010：284.

志愿人员组织支持地方社区团体提供的国内发展服务或者志愿服务的任务范围。在纪念联合国志愿人员组织成立十周年的萨那会议上，又通过了《萨那宣言》，进一步明确了该组织的定位①。联合国志愿人员组织接受联合国开发计划署（UNDP）的管理，其资金也部分来源于联合国开发计划署。联合国志愿人员组织的具体运作模式见图 3-1。

```
        联合国开发计划署
              │ 资金方向
              ▼
        联合国志愿人员组织
    ┌──────────┴──────────┐
志愿者70%来自发展中国     45%在非洲，24%在亚洲及太平洋地区，
家，30%来自发达国家。    15%在中东欧，其余在阿拉伯国家、加勒
                         比海地区及中南美。
```

图 3-1 联合国志愿人员组织的运作模式

目前，联合国志愿人员组织已经成为联合国系统内最大的直接向发展中国家输送各种行业高、中级专业技术志愿人员的组织②。该组织的宗旨是向发展中国家提供积极有效的援助，以支持全人类的可持续发展。联合国志愿人员组织建立了具备相关领域经历的志愿者人才库，并覆盖了100多个专业领域，包括规划或项目发展、行政、传播、社区发展、复员及安置、灾害防治、人道主义及民政事务、工程、环境、医疗卫生、人权、后勤及选举支持等领域。

3. 志愿者招募与培训

联合国志愿人员组织一般为联合国志愿者提供三个月到两年不等的志愿服务项目，合同期限最长可延至 4 年。联合国志愿者的工作主要涉及四项：同缺少技术的政府合作；倡导建立以社会为基础的个人自立；人道主义救助和重建；提供人权、选举支持，建设和平进程。在招募志愿者时，不同项目对申请者的要求不同，一般条件如下：（1）大学本科学位或者硕士学位；（2）多年相关工作经验；（3）年龄范围为 18～80 岁；（4）至少精通一种联合国工作语言：英语、法语或西班牙语；（5）对志愿精神的强烈认

---

① LOUGH B J. 国际志愿服务的历史演变. [2022-05-16]. https://www.researchgate.net/profile/Benjamin-Lough/publication/282769652_guojizhiyuanfuwudelishiyanbian_Evolution_of_International_Volunteering——CH/links/561bd3d508ae78721fa10686/guojizhiyuanfuwudelishiyanbian-Evolution-of-International-Volunteering——CH.pdf.

② 徐富海. 国际巨灾风险管理和志愿者服务. 中国减灾，2009（6）.

同；（6）能够在多元文化环境下工作；（7）能适应恶劣的生存环境；（8）良好的人际和组织能力；等等。

在志愿服务期间，联合国志愿人员组织为志愿者提供以下保障：（1）入职补贴，一次性支付包括出发前相关费用和不超过 7 天的在地生活费用等；（2）在工作地点协助安排住宿；（3）旅行权利；（4）志愿人员生活津贴；（5）福利差补（wellbeing differential），对条件低于联合国志愿人员组织界定的艰苦条件的人员给予补偿；（6）回家探亲；（7）培训与学习等机会。

（二）红十字国际委员会

1. 背景介绍

国际红十字组织的全称是"国际红十字与红新月运动"（International Red Cross and Red Crescent Movement），它由三部分组成：红十字国际委员会（ICRC）、红十字会与红新月会国际联合会（IFRC）以及全世界近 200 个获得正式承认的国家红十字会与红新月会[①]。这其中，红十字国际委员会是世界上最大、历史最悠久的人道主义组织之一。

1863 年，瑞士人亨利·杜南目睹了战场上伤病员没人照顾的悲惨景象，为了减少战争中的巨大人员伤亡，他倡导成立了"伤病兵救援国际委员会"，1875 年改名为"红十字国际委员会"。该组织的总部设在日内瓦，在 100 多个国家拥有超过 2 万名员工，具有鲜明的国际性和严密的组织体系。

红十字国际委员会有清晰的自身定位，即国际人道主义法的实施者，其活动的主要法律依据是 1949 年通过的《日内瓦公约》及其 1977 年附件议定书的授权。其工作内容是致力于迅速有效地应对武装冲突或在冲突地区爆发的自然灾害所带来的人道需求，包括：保护平民、促进遵守法律、法医学与人道行动、反地雷行动、供水与住所、经济安全、人道外交与传播工作、反对性暴力、医疗卫生、与各国红十字会合作、援助被拘留者、战地救护、重建家庭联系等。

2. 资金来源

红十字国际委员会的资金主要来自《日内瓦公约》缔约国（政府）、

[①] 红十字国际委员会和红十字会与红新月会国际联合会的区别在于两个组织的使命和构架不同。使命方面：红十字国际委员会主要致力于保护武装冲突受害者的生命和尊严，向他们提供帮助，以及宣传国际人道法；红十字会与红新月会国际联合会的主要工作是救灾备灾、大众卫生、传播非暴力、和平理念。构架方面：国际委员会是一个独立的机构，中立、公正地保护和帮助受武装冲突影响的人；国际联合会是一个会员组织，由近 200 个国家红会组成。

各国红十字会与红新月会、超国家组织(如欧盟委员会)与机构以及私人捐款①。政府是该组织的主要捐赠方,在2015—2020年间,政府捐赠占预算比重平均为82%。但由于捐赠为自愿性质,因而无法保证此类捐赠能够长期持续。

3. 运作模式

红十字国际委员会的工作体制结构分为三层:首脑机关位于日内瓦的总部,中间联络协调机构是在世界各个地区设立的代表处,具体的行动小组则是与具体国家红十字会合作的任务小组。由于主权国家是国际社会的基本行为体,红十字国际委员会若要在主权国家内部开展工作,必须与驻在国政府进行合作。红十字国际委员会由大会、大会委员会(具有一定权力的附属机构)和理事会(执行机构)进行管理。红十字国际委员会共有6个治理机构,大会(the Assembly)是红十字国际委员会最高治理机构,监督红十字国际委员会的所有行动;大会委员会(the Assembly Council)是大会的附属机构,为大会的所有活动作准备并作出决策;总裁办公室由一名主席和一名副主席构成,在国际舞台上代表红十字国际委员会;理事会(Directorate)是红十字国际委员会的执行机构,负责执行和监督大会和大会委员会确定的体制战略和总体目标;内部审计单位(the Internal Audit Unit)是一个内部监督机构,内部审计单位、理事会和大会是内部监督制度的三个组成部分;数据保护委员会(the Data Protection Commission)独立于其他机构和行政当局,负责检查红十字国际委员会对个人数据的处理是否符合其《个人数据保护》和其他适用规则②。

但由于红十字国际委员会的主要任务是应对武装冲突中的各类人道主义危机,所以该组织必须坚持中立原则和保密原则。坚持这两条原则是该组织历经100多年还能继续发展的首要原因。详细运作模式见图3-2。

4. 志愿者参与

红十字国际委员会仅提供一些实习机会,并不直接招募志愿者,而由国家的红十字会与红新月会招募志愿者。例如,美国红十字会有国际灾害响应人(international disaster responder)这样的国际志愿者,招募条件

---

① 刘晴. 红十字国际委员会参与国际发展面临的挑战及应对. 学会,2016 (12).

② ICRC-Governance. [2022-10-20]. https://www.icrc.org/en/who-we-are/the-governance.

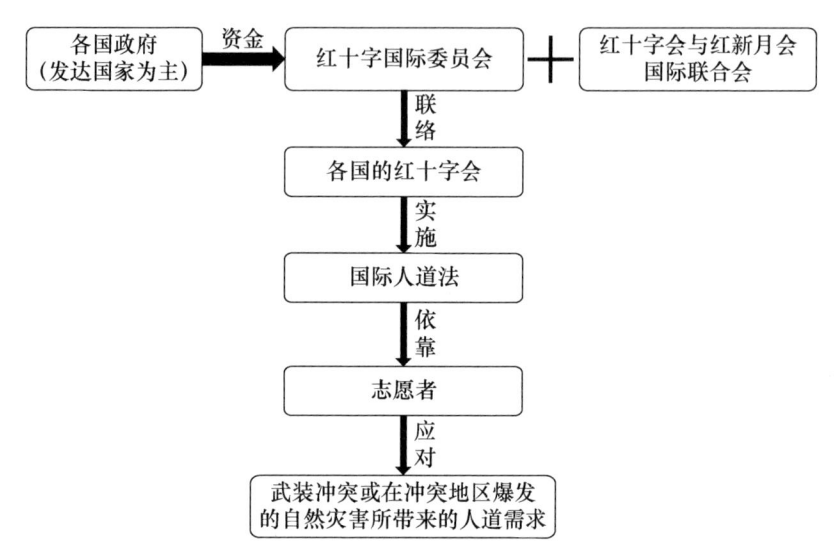

```
各国政府              资金      红十字国际委员会  +  红十字会与红新月会
(发达国家为主) ━━━━━━▶                              国际联合会
                              │
                              │联络
                              ▼
                          各国的红十字会
                              │
                              │实施
                              ▼
                           国际人道法
                              │
                              │依靠
                              ▼
                            志愿者
                              │
                              │应对
                              ▼
                    武装冲突或在冲突地区爆发
                    的自然灾害所带来的人道需求
```

图 3-2　红十字国际委员会的运作模式

如下：（1）至少两年国际发展或援助领域的现场经验，或参与过至少三个国家或国际层面的灾难响应部署；（2）可在短时间内参加至少持续四个星期的任务，以及持续参加年度培训和进修课程；（3）在美国红十字会的至少一个优先响应领域具有重要的技术专长和经验；（4）掌握英语、西班牙语、法语或阿拉伯语，可以优先考量；（5）具备积极性并且坚决遵守红十字会与红新月会基本原则；（6）身心健康，能够根据需要完成背景调查并进行彻底的医疗检查；（7）具备外交、团队合作和在要求苛刻且困难的环境中解决问题的能力，具有一定的文化敏感性、宽容度、灵活性；（8）能够在高压力、不安全和不稳定的环境中长时间有效工作；（9）能够在基本的，有时甚至是恶劣的生活条件下生活。

二、非政府间国际组织

（一）无国界医生组织

1. 背景介绍

无国界医生组织，是世界上最大的独立国际医疗救助机构，成立于1971年，总部设在瑞士日内瓦。该组织起源于一群法国医生和记者在尼日利亚内战中的人道主义行动。

该组织成立时由300名志愿者组成，包括医生、护士和其他人员。随着全球难民数量的增长，无国界医生组织已经从一个最初年预算上万法郎，只能派出几十名医生的救援组织发展到如今每年超过2亿美元运作经费，涵盖21个办事处的国际志愿服务组织①。1999年，该组织因"一直坚持使灾难受害者享有获得迅速而有效的专业援助的权利"而获得诺贝尔和平奖。

2. 资金来源

就资金来源而言，无国界医生组织主要依靠私人捐赠，其中主要是独立的公民捐助。在每年来自全球的经费中，九成来自个人和私人机构，其余来自国际组织如联合国难民署及个别国家或地区政府，但该组织拒绝接受石油、军火、钻石、医药等企业的捐款②。这有助于确保组织运营的独立性和灵活性，以便在最紧迫的危急时刻作出反应（包括那些被低估或被忽视的危机）。2020年，700万个人和私人机构提供了筹集到的19亿欧元中的97.2%③。近年来，无国界医生组织的收入和支出基本处于稳步增长状态（见表3-1），但是，要维持如此多的个人捐助量对组织管理和筹款活动支出必将构成巨大的挑战。

表3-1 2017—2020年无国界医生组织的财务支出情况

年份	总支出（单位：亿欧元）	人道活动支出占比	管理和筹款活动支出占比	个人捐助人数	个人捐助占比
2017	16.14	82.6%	17.4%	630万	88%
2018	16.08	82%	18%	630万	88%
2019	16.85	81%	19%	650万	89%
2020	16.79	81%	19%	700万	87%

资料来源：https://www.msf.org/reports-and-finances.

3. 运作模式

无国界医生组织目前有24个分部和17个分支机构。无国界医生组织的医疗人道主义项目由六个业务中心直接管理④。其办事处、单位、行动中心和协会之间的联系紧密，在不同层面共同开展工作，如图3-3所示。

---

① 1979—1990年，全球难民数量剧增为无国界医生组织发展规模创造了条件。1976—1979年，全球难民数量几乎翻了一番，从270万增加到560万。此后继续增加，1985年达到1100万。其实更重要的原因是世界政治的变化。冷战结束，第三世界国家内部冲突加剧，西方主导的国际秩序对社会的开放。参见：孙茹. 无国界医生组织. 国际资料信息, 2002 (10).
② 方华. 战火中的"和平鸽"：无国界医生组织的人道救援. 世界知识, 2015 (21).
③ International Fiancial Report 2020. [2022-05-27]. https://www.msf.org/sites/default/files/2021-06/MSF_Financial_Report_2020_final.pdf.
④ MSF. Offices around the world. [2022-10-20]. https://www.doctorswithoutborders.org/who-we-are/offices-around-world.

无国界医生组织遵循中立、独立、不偏不倚的人道原则，为受武装冲突、疫病和自然灾害影响，以及被排拒于医疗体系之外的人提供援助。

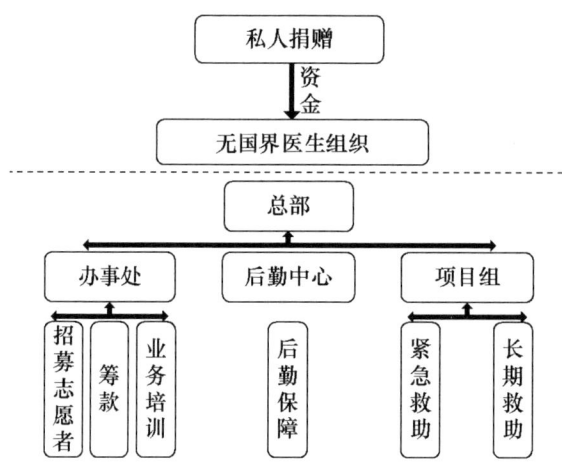

图3-3 无国界医生组织的运作模式

无国界医生组织目前针对下列四大状况进行医疗协助：(1) 针对战争和内乱地区的民众进行紧急医疗帮助；(2) 针对难民和流亡的群众进行医疗安置和协助；(3) 自然或人为灾难的紧急医疗支持；(4) 长期对偏远地区进行医疗协助[1]。这些医疗协助可以分为两类：紧急救援和长期救援[2]。紧急救援是指为战争或冲突中的受害者、难民及遭受自然灾害的灾民提供救援。紧急救援的反应速度依靠雄厚的后勤保障来支撑，为此无国界医生组织在欧洲多地建立了后勤保障中心。这些后勤保障中心能确保在24小时内将所需装备运上飞机，送往爆发人道危机的地区[3]。长期救援是指无国界医生组织与当地卫生部门合作，帮助重建医院和防疫站，推动营养和卫生项目，培养当地医护人员。比如，在中国云南的结核病治疗行动、在陕西的流浪儿童医疗服务、在湖北和广西的艾滋病关怀治疗以及在西藏的大骨节病研究和救治等[4]。

4. 志愿者招募与培训

无国界医生组织志愿者的招募和培训，主要依靠分布在世界各地的办

---

[1] 贺加贝，潘奕婷. 无国界医生和亚洲医师协会. 中华灾害救援医学，2014 (7).
[2] 孙茹. 无国界医生组织. 国际资料信息，2002 (10).
[3] 李安山. 非洲：无国界医生在行动. 当代世界，2011 (1).
[4] 房强，王永刚. "无国界医生"组织. 百科知识，2012 (20).

事处。根据既往派遣记录，无国界医生组织现已在 70 多个国家和地区开展救援项目。每年超过 4 万名来自世界各地的无国界医生组织工作人员参与援助，他们绝大部分来自医疗援助项目所在的国家和地区，为最需要帮助的国家和地区的人群提供医疗救助。为无国界医生组织"前线救援"项目工作的人群可分为三大类：医生及专业医疗人员（占 26%）、护士及其他医疗人员（约占 32%）、非医疗人员（占 42%）。非医疗人员主要由后勤人员、水利卫生专家、财务统筹人员和人力资源及行政统筹人员组成。这些人员都需要由办事处招募，志愿者需要先进行网络申请，然后接受电话测试，以及关于对该组织的认识和医学专业水准的笔试，最后进行面试。来自北京大学人民医院的屠铮医生是第一个参与该组织救援项目的中国医生。

志愿者被招募后，办事处会安排驻地对他们进行培训，培训内容分为基本培训与专科培训两个方面。基本培训包含一项重要课程"赴前线准备课程"（Preparation Primary Departure，PPD），这一课程主要是为了帮助救援人员更好地融入受援地区的生活，更加了解组织及其行动[1]。此外，无国界医生组织还建立了线上学习系统和救援人员互助网络。其中，线上学习系统即"数字化校园"（e-Campus）能够为志愿者提供更多的培训机会，包括财政、人力资源、后勤、医疗、安全管理和应急预案等相关培训课程，也有如埃博拉病毒、疟疾等相关疾病的资料。

就志愿者保障而言，无国界医生组织不仅为救援人员提供补助待遇，如住宿费、交通费、保险、补助金、体检服务等，也会评估并且协助提高救援人员的专业素质。

（二）埃塞克

1. 背景介绍

埃塞克[2]（英文名称为 International Association of Student in Economics and Management，国际经济学商学学生联合会）是联合国认可的全球最大的由青年独立运营的学生组织[3]。该组织成立于 1948 年，由欧洲的大学生自创，其最初的愿景是通过跨文化交流来增进国家间的相互理解和尊重。1989 年，埃塞克提出了新的愿景：通过向青年人提供跨国交流、国际交换实习和领导力发展的国际平台，激发其领导潜能，发展其国际视

---

[1] 龙靖淼，韩明月，安娜，等. 无国界医生援外医疗队招募体系介绍及启示. 中国卫生人才，2017（4）.
[2] AIESEC 是该组织的法文缩写，埃塞克为该缩写的中文译名.
[3] 赵迎. AIESEC 及其对中国青年影响. 中国青年社会科学，2016（1）.

野、企业家精神和对不同文化的包容性，进而对社会产生积极的影响[1]。埃塞克在全球 100 多个国家和地区的 5 000 多所大学有分会，进入中国后，其总部设在北京，已在我国许多重点大学建立了分会。

埃塞克有以下突出的特点：首先，埃塞克主要通过大学社团组织发展线下力量和国际网络；其次，埃塞克充分将社团管理模式与社会企业经营模式结合起来，通过不同的运营部门来锻炼会员的能力；再次，埃塞克除了提供国际志愿者服务机会外，还通过与企业和学术机构合作，提供各类海外实习机会和组织大型国际会议的机会，相比于单纯的国际义工旅行组织更加全面；最后，埃塞克只针对青年大学生，参与者更像是在做一份公益兼职。

2. 资金来源

埃塞克的运作经费主要来自两方面：一方面，来自与它合作的各大赞助商，它们会通过与埃塞克在不同领域的合作给埃塞克的运作提供不同方面的支持。与此同时，埃塞克也会利用自己手上的一些学生资源以及广告效应等方面的资源给予赞助商一些必要的合作项目以满足本组织的正常运作。另一方面，埃塞克会向参与海外志愿者项目的志愿者收取一部分费用，在中国大陆，每一个想要通过埃塞克出国参与相关活动的学生都需缴纳一定的费用[2]。

3. 运作模式

埃塞克整个组织的运作模式见图 3-4。以埃塞克中国区为例，各大学的埃塞克分会负责以下事项：与国外的埃塞克分会沟通，为中国学生创造海外实习机会；与国内企业、非政府组织等合作，为国际实习生创造在中国实习的机会；策划并执行项目，关注社会热点议题；等等。分会的领导团队负责整个分会的战略规划和决策并策划培训，目的是通过高效的组织运作，促进成员的成长。总会则负责全国范围内的战略规划，并与分会共同决策，引导并监督分会的发展，同时与埃塞克国际总部和其他会员国家或地区保持沟通[3]。

具体到国际志愿者项目，通过埃塞克出国做志愿者必须通过当地大学的分会的出境志愿者部门和海外的其他埃塞克分会的入境志愿者部门的志愿项目负责人联系。这需要申请者所在的大学必须有自己的埃塞克分会，

---

[1] 赵迎. AIESEC 及其对中国青年影响. 中国青年社会科学，2016（1）.
[2] 赵炀. 海外大学生志愿者组织运作机制研究：以 AIESEC 为例. 科学中国人，2016（24）.
[3] 梅潇方. 国际大学生组织 AIESEC 在中国的影响力和持续发展研究. 学理论，2009（22）.

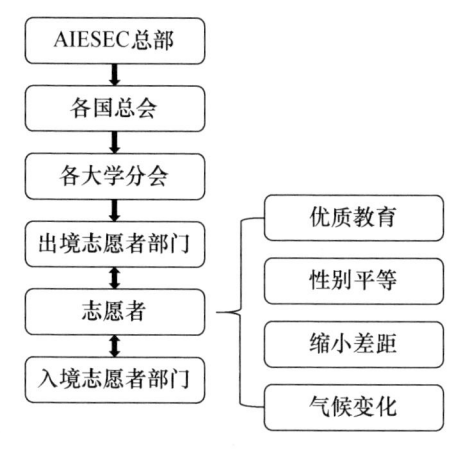

```
AIESEC总部
   ↓
 各国总会
   ↓
 各大学分会
   ↓
出境志愿者部门 ┐
              ├─ 优质教育
  志愿者      ┤   性别平等
              ├─ 缩小差距
入境志愿者部门 ┘   气候变化
```

图 3-4　埃塞克的运作模式

如果没有，申请者也可以自行联系附近的埃塞克有关机构，这期间需要完成准备简历、缴费等一系列流程。

埃塞克的海外志愿者项目一般都结合并致力于联合国可持续发展目标，如优质教育、性别平等、缩小差距、气候变化等。具体工作包括支教（比如去斯里兰卡给当地的孩子们教授英语）、环境保护（到保护区宣传协助动植物保护）、疾病康复（到马耳他的医院帮当地的残疾人做康复性训练）、文化交流（去音乐节现场做志愿者维护秩序）等，根据所选的地点不同，工作会有差异，选择空间很大。这些项目一般都在埃塞克发展比较成熟的发展中国家开展，持续时间一般为6~8周。

埃塞克会为志愿者提供诸多支持和保障，具体包括：（1）后勤支持，确保其顺利办理签证，提供到达接机和回程信息和说明；（2）协助志愿者积累学习经验，在服务之前、服务期间和服务之后提供便利的学习空间；（3）提供安全的生活环境，购买人寿和健康保险等；（4）提供明确的工作描述，第一天埃塞克会协助志愿者到达工作地点，确保志愿者清楚工作描述和目标，工作时间和时长也会尽力符合志愿者预期。

4. 志愿者招募与培训

埃塞克的志愿者招募工作主要依靠各大学的埃塞克分会，一般志愿者的申请流程分为以下几步：（1）注册埃塞克账号，浏览项目；（2）联系申请者所在学校的分会；（3）申请项目，进入项目匹配阶段；（4）分会培训；（5）参加地区性出国志愿者准备大会。从2017年开始，埃塞克通过邮件和就近培训，也为学校没有埃塞克分会的大学学生提供在海外做志愿者的机会。由于埃塞克的海外志愿项目并不需要特别强的技能，所以这些行前培训主要是熟悉目的地的文化背景。

第三节 各国机构示例

一、发达国家机构示例

(一) 美国和平队

1. 背景介绍

美国和平队自诞生 60 多年来，对推动美国国际形象的改善产生了巨大影响。1961 年，时任美国总统的肯尼迪下令建立和平队。当时美国政府建立和平队的主要目的是：在同苏联的竞争中，赢得不结盟发展中国家中的人心和头脑。由于美国国内存在着严重的种族歧视和种族隔离制度，同时不断干涉第三世界国家的内政，从事颠覆左翼政府的活动，所以美国在第三世界的国际形象很糟糕。美国为了与苏联争夺世界霸权，遂成立了和平队[1]。

和平队主要有三个目标：第一，传播有用的技术与知识；第二，增进服务对象国人民对美国的了解；第三，增进美国人民对服务对象国的了解[2]。其活动领域除了传统的教育、农业、医疗保健外，对一些全球性问题如环境保护、艾滋病的传播等给予了更多的关注。而且，和平队的活动范围超越了发展中国家的范畴，进入了中东欧及中亚地区，其主要目的就在于协助上述国家实现社会体制的转型[3]。

和平队的项目涉及农业、社区经济发展、教育、环境、健康、青年发展六个领域。截至 2022 年 7 月，和平队的志愿者在全世界的分布比例为：非洲西部南部大部分地区占 45％，东欧和中亚占 13％，中美和墨西哥占 10％，南美占 9％，加勒比海地区占 5％，北非和中东占 4％，太平洋岛国占 4％[4]。自和平队组建以来，大约有 240 000 名志愿者曾为世界各地提供志愿服务[5]。2010 年派往不同地区的和平队志愿者分布情况如表 3 - 2 所示；2014 年，志愿者在 64 个国家开展工作，涉及撒哈拉以南非洲、拉

---

[1] 刘国柱. 20 世纪六七十年代和平队被逐原因探析. 历史教学, 2004 (11).

[2] 黄立志，陆淼，张小庆. 十年一剑　霜刃小试：中国青年志愿者海外服务计划评估及其比较研究. 当代世界, 2013 (6).

[3] 刘国柱. 后冷战时期和平队的历史走势. 世界经济与政治, 2002 (8).

[4] https://www.peacecorps.gov/countries/.

[5] https://www.peacecorps.gov/volunteer/is-peace-corps-right-for-me/.

丁美洲、东欧和中亚、亚洲、加勒比地区、北非和中东以及太平洋岛屿共七个区域①。

表 3-2 派往不同地区和平队志愿者人数

地区	计划派遣志愿者人数（截至 2010 年 9 月 30 日）
非洲	2 620
欧洲、地中海和亚洲	2 616
拉丁美洲和太平洋	2 564
地区总数	7 800
危机队志愿者*	50
联合国志愿者	1
总人数	7 851

注：危机队为前和平队志愿者提供在发展中国家执行有报酬的短期任务的机会，2008 年 56 名和平队志愿者在 9 个国家服务。2010 年 1 月，危机队参与了对海地地震的救援工作。截至 2010 年 9 月，已经有 1 100 名危机队志愿者分别在拉丁美洲、非洲、亚洲、太平洋和欧洲的 40 多个国家服务。
资料来源：Peace Corps2010 年发布的综合机构评估报告. http://files.peacecorps.gov/multimedia/pdf/opengov/PC_Comprehensive_Agency_Assessment_Appendices.pdf.

2. 资金来源

自诞生之日起，美国就对和平队倾注了大量的人力和财力。和平队资金包括在国家海外合作以及相关项目的拨款法案中，其年度预算每年由国会预算和拨款过程决定。参议院外交关系委员会和众议院外交事务委员会负责监督和平队的活动和项目情况。总的来说，和平队预算大约占美国海外合作预算的 1%②。

1963 年，和平队共有 6 646 名志愿者，得到了 5 900 万美元的联邦预算；1964 年，和平队共有 10 078 名志愿者，获得 9 400 万美元的预算；1966 年，和平队的人数达到了历史上的最高点，共有 15 556 名志愿者，预算超过了 1.07 亿美元。20 世纪 70 年代，尼克松总统上台后，执行了逐渐减少和平队预算的政策，和平队志愿者的人数因此大幅度下降。到了卡特政府时期，政府热情地支持和平队项目。到里根总统执政的 80 年代，里根总统更加重视在硬实力上同苏联对抗，对和平队并不重视，经费缩减到尼克松政府时期的水平，直到 1985 年后才有所回升③。在整个冷战时期，和

---

① KALLMAN M E. The death of idealism: development and anti-politics in the Peace Corps. Warrenton: Columbia University Press, 2020: 65.
② 国际经验：美国和平队. 世界知识, 2013 (22).
③ 周琪. 作为软实力资源的和平队重受美国政府重视. 美国研究, 2011 (2).

平队的主要服务地点是非洲。到1995年，克林顿政府时期，志愿者人数增加到了7 200名。但是，和平队的规模与20世纪60年代相比仍然缩小了一半以上。奥巴马特别强调和平队的作用，2010年2月1日，奥巴马向国会提出2011年财政预算时，再次要求大幅度提高对和平队的拨款，即增加到4亿4 615万美元，比2009年的预算增加大约1/3[①]。2018年，和平队的财政年度资金为4.331亿美元，支持约7 300名志愿者在61个国家开展服务[②]。截至2019年，大约有240 000名志愿者前往世界各地提供志愿服务。

3. 运作模式

作为独立的执行部门，和平队隶属于美国国务院。和平队的主任直接对美国总统负责，资深工作人员是由行政部门任命的。和平队有一名白宫联络官，是和平队中的政治任命官员，与总统人事办公室和白宫其他办公室合作推进和平队的有关事项。在此基础上，下设非洲办公室、欧洲地中海亚洲办公室、中美和太平洋办公室进行管理（见图3-5）。

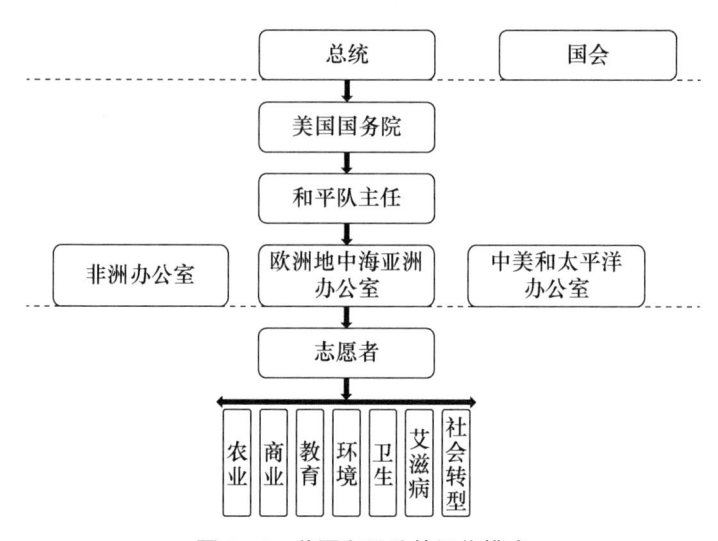

图3-5 美国和平队的运作模式

[①] 周琪. 作为软实力资源的和平队重受美国政府重视. 美国研究，2011（2）.

[②] Summary of internal control issues over the Peace Corps financial reporting FY 2018. [2022-05-25]. https://files.peacecorps.gov/documents/inspector-general/Summary_of_Internal_Control_Issues_Over_the_Peace_Corps_Financial_Reporting_FY_2018.pdf?_ga=2.21767099.1883753697.1653462002-2029091853.1653462002.

4. 志愿者招募与培训

申请参加和平队的人需提前 9～12 个月通过官方报名网站提交相关申请，经过面试、体检和法律审核等环节后才能获得最终确认。志愿者的整个服务期一般为 27 个月，其中 3 个月是培训期。志愿者可以在培训期得到一笔补助，在之后的服务期每个月得到的补贴为 225 美元[①]。

和平队的补贴与福利政策非常精细周到，主要分为服务期间和服务结束后两个阶段的补贴。补助标准根据地区有所不同，志愿服务结束以后还可以享受到一些福利。

(二) 英国海外志愿服务社

1. 背景介绍

英国海外志愿服务社（Voluntary Service Overseas，VSO），是一个旨在通过志愿者的行动消除全球贫困的国际发展机构。该社不提供奖学金或救灾援助，而是派遣志愿服务人员到发展中地区，从事技术工作。

自 1958 年在英国注册成立以来，历经半个世纪的发展，海外志愿服务社已发展成为一个拥有英国、爱尔兰、荷兰、加拿大、菲律宾、印度和肯尼亚 7 个联盟成员，在非洲、亚洲、加勒比海地区、太平洋地区以及东欧等地区开展项目的国际志愿组织。

海外志愿服务社的目标是通过促进志愿服务来消除全球贫困并帮助容易被忽视的地区和人群。主要的服务领域包括：(1) 农业和自然资源（从事农业、渔业和园艺业的开发与培训工作，工作岗位可能在偏远的农村地区，也可能在培训机构）；(2) 卫生（基础卫生保健工作，如卫生教育和培训，但是也有许多涉及治疗和康复工作的岗位）；(3) 工业技术工程（在教育或职业培训中心工作，建筑工程师在小型水利设施、卫生设施、支线公路和普通建筑的工地工作）；(4) 教育（在师范学院以及其他培训中学教师的院校从事各种课程的教学工作，包括英语教学工作）；(5) 社会发展（参与当地社区开发增加收入的活动）；(6) 商业开发（为政府机构的财政计划提供咨询和帮助，或者帮助建立小型商业企业）。

2. 资金来源

海外志愿服务社的活动经费由英国政府拨款和个人社团资助。派遣志愿者通常应由有关国家的公共企业或社会组织邀请，往返旅费、事故

---

① 周琪. 作为软实力资源的和平队重受美国政府重视. 美国研究，2011 (2).

或疾病的医疗保险费用由海外志愿服务社负担。聘用单位只需负责志愿者的生活费用，并提供住宿、工作和交通工具，志愿者的服务期限一般为两年①。

3. 运作模式

海外志愿服务社目前已经发展成为一个国际联盟，该联盟拥有7个成员，每个国家的海外志愿服务社选派一名代表组成国际理事会。理事会是海外志愿服务社联盟的最高管理机构，目前有10名理事会成员。海外志愿服务社下设两个国际志愿服务团队：非洲团队、亚太团队。在这两大团队下，有37个代表处。海外志愿服务社的日常管理机构是其国际领导团队，该团队对海外志愿服务社在世界各地的工作进行业务监督，负责各项目的财务、人力资源和组织发展工作。英国海外志愿服务社是海外志愿服务社联盟中实力最强的成员。它派往全球的志愿者由各国的代表处负责招募和培训。具体运作模式见图3-6。

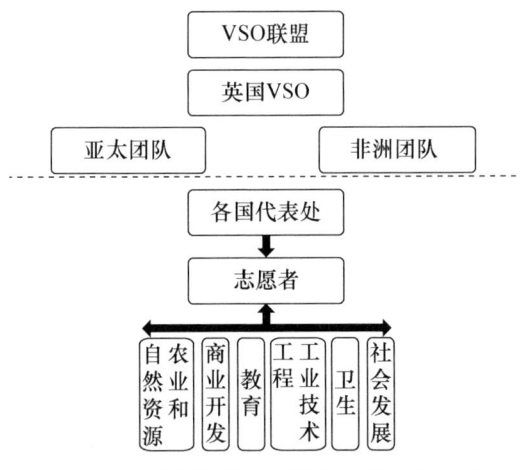

图3-6 英国海外志愿服务社的运作模式

4. 志愿者招募与培训

需要聘请志愿者的机构需要提前与海外志愿服务社驻该国的办事处取得联系，办事处将派出代表去有关部门进行协商。如果拟议的项目符合海外志愿服务社的相关规定，伦敦总部即着手选派志愿者，一般情况下3～9个月志愿者就可以到位。

海外志愿服务社对志愿者的要求是：（1）年龄在26～65岁之间；

---

① 陈远. 英国海外志愿服务社. 国际人才交流，1992（3）.

(2) 3 年以上从事临床医学（儿科、妇产科、外科）、健康管理、社区发展、商业管理、小学教育等相关领域的专业工作经验；(3) 具有专科或本科及以上学历；(4) 有意愿并能够到其他发展中国家生活 6 个月至 2 年；(5) 能使用英语工作；(6) 可以靠适当的补贴生活。

一般的申请程序是：(1) 在官网下载申请表，递交网络申请；(2) 笔试；(3) 面试；(4) 入选后，会接受当地重要问题、医疗和安全程序、语言和文化培训以及具体的岗位目标等培训。

成为海外志愿服务社的志愿者后，能享受到以下福利待遇：(1) 协助办理签证手续；(2) 安排相关国内和国际行程，提供往返机票和交通支持；(3) 根据服务地国家要求，安排体检和接种疫苗；(4) 提供全面的健康保险，每个国家办事处都有一名医疗顾问，国家办事处提供 7 天 24 小时的紧急联络和医疗紧急程序等；(5) 提供医疗健康、安全及紧急撤离支持；(6) 提供每月志愿者生活津贴（依据当地基本生活水平而定）；(7) 提供免费的住宿；(8) 提供全程专业培训；(9) 为未来工作提供推荐信；(10) 至少 3 周的年假。

（三）澳大利亚国际志愿者组织

1. 背景介绍

澳大利亚国际志愿者（Australian Volunteers International，AVI）组织成立于 1999 年，目前是澳大利亚最大的国际志愿者输送组织，其前身是成立于 1961 年的澳大利亚海外服务局（Overseas Service Bureau，OSB）。该组织旨在鼓励澳大利亚公民到亚洲、非洲和太平洋地区的发展中国家服务。澳大利亚政府支持国际志愿服务项目是受本国大学毕业生自发的海外志愿服务触动而开展的。1961 年，澳大利亚成立了海外服务局；1963 年，澳大利亚政府通过澳大利亚海外服务局启动了一个名为"澳大利亚海外志愿者"的项目，派出 14 名澳大利亚志愿者到巴布亚新几内亚、所罗门群岛、坦桑尼亚和尼日利亚进行志愿服务。

澳大利亚国际志愿者组织一直关注难民问题，如 20 世纪七八十年代的越南和柬埔寨的难民问题，20 世纪 90 年代的博茨瓦纳的难民问题以及巴勒斯坦难民问题，1988 年开始在拉丁美洲进行志愿服务行动。1999 年，澳大利亚海外服务局正式改名为澳大利亚国际志愿者组织。2000—2005 年，澳大利亚国际志愿者组织向东帝汶派出了 300 多名志愿者，支援新独立国家的建设。2011 年启动了"澳大利亚国际发展志愿者项目"（the Australian Volunteers for International Development Program），希望整合不同的志愿者项目，纳入统一的招聘、管理和津贴补助中。

非洲国家一直是澳大利亚国际志愿者组织服务的重点，澳大利亚国际志愿者组织在非洲国家的医院、学校、政府部门、社会组织和国际非政府组织中工作，支援这些国家的经济和社会建设。截至2022年，已经有超过16 000名澳大利亚志愿者参与了国际志愿服务项目，服务了印度-太平洋地区26个国家的伙伴组织。

澳大利亚国际志愿者组织的目标：一是为发展中国家人民改善生活提供大规模的高质量援助；二是通过相互学习和交流，创造发展机会，回应发展中国家人民的社会和经济发展愿望；三是加强跨文化了解，让澳大利亚人在国内和国际拥有更多的新体验。

2. 资金来源

该组织的经费由澳大利亚政府通过澳大利亚国际发展署（Australian Agency for International Development，Aus AID）资助，其他的政府部门、公司和个人也可以捐助澳大利亚国际志愿者组织的项目。2016年，澳大利亚国际志愿者组织的预算是1 900多万澳元，比2015年减少了42%。这可能是受到了澳大利亚经济发展不景气的影响[1]。澳大利亚国际志愿者组织在2019—2020年度的持续经营赤字为144万美元，相比2018—2019年度的154万美元，有所下降。2019—2020年度澳大利亚国际志愿者组织营收共计4 410万美元，同比增长21%，主要与基金的增长有关，运营支出较上年增加710万美元（19%）。此外，国际项目直接用于海外的资金相较2018—2019年度增加680万美元，占总支出的73%，高于2018—2019年度的69%，项目支持费用是在澳大利亚通过事件管理、招聘和简报活动直接支持澳大利亚国际志愿者组织的海外项目中产生的[2]。

3. 运作模式

澳大利亚国际志愿者组织的领导团队由首席执行官、执行团队和理事会（拥有10名成员）组成，领导团队的工作是实现发展目标、进行风险管理，并帮助组织的利益相关者实现价值。截至2022年，该组织有全职职工150人，全球办事处23个，涉及国家29个。理事会负责审查各办事处的年度财报。具体运作模式见图3-7。

---

[1] Annual report 2015-16. [2022-05-16]. http://www.avi.org.au/wp-content/uploads/2020/03/Annual-Report-Financials-2016.pdf.

[2] Financial report 2019-20. [2022-05-16]. https://www.avi.org.au/wp-content/uploads/2021/02/Financial-Report-2020_AVI.pdf.

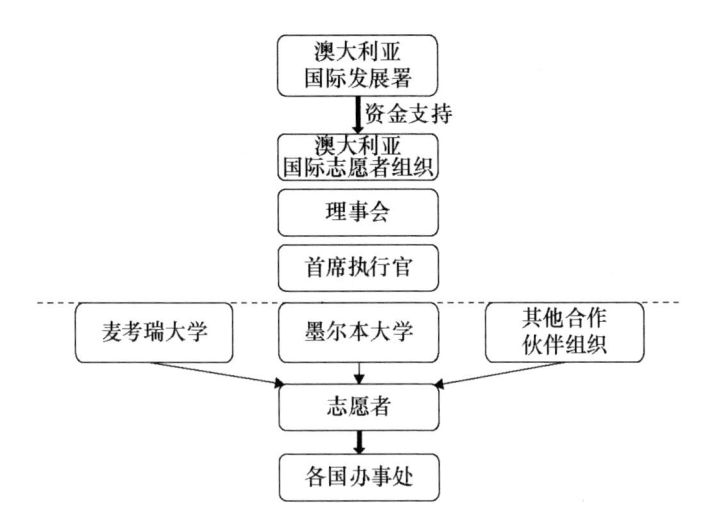

图 3-7 澳大利亚国际志愿者组织的运作模式

4. 志愿者招募与培训

2015—2016 年,澳大利亚国际志愿者组织派出了 670 名国际志愿者,涉及 16 个国家;2016—2017 年,派出了 627 名国际志愿者,涉及 12 个国家;2017—2018 年,派出了 1 191 名国际志愿者,涉及 22 个国家;2018—2019 年,派出了 1 068 名国际志愿者,涉及 23 个国家;2019—2020 年,派出了 853 名国际志愿者,涉及 28 个国家;2020—2021 年,派出了 352 名国际志愿者,涉及 26 个国家[1]。澳大利亚国际志愿者组织的志愿者招募主要有两种途径:大学招募和社会招募。大学招募主要在澳大利亚麦考瑞大学和墨尔本大学进行,社会招募则主要从其他合作伙伴组织聘用志愿者。

澳大利亚国际志愿者组织的志愿者招聘都是直接的定岗招聘,志愿者一旦被聘用,会根据申报意向直接进行岗前技能培训和文化培训。

志愿者的海外服务期限一般为 12~24 个月,志愿者在服务期间可以获得生活补贴。此外,志愿者还享有职业发展机会(通过借调,可以与总部、分部各行业的同事学习多种技能,为额外的职业学习提供资金支持、休假)、带薪育儿假期、年假等。

---

[1] 2020-21 impact report. [2022-05-16]. https://www.avi.org.au/wp-content/uploads/2022/04/AVI-Impact-Report-2020-21.pdf.

(四) 挪威交流合作署

1. 背景介绍

挪威交流合作署（Norec）是一家政府机构，为挪威的公司和组织与全球南方国家的类似公司和组织之间的双向人员交流提供资金。在 2018 年之前，该组织被命名为挪威和平队（FK Norway）。挪威和平队成立于 1963 年，实际上是受 1961 年美国成立和平队思路的影响而建立的。与美国资金充足、单独招募志愿者、定向开展大规模项目不同，挪威交流合作署的规模要小得多，运作模式也与美国和平队不同。

2018 年，挪威和平队的总部从奥斯陆迁至弗勒，挪威和平队改名为挪威交流合作署。挪威交流合作署对人权和国际发展问题作出广泛承诺，并将年轻人作为特殊目标群体。挪威交流合作署为来自不同国家的约 220 个合作伙伴提供资助和培训，合作伙伴包括欧洲、非洲、亚洲和拉丁美洲的组织、机构和私营企业，资助南北半球各学院、组织、企业等之间的交流项目，根据当地的需求和条件解决全球性问题。

2. 资金来源

挪威交流合作署是挪威外交部下属的一个执行机构，归挪威外交部领导，其全部支出由政府拨款。2015 年挪威交流合作署的前身挪威和平队援助拨款总计 1.6 亿克朗，组织运行费用 4 400 万克朗；2016 年援助拨款总计 1.4 亿克朗，组织运行费用 4 400 万克朗；2017 年援助拨款总计 1.27 亿克朗，组织运行费用 4 580 万克朗；2018 年，援助拨款 1.011 亿克朗，组织运行费用 5 560 万克朗[1]。

3. 运作模式

挪威交流合作署不直接招募志愿者，更像一个资助性公益基金会，管理着资金和项目，欢迎各类公立和私立组织向它投标申请，然后和平队的管理机构对这些申请进行审查。合作伙伴入围后，由挪威交流合作署进行岗前培训，并进行事中和事后监测。

挪威交流合作署在发展中国家的项目可以大致分为以下五类：医疗交流项目（挪威与发展中国家的医疗机构）、南北合作项目（挪威与发展中国家的青年技术人员交流）、南南合作项目（发展中国家的青年技术人员交流）、青年项目（18～25 岁之间的挪威和发展中国家青年交流项目）、高级项目计划。2000 年，挪威外交部对和平队进行了重组和重建，改变原有

---

[1] https://www.norec.no/en/global-partnerships/reports-and-publications/.

的单向输出模式，鼓励更多的发展中国家青年到挪威交流访问，并为此成立了青年项目。

这五大类项目下属各类不同的子项目，挪威交流合作署鼓励各类公益组织和公司申请项目。申请成功后，项目志愿者由中标的公益组织和公司负责招募、培训和外派。这些项目一般持续3～12个月，主要集中在亚洲、非洲和拉丁美洲的发展中国家，其中医疗交流项目和发展中国家的社会建设是和平队的主要方向，占了七成的支出。具体运作模式见图3-8。

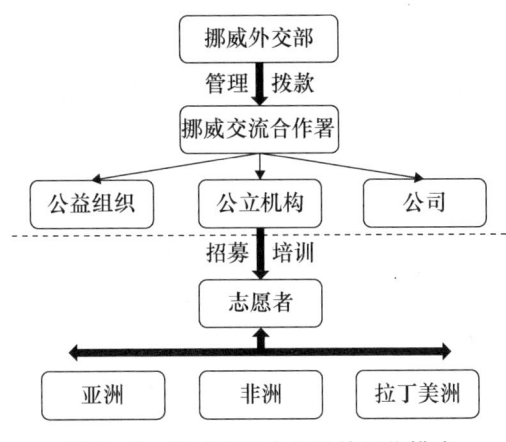

图3-8 挪威交流合作署的运作模式

4．志愿者招募与培训

挪威交流合作署作为一个平台，可以提供交易资金，但不负责招募志愿者。招募志愿者的工作需要挪威交流合作署的合作伙伴组织自行负责。作为挪威交流合作署的交流参与者，必须在交流前后参加强制性的培训。在培训期间，交流者将遇到来自许多其他组织、公司、专业和国家的参与者，挪威交流合作署的培训旨在鼓励积极参与。

挪威交流合作署对参与者的培训分为预备培训和回国培训。在预备培训结束时，志愿者可以从多个角度观察世界，并准备好作为全球公民和变革推动者参与进来。并且，他们可以学会使用特定的工具和方法来预防与克服在其他文化背景下可能面临的个人和职业的挑战。回国培训结束时，志愿者们利用习得的经验，与本国工作者分享新的知识，制定策略来预防、减少或克服与回国和重返社会相关的挑战，分析如何在全球发展环境中理解自己的项目。并且回国后，他们会计划如何运用经验和能力来提升自己作为社会变革推动者的影响。

(五) 日本国际协力机构

1. 背景介绍

日本国际协力机构（Japan International Cooperation Agency，JICA）成立于 1974 年，2002 年被解散。之后，新的国际协力机构成立。目前，国际协力机构隶属于日本外务省，在 150 多个国家和地区开展工作，大约有 100 个海外事务所[①]，是世界最大的双边援助机构之一。

第二次世界大战后，日本确立经济立国战略，将经济外交作为主要的外交手段，视对外援助为外交政策的重中之重。从 20 世纪 50 年代开始，日本政府就进行了大量政府开发援助（ODA）。随着日本经济的腾飞，20 世纪七八十年代，日本的政府开发援助规模不断扩大。1989 年，日本的政府开发援助总额超过美国位居世界第一，1993—2000 年，日本连续 8 年成为世界最大的援助国家。

日本国际协力机构的发展可以分为两个阶段：第一个阶段，日本政府开发援助实施初期，技术合作由各种不同的机构和法人团体负责实施。1962 年，受美国和平队的启发，日本政府将所有涉外援助机构合并，设立了海外技术合作事业团（OTCA）。1965 年，日本在海外技术合作事业团内设立了日本青年海外协力队，派遣日本青年到发展中国家开展技术合作。1974 年，日本公布了《国际合作事业团法》，将海外技术合作事业团、日本青年海外协力队等多个志愿团体合并，成立"日本国际协力机构"，专门负责志愿技术合作[②]。

第二个阶段，进入 21 世纪以后，日本政府为了实现开发援助的一元化领导，将政府开发援助的重点从原有的基础设施建设转向技术合作、文化交流等提升国家软实力的相关领域，就对外援助的领导机构进行了改革，将负责日元贷款的国际合作银行合并至日本国际协力机构，成立了新的国际协力机构。目前，日本国际协力机构同时具备技术合作、日元贷款、无偿援助三大援助手段，以"3S"，即加快速度（speed up）、扩大规模（scale up）、扩大波及范围（spread out）为标志，综合应用上述三种援助形式，把发展中国家的政策制度改善、人才培养与能力开发、基础设施建设有机结合起来，进行综合性援助[③]。具体改革进程见图 3-9。

[①] 刘长敏. 理念变革：从"发展援助"到"发展合作". 青海社会科学，2016 (6).
[②] 龚娜. 新日本国际协力机构与日本国家软实力. 日本研究，2012 (4).
[③] 龚运海. 日本国际协力机构 (JICA) 及对华贷款简介与启示. 财政与发展，2009 (3).

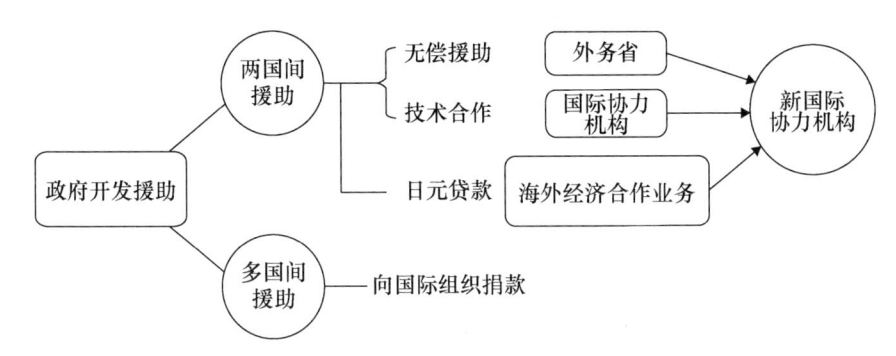

图 3-9　国际协力机构到新国际协力机构的组织结构沿革图

注：无偿援助部分不包括由于外交政策需要而由外务省直接实施的部分。

日本国际协力机构的援助目标是：通过支援发展中国家的地区经济、社会开发、复兴及社会稳定，促进国际合作，并有利于日本及国际经济社会的健全发展①。它的服务领域涵盖技术合作项目、有偿资金援助（日元贷款）、接收研修生、无偿资金援助、灾害紧急援助等五个大类，共计130多个技术门类。由于日本的政府开发援助是双边援助的典范，而且中国曾接受日本政府开发援助的帮助，所以日本政府开发援助的援助模式一直是国内学界的研究热点之一②。

2. 资金来源

从日本国际协力机构2020财年的运营情况来看，在赠款方面，日本国际协力机构实施了155个项目，总金额为839亿元人民币（赠款协议金额）。2021年的财务年度报告显示，日本国际协力机构普通费用总计163 010亿日元。比上一财年减少716.64亿日元③。日本国际协力机构是直属于日本外务省的行政部门，其运作资金全部来自日本财政拨款。

3. 运作模式

日本国际协力机构公开的机构性质是"独立行政法人"，这是一种特

---

① 陈言，绪方贞子."中日关系关键在于人与人的交流"：专访日本国际协力机构理事长绪方贞子. 中国新闻周刊，2006（12）.

② 廉德瑰. 日本公共外交的特点. 日本学刊，2011（1）；刘国华，李阵. 战后日本的公共外交. 日本学刊，2007（4）；王晓博. 日本对外援助在公共外交中的作用. 东北亚学刊，2013-05（3）；龚娜. 新日本国际协力机构与日本国家软实力. 日本研究，2012（4）；周玉渊. 从东南亚到非洲：日本对外援助的政治经济学. 当代亚太，2010（3）.

③ Annual report 2021. [2022-05-27]. https://www.jica.go.jp/english/publications/reports/annual/2021/fp4rrb000000sky0－att/2021_03.pdf.

有的法人体系。公共事务若都倚靠政府负责，则政府不堪重负，难以高效应对；而放由财团介入则与"公共性"相违背，且难以把控。"独立行政法人"的资金由政府拨付，但组织形式与机关体系不同，类似于一般企业。由此，既充分保证了政府的主导，也因其企业化、专业化管理方式增加了组织的活力①。故而，日本国际协力机构虽表面看来类似非政府组织，但实际上还是外务省辖下综合管理政府开发援助的官方机构，行政色彩较为浓厚。

日本国际协力机构在业务上虽接受外务省的指导，但在机构的事务运行上却享有充分的自主权；同时，它也充分认识到单纯依靠政府的力量存在问题，为此它开展了全方位"市民参加协力事业"计划。日本国际协力机构认为难以依靠单个组织的力量实现组织目标，还需要非政府组织、大学、社会企业乃至更广泛公众参与。由此，日本国际协力机构贯彻"全民参与"理念，广泛吸纳各类社会力量参与进来②。例如，1990年成立第二大志愿团体"年长志愿者协会"（JSVA），打破了只有年轻人才能参加国际志愿活动的"刻板印象"，让20～69岁的庞大群体都可以参与到志愿活动中来。

4. 志愿者招募与培训

就志愿者招募而言，日本国际协力机构的志愿者秉承不主动、不强制、不拒绝的策略，始终没有把传播日本文化作为其首要工作和"政治任务"，只将其作为工作的"附带价值"。因此，日本政府并不会主动输送日本国际协力机构的志愿者，受援国必须通过外交途径与日本政府就志愿人员需求达成相关协议，由日本国际协力机构驻该国代表处解释与派遣志愿人员有关的问题之后才能得到支援。受援国的需求需要很明确，包括所需人员的数量、技术领域及相关技术标准，这有助于日本国际协力机构征召志愿人员时尽可能地满足发展中国家的实际需要。日本国际协力机构会在其官网公布志愿者招录信息，申请者需要参加语言和专业技术测试才能入围。

就志愿者的培训而言，日本国际协力机构会对志愿者进行为期2个月的培训，目的是使志愿者学习海外志愿服务活动的必要知识。培训内容包括：（1）日本国际协力机构志愿服务讲座；（2）派往国情况讲座；（3）安全管理讲座；（4）志愿者交流活动；（5）社会实践活动；等等③。具体的

---

①② 张耀钟. 日本对非公共外交的多维解构：以 JICA 为中心. 世界经济与政治论坛，2016（2）.

③ 尚磊，王名. 论我国志愿者保障机制的完善：以"日本青年海外协力队"为鉴. 未来与发展，2008（8）.

招募与培训流程可见图 3-10。

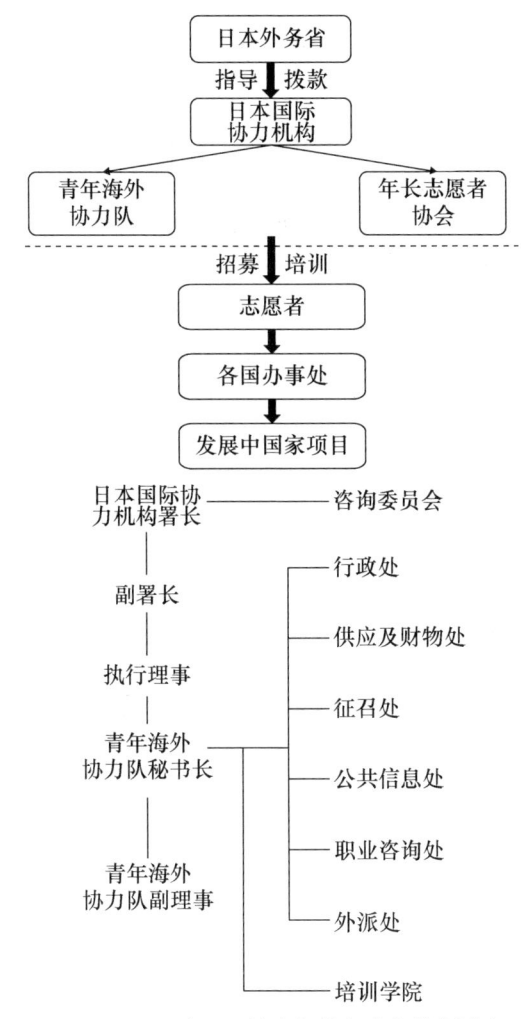

```
                    日本外务省
                   指导↓拨款
                  日本国际
                  协力机构
              ↙              ↘
         青年海外              年长志愿者
         协力队                协会
        - - - - - - 招募↓培训 - - - - - -
                    志愿者
                       ↓
                   各国办事处
                       ↓
                  发展中国家项目

  日本国际协力 ─────── 咨询委员会
  机构署长
      │
    副署长                    ┌── 行政处
      │                       │
    执行理事                  ├── 供应及财物处
      │                       │
  青年海外 ─────────────────┼── 征召处
  协力队秘书长                │
      │                       ├── 公共信息处
                              │
  青年海外                    ├── 职业咨询处
  协力队副理事                │
                              ├── 外派处
                              │
                              └── 培训学院
```

图 3-10　日本国际协力机构招募与培训流程

日本国际协力机构会为志愿者提供每月 300～700 美元不等的生活费、住宿费、差旅费、暂时回国休假、子女探亲旅费补助等一系列福利。日本国际协力机构志愿者的服务时限一般为 2 年。

（六）韩国国际合作局

1. 背景介绍

韩国国际合作局（Korea International Cooperation Agency，KOICA）

成立于1991年，隶属于韩国外交通商部（2013年更名为韩国外交部），是韩国执行双边无偿援助的具体执行机构。韩国国际合作局派出国际志愿者始于1991年，其资金支持和项目策划是韩国官方对外援助的组成部分。

韩国的对外援助分为三个阶段：第一个阶段是从1952至1975年，这一阶段是接受援助的主阶段，对外援助初步孕育。第二个阶段是从1975年至20世纪末，接受援助逐步减少到停止，并开始以技术培训、向发展中国家提供优惠贷款等方式进行对外援助。第三个阶段是进入21世纪后，韩国对外援助的规模不断扩大，尤其是依托国际合作局和经济发展合作基金（EDCF）向发展中国家提供贷款和进行技术援助[1]。

韩国国际合作局主导的双边技术援助的外交目标是"支持发展中国家的经济与社会发展，促进与受援国的友好伙伴关系，与发展中国家分享韩国发展的经验"，与国际社会共同减少贫困、促进可持续发展、解决全球性问题并履行国际协定，如联合国千年发展目标、可持续发展目标等[2]。

韩国国际合作局派出的志愿者主要集中在韩国有相对优势的七大重点领域：教育、保健医疗、政府、农村发展、信息和通信技术、工业和能源以及环境及其他（见表3-3）。

表3-3 韩国国际合作局派出志愿者的领域

领域	具体专业
教育	教育学、科学、数学、地理、美术、音乐教育、经营管理、舞蹈、多媒体教育、话剧、幼儿教育、烹饪、职业培训、小学教育、青少年培育、体育教育、特殊教育、韩国语教育等
保健医疗	护理、物理治疗、母婴保健、放射线、保健卫生、饮水卫生、药学、营养管理、医生、临床病理、牙齿卫生、镶牙技工等
政府	经济、气象预报、市场影响、消防、防灾、报刊、广播、进出口业务、振兴投资、行政规划等
信息和通信技术	信息通信技术、电脑、电脑设计等
工业和能源	建筑、交通系统、工艺、金属工学、机械、食品加工、食品检疫、能源开发、焊接、印刷、纺织服装、电器、电子、汽车、地理信息、土木、质量管理、航空、化工等

[1] 毛小菁. 韩国官方发展援助：执行状况及相关问题. 国际经济合作，2008（11）.
[2] 刘舸. 韩国对外ODA政策的背景与特征. 当代韩国，2008（2）.

续表

领域	具体专业
农村发展	水利灌溉、农业机械、农业化学、农业土木、农业生命工学、农业经济、水稻、兽医、水产养殖、园艺、养蜂、养蚕、区域社会开发、畜牧业等
环境及其他	观光、城市开发、博物馆、社会福利、妇女、跆拳道、环境等

2. 资金来源

韩国对外援助以双边援助为主，双边援助与多边援助的比例基本保持在7∶3。韩国国际合作局实施的双边无偿援助占政府开发援助的比例在1991—2002年呈下降趋势，1991—1995年占70％，1996—1997年占45％，1998—2002年占30％。但是在2003年之后，双边无偿援助比例再次升高，占政府开发援助的60％以上，这是伊拉克和阿富汗战争后，重建援助数额剧增导致的[1]。其中，教育、保健、人口和其他社会基础设施建设约占到全部对外援助经费的40％左右，所以韩国国际合作局的国际志愿服务项目是其工作的重心。

3. 运作模式

韩国对外援助管理体系分为决策机构和执行机构两部分。决策机构包括国际发展合作委员会（CIDC）、韩国企划财政部（MOSF）以及韩国外交通商部（MOFAT），执行机构包括韩国国际合作局及经济发展合作基金。从实际操作来看，韩国对外援助管理属于两级四机构的模式。

从双边援助来看，韩国外交通商部及其执行机构韩国国际合作局通过赠款的方式负责韩国一半的双边发展援助额，另一半由企划财政部及其执行机构——进出口银行下属的经济发展合作基金通过优惠贷款的方式负责；对于多边援助，外交通商部负责向联合国机构的认捐，而企划财政部负责向国际发展银行的认捐。此外，韩国还有30多个相关机构、部门利用自身经费对外提供小额的技术合作援助项目[2]。具体运行模式见图3-11。

韩国国际合作局下设立的执行委员会、审计员以及审计和监察部相对独立，主席下设安全管理中心、评估部、数字创新中心以及媒体和公共关系部，此外还设立了战略和管理办公室，发展战略和伙伴关系办公室，亚洲和欧洲办公室，非洲、中东、中南美洲办公室共5个专门办公室，以及1个全球领袖计划办公室。韩国国际合作局除了在釜山设立一个国内办公

---

[1] 张安礼. 韩国官方对外援助战略研究. 青岛：青岛大学，2016.
[2] 谢琪. 韩国官方发展援助及其管理体系. 国际经济合作，2013（1）.

室外，还设立了47个海外办公室（见图3-12）。

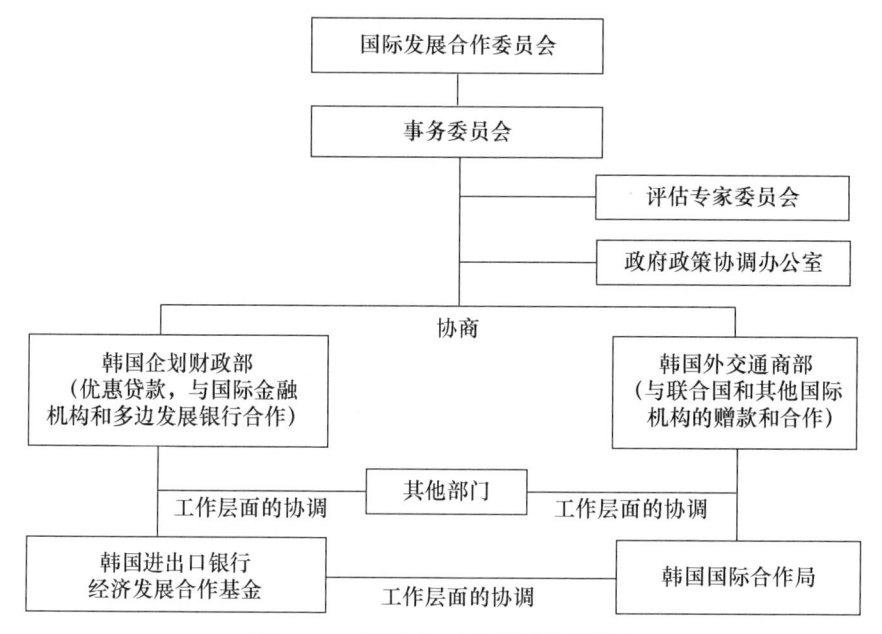

图3-11 韩国国际合作局的运作模式

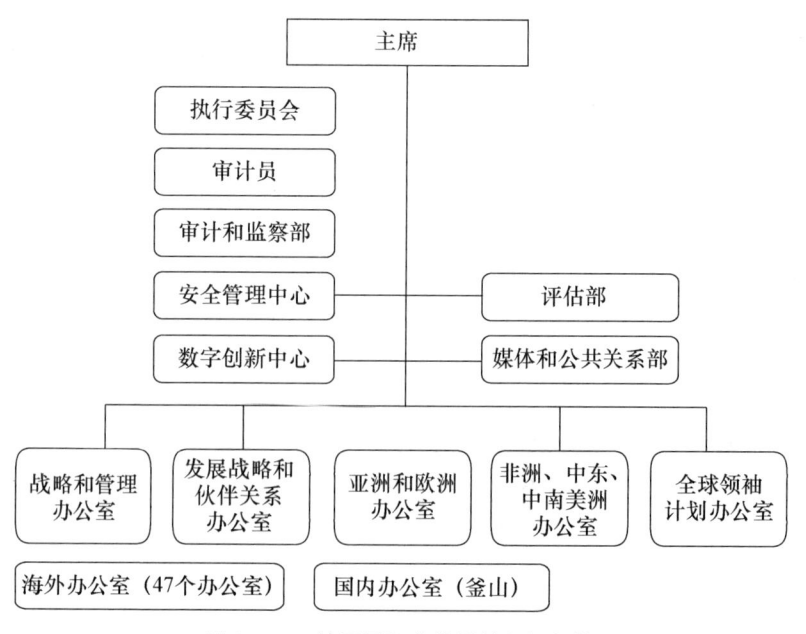

图3-12 韩国国际合作局的组织架构

在外交通商部的监管下,韩国国际合作局执行赠款和技术合作项目,负责对项目进行可行性分析、政策对话、与受援国进行协调、项目设计和执行以及派遣专家和志愿者到海外。在具体的项目选择中,需要受援国向韩国国际合作局提交申请,之后韩国国际合作局收集相关资料并确定可行的项目。韩国国际合作局一般是根据受援国的减贫计划、韩国的相对优势以及韩国相关战略规划来进行项目选择的[1]。

1998年,韩国国际合作局建立了援助评估办公室,2006年制定了项目评估细则。一般由项目执行组自行完成项目中期和完成时的评估报告,评估办公室则在项目完成6个月或3年后对项目进行再次评估。

4. 志愿者招募与培训

韩国向海外派遣志愿者实际上受到了美国和平队和日本青年海外协力队的影响,1988年汉城(2005年改名为首尔)奥运会后,韩国政府除了开展原有的邀请研究生、派遣专家等合作之外,开始派遣国际志愿者。起初,韩国主要是照搬美日模式。经过1990—1991年两年的磨合后,韩国国际合作局成立,由其正式负责志愿者的派遣工作。由于派遣国际志愿者主要是为了协助官方对外援助,所以派遣接受国和派遣人数不断增加。2004年,韩国政府为了加强与东南亚国家的合作,将派遣规模扩大到每年720名,采用了由2~5名义工组成的团队促进所管辖项目计划的小团队义工团制度,以及通过与开发非政府组织合作的非政府组织义工团制度。2005年引入了年长者义工团制度,以充分发挥具有相关领域专业知识和经验的中老年以及退休者的作用。一般义工与年长者义工的派遣时间总计为两年,包括8周的当地适应训练期。

志愿者根据年龄和经验分为一般义工和年长义工。对于一般义工,20~62周岁的国民只要具有相关专业的知识和技术都可以报名,其中男性需完成兵役或免除兵役服务。对于年长义工,50周岁以上的国民只要具有10年以上相关专业的工作经历就可以报名。选拔程序依次为:审阅申请资料、面试、检查身体和信用[2]。

经过规定程序选拔出来的国际义工,在完成国内训练后还需接受当地的适应训练。首先,国内训练4周,是把全体预备队员集中起来进行训练,内容包括学习当地语言、服务精神涵养教育、素养教育、实务教育以及安全管理教育等。国内训练考核决定了能否被选定为正式的国际义工。到达

---

[1] 谢琪. 韩国官方发展援助及其管理体系. 国际经济合作,2013 (1).
[2] 韩永泰. 韩国国际义工活动的现状与特征. 当代韩国,2009 (3).

当地之后，国际义工需要完成当地适应训练，具体内容包括学习当地语言、现场实习、了解当地情况、安全教育等，共为期8周。

（七）阿根廷白盔委员会

1. 背景介绍

白盔委员会（The White Helmets Commission）是一个从事国际应急救援公共服务的国际性非政府志愿组织，总部位于阿根廷。白盔委员会属于联合国志愿系统的一部分。此名称是为区分联合国的蓝盔部队而提出的[①]。白盔委员会最初是由阿根廷总统梅内姆提出，并由阿根廷政府在1993年建立。这一组织目前由阿根廷政府通过外交部予以支持，是阿根廷公共外交的一部分。最初建立这一组织是为了"反贫困与饥饿"，解决基本的人道主义问题。

白盔委员会属于非政府组织类型中的"政府建立的非政府组织"，这类非政府组织通常是由政府机构或类似欧盟委员会等机构建立的，政府在很大程度上控制其人事安排、运营、行动等。

白盔委员会的一大特点是它已经通过联合国大会的几次决议，将自己纳入联合国志愿系统。联合国志愿人员组织、人道主义事务协调厅与整个联合国系统一致鼓励白盔委员会志愿者利用专业知识参与各类志愿行动，并将行动扩大到人道主义、自然灾害援助等活动中。

2. 资金来源

白盔委员会的资金来源最初是单一的，1994年被纳入联合国志愿系统后，联合国为该组织开设了一个特别的筹资账户。虽然目前阿根廷政府仍然是联合国这一特别筹资账户的主要捐款国，但是从1999年开始，美洲国家组织和美洲开发银行之间签署了一项区域技术合作协定，美洲开发银行决定提供一笔750万美元的捐款，供白盔志愿者在美洲执行任务时使用。除了资金之外，世界其他国家也以现金、实物或其他方式捐助、支持其各项活动。其中，包括法国、德国、希腊、意大利、日本、西班牙和英国等国政府的财政和技术支持。

白盔委员会在多年的运作中，已经形成了独特的募集资金的方式，与其他国家的志愿者组织、社会组织、区域组织和多边筹资机构等建立了广泛的合作伙伴关系。

[①] 自2011年叙利亚战争爆发以来，叙利亚"白头盔"组织的行动曾引起国际舆论的广泛争议，该"白头盔"组织是叙利亚国内的一个社会组织，与阿根廷的白盔委员会是完全不同的。

3. 运作模式

白盔委员会的各项活动是在联合国各机构直接响应东道国政府请求的前提下或人道主义事务协调厅的呼吁下，在人道主义援助和发展方案的框架内执行的。各项活动是与联合国各机构（如联合国开发计划署、联合国项目事务厅、难民事务高级专员办事处、粮食计划署）维持和平行动以及受益国的国家机构合作执行的。

许多国家，尤其是美洲国家组织成员国，支持白盔委员会的倡议，认为可以通过联合国志愿人员方案，对联合国紧急救济恢复重建和发展活动提供支持。目前，大约100个国家支持联合国大会批准的联合国"白盔"行动的构想。

4. 志愿者招募与培训

白盔委员会通过开展志愿活动应对灾害，其工作主要涵盖以下几个方面：一是要综合应对灾害风险；二是要用专业的志愿者团队；三是要开发地方志愿服务以降低灾害风险；四是要广泛引导人民群众参与其中，在第一时间应对并参与到各个阶段的救援工作当中。白盔委员会认为整合人民群众，让人民群众从受害者转变为预防工作的主体至关重要。白盔委员会主要通过两个途径来促进志愿服务的发展：一是培养地方领导或社区的负责人，提高他们的应对能力；二是通过建立体系把志愿服务规模化、系统化，建立志愿服务网络。白盔委员会从1998年开始建立白盔志愿者队伍，它对志愿者的要求是：年龄须在18岁以上，良好的身体和心理状况，有从事人道主义活动的使命感，根据任务需求有特定的技术专长，遇到紧急情况可以在72小时之内动身。白盔委员会承担志愿者的差旅费、生活费和保险费等全部费用。为了加强与接受援助者之间的交往，白盔委员会现在越来越倾向于招募本地的志愿者。

二、发展中国家机构示例

（一）泰国国际协力机构

1. 背景介绍

泰国国际协力机构（Thailand International Cooperation Agency，TICA）成立于2004年10月，隶属于泰国外交部，是泰国管理国际发展合作和对外援助的正式机构。其主要职能是管理泰国与周边国家和其他发展中国家在发展项目、志愿者派遣、专家项目、研究基金、奖学金、培训计划等方面的合作。

泰国国际协力机构的愿景是成为该地区在管理国际发展合作方面具有

高度专长的牵头机构，以加强与其他发展中国家的社会经济发展、文化和技术联系。其目标是：制定双边和多边机制下的国际技术合作战略计划和方案，实现发展中国家的社会经济进步①。其提供的服务项目涵盖教育、医疗和农业方面的人力资源开发。具体包括培训、派遣泰国专家、提供设备、按照合作伙伴的要求量身定制培训方案和设计课程。

实际上，早在1992年，泰国就开始对其他国家提供官方发展援助了，近年来援助的范围逐渐扩大，除了农业、医疗和教育这三个传统的领域外，还在禁毒、道路和水坝基建、打击人口贩卖等领域同其他国家展开合作。泰国的对外援助都是根据周边国家的需求量身定制的，只有受援国提出申请需求，泰国国际协力机构才会提供援助。

目前，泰国国际协力机构与其他国家有四种形式的发展合作：（1）发展合作项目。这具体包括技术转让、设备采购等。（2）人力资源开发。与泰国有关机构联合举办培训课程，具体有两种形式：年度国际培训课程和泰国国际研究生课程。（3）泰国之友志愿者项目。向有关国家和地区派遣志愿者。（4）派遣专家。一般根据受援地要求实行。

泰国国际协力机构尽管也在南亚、中东、非洲和拉丁美洲开展合作项目，但援助重点是泰国的周边邻国，即柬埔寨、老挝、缅甸、越南，2018年援助资金为2.7066亿泰铢，紧随其后的是南亚（不丹、孟加拉国、斯里兰卡、尼泊尔）和中东为8272万泰铢、非洲（莫桑比克、莱索托、贝宁、肯尼亚）为5979万泰铢、拉丁美洲（斐济、阿根廷、智利、秘鲁、哥伦比亚、墨西哥）为1911万泰铢、其他国家为2639万泰铢②。

2. 资金来源

与日本国际协力机构和韩国国际合作局类似，泰国国际协力机构是泰国外交部管理对外援助的官方机构，其运作和项目经费来自官方拨款，同时也接受社会各界的捐款。2018年，泰国国际协力机构在全球的15个国家开展79个发展合作项目，总价值为3.4511亿泰铢，其前五大合作领域是教育、公共卫生、农业、社会发展和福利、自然资源和环境。泰国之友

---

① 泰国国际协力机构的具体目标有6个：制定国际合作计划，研究和分析合作政策，包括技术合作项目的实施、后续和评价；根据泰国政府的外交政策管理向发展中国家提供的发展合作方案；与包括外国政府和国际组织在内的各种发展伙伴合作，在双边和多边框架下发展技术合作项目；管理向发展中国家提供关于公共和私营部门以及社会人力资源开发的研究金和奖学金；协调国际发展合作；向有关政府机构和国际组织传播关于发展合作的信息。

② Thailand as donor：2018 ODA overview (Through TICA). https://ticathaigov.mfa.go.th/en/page/overview-on-oda-2018.

志愿者项目就是泰国发展合作的形式之一，通过派遣21～35岁的泰国青年向伙伴国家的当地社区提供技术咨询和分享知识而加强发展合作影响，主要合作领域包括教育、技能发展、农业、公共卫生和乡村发展①。

3. 运作模式

泰国国际协力机构的内部运作机制比较简单，如图3-13所示，有2位副总干事，下一层级的司局共有4个，分别是秘书办公室、人力资源开发合作司、发展促进与协调司、国际发展合作司。秘书办公室主要负责开展一般的行政工作，监管和管理项目下办公室的预算工作以及处理公关关系。人力资源开发合作司主要负责制定和执行泰国人力资源开发合作计划，管理运营其与国外交流基金，管理、运作和接收与国外合作伙伴的培训交流项目。发展促进与协调司主要负责开展各领域的项目和活动，促进泰国与其他各国通过合作项目建立网络。国际发展合作司主要负责研究合作形式和趋势，制定战略政策。与国外的经济和学术进行合作，从而与各国扩大合作伙伴关系。

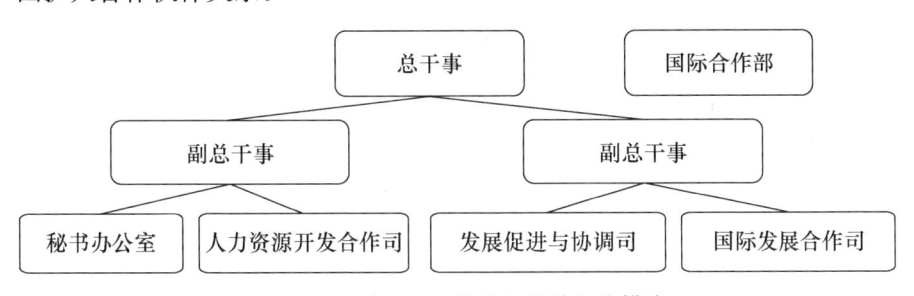

图3-13 泰国国际协力机构的运作模式

泰国国际协力机构的国际援助都是需求导向的，只有对象国提出申请，泰国方面才会出资援助。一般的援助流程是：与目标国商议，确定志愿者的需求计划，对项目进行评估，细节策划，准备，实施，监督和评价。整个项目由泰国政府全额拨款。

4. 志愿者招募与培训

泰国之友志愿者项目于2003年3月4日被批准，由泰国国际协力机构负责协调和执行，至今已有163位志愿者被派往国外开展服务。他们分别在教育、技能发展、农业、公共卫生和农村发展方面开展相应的服务②。

---

① https://tica-thaigov.mfa.go.th/en/page/fft-operation?menu=5f47aba7473a3e5fa27f4ce7.

② TICA. FFT operation. [2022-10-20]. https://tica-thaigov.mfa.go.th/en/page/fft-operation?menu=5f4792770e6be43ad279d152.

对志愿者除了特定的技术行业要求之外，还有一些通行的要求，比如年龄必须在 21~30 岁之间；大学生或从事某项专业工作 1~2 年者，在所需专业取得本科文凭；有相关实践经验；服务态度较好；能够通过身体和心理测试；等等。

志愿者加入之后，会接受相关培训，内容包括：（1）跨文化交流；（2）大使馆和主管机构的信息；（3）技术知识、语言和服务态度；（4）危机管理；等等。志愿者一般由当地的对应机构，或大学，或泰国在当地的分支机构负责接待①。

泰国国际协力机构方面为志愿者提供的保障有：往返机票、当地交通费、每月生活费、住宿费、人身保险和医疗保险。泰国国际协力机构的志愿者项目也存在许多问题：志愿者招募取决于伙伴国家的需求，缺乏需求调查和长期计划；对志愿者的准备工作没有一个培训中心；还有一些实际困难没有应对手段；等等。

（二）菲律宾国家志愿服务协调机构

1. 背景介绍

菲律宾国家志愿服务协调机构（Philippine National Volunteer Service Coordinating Agency，PNVSCA）是政府机构，负责在菲律宾推广和协调志愿服务项目。该机构作为一个委员会，旨在具体化菲律宾政府 1962 年在波多黎各举行的国际中层人力会议期间达成协议的承诺。该组织办事处于 1973 年成立，于 1980 年 12 月 12 日通过第 635 号行政命令成为机构。菲律宾国家志愿服务协调机构受国家经济和发展局（NEDA）的行政监督。菲律宾国家志愿服务协调机构与其他政府机构、非政府组织、学术界、企业团体、媒体和其他合作伙伴密切合作，将不同的志愿工作和资源整合起来，使之与国家优先事项保持一致，并特别帮助边缘化的部门和社区。菲律宾国家志愿服务协调机构率先倡导和认可志愿者对国家建设和国际合作的贡献。

菲律宾国家志愿服务协调机构以"通过相关的具有针对性的计划、政策、宣传、技术援助和协调服务，促进和利用志愿服务和资源"为使命，致力于促进和协调该国的志愿者计划和服务，最大限度地放大志愿者援助可能带来的好处，并正确衡量志愿者对国家发展和国际合作的贡献。正是由于上述原因，菲律宾国家志愿服务协调机构被列为国家经济和发展局的

---

① 泰国的志愿者一般都被派往南亚、东南亚、非洲、拉美和东欧等国家，尤以周边国家为多。

附属机构。菲律宾国家志愿服务协调机构作为协调机构,协调、监测和评估国家志愿服务计划,以使志愿援助符合国家发展总体目标;充当与国际志愿服务有关的事务的信息交换所;建立和维护了一个全国性的志愿者组织网络,并成为与联合国志愿人员组织等各类国际志愿组织之间的联络机构。

2. 资金来源

菲律宾国家志愿服务协调机构的资金主要来自政府拨款,受国家经济和发展局的行政监督。该机构 2020 年预算利用率为 86.50%[①]。

3. 运作模式

菲律宾国家志愿服务协调机构设有最高层级主任办公室,由多部门咨询机构和国际志愿者月指导委员会支持工作的开展,都设有主席、副主席。主任办公室下设行政、财务和管理司,政策、倡导和技术服务司以及项目协调、监测和评估司,如图 3-14 所示。

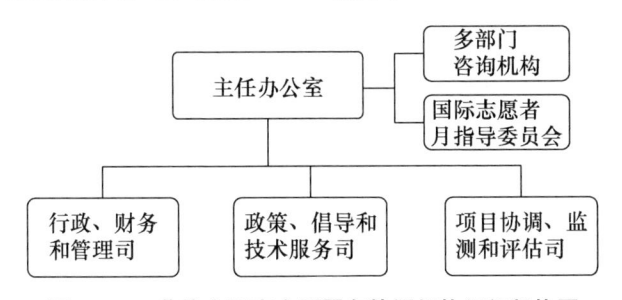

图 3-14 菲律宾国家志愿服务协调机构组织架构图

在国际层面的志愿服务依托"国际志愿者计划"项目,通过该项目,外国志愿者本着技术合作和文化共享的精神,向国家政府机构、地方政府单位、学术机构和非政府组织提供技术援助。国家政府机构、地方政府单位、学术机构和非政府组织可以请求志愿者协助。菲律宾国家志愿服务协调机构在国际志愿服务方面的合作伙伴有:美国和平队、英国海外志愿服务社等组织。

4. 志愿者招募与培训

菲律宾国家志愿服务协调机构作为政府组织,是联结志愿工作和资源的平台,不直接招募志愿者。但菲律宾国家志愿服务协调机构正在寻找能够促进志愿服务交流和倡导计划的领导者。在志愿者方面,菲律宾国家志

---

① Annual report 2020. [2022-05-25]. https://www.pnvsca.gov.ph/wp-content/uploads/2021/09/Annual-Report-2020_Inside-1.pdf.

愿服务协调机构致力于制定志愿服务议程和框架计划、更新国家志愿者部署、联结本国与世界的志愿组织以发挥更大的作用。

(三) 埃及红新月会

1. 背景介绍

埃及红新月会成立于 1912 年 10 月 24 日，于 1924 年 2 月 1 日获得红十字国际委员会的承认，并于 1929 年 5 月 30 日成为联盟成员。根据法规，其活动包括卫生工作、社会福利和教育福利、对武装冲突和自然灾害受害者的救济、追踪失踪人员和家庭团聚、青年发展、人道主义原则和国际人道主义法治理念的传播。

埃及红新月会致力于实现减轻人道主义苦难的最终目标，特别是对那些处于危机中的人。埃及红新月会相信人类的力量和志愿者网络的力量，作为政府的辅助机构和国际红十字与红新月运动的一部分，需要在危机中提供有效和及时的反应，帮助人们生存和恢复，尤其是扶持弱势群体，加强他们自身应对灾害和灾后恢复的能力。作为国际红十字与红新月运动的一部分，埃及红新月会遵循该运动的七项原则：人道、公正、中立、独立、志愿服务、团结、普遍。

埃及红新月会有以下战略方向：（1）提高埃及红新月会在体制和运营层面的能力，以持续改进服务。（2）关注长期减灾行动计划和建设社区复原力。（3）采用综合方法解决各种问题，包括健康、社会和发展的问题。（4）促进志愿服务并鼓励青年赋权和包容。（5）与当地社区合作，通过参与式方法鼓励他们融入社区，以确保可持续的社区赋权。（6）在国家和国际层面建立伙伴关系，以确保协调和合作的成功。

埃及红新月会在有助于减少人道主义苦难并改善弱势社区生活的领域开展工作：（1）灾害管理。预防、响应和恢复共同构成灾害管理循环的三个主要领域。在其灾害管理战略和行动计划的指导下，埃及红新月会应对所有国内灾害以及周边区域和国际灾害。（2）卫生服务和健康促进。埃及红新月会在全国开展献血、初级卫生保健服务、疫苗接种运动以及卫生和健康促进等活动。（3）社会服务。农村、城市和郊区的发展是埃及红新月会特别关注的一个重要领域。贫民窟的发展是它的主要关切之一[①]。

2. 资金来源

埃及红新月会的主要资金来源：一是捐款，二是来自国际红十字与红

---

① 白鑫沂. 当代埃及政府与非政府组织互动模式研究. 上海：上海外国语大学，2019.

新月运动的资金，三是租赁埃及红新月会拥有的固定资产。

3. 运作模式

埃及红新月会成立于1912年，不隶属于政府、卫生部或救护车组织等任何一个机构，它是一个独立的埃及非政府组织。它的活动基于成员和志愿者的共同努力。埃及红新月会是唯一一个被授权在和平和战争时期作为政府当局援助机构的非政府组织，与政府当局和红十字会与红新月会国际联合会、红十字国际委员会、各国红十字会与红新月会以及其他国家和国际组织协调应对灾害和灾难风险，具体致力于以下三方面：(1) 为贫困群众提供社会发展服务。(2) 提供卫生和医疗服务，注重预防疾病，鼓励献血。(3) 传播国际人道法原则和人道理想，实现平等和非歧视。

埃及红新月会将开罗市的分支机构作为总部，所有省份都有分支机构，共计27家。分支机构为当地社区提供服务，改善贫困状况，教授急救基础知识，开展社会、健康和文化项目。

4. 志愿者招募与培训

埃及红新月会广泛吸纳人才，招募志愿者的步骤如下：(1) 前往居住地分支机构获取会员表格。(2) 填写会员表格并附上照片和身份证复印件，以及分会两名成员的推荐信。(3) 年度费用由分支机构确定。除此之外，招募的志愿者需对它们的理念有一定的认同，即崇尚人性的力量和个人的自由意志，认为志愿服务是发自人的灵魂的。志愿者并不能在志愿活动中获得物质回报，但在道德上却收获巨大。将志愿者的职责概括为以下几点：(1) 参与现场援助和救济；(2) 遵守协会或基金会确定的志愿服务规则；(3) 维护志愿者工作中使用的工具和设备；(4) 除了保持不泄露受援者（患者、受害者、最弱势群体等）的秘密外，还要保持各个领域志愿者工作的完整性。

志愿者的培养目标：(1) 加固社区的纽带，使其成为一个和谐的和帮助急需者的实体；(2) 成为训练有素、能力合格的致力于社区服务的人才；(3) 拥有急救知识，能够应对事故和灾难；(4) 受益于智力和心理能力，促进社会和人道主义服务；(5) 熟悉克己和奉献的理念。

埃及红新月会还会举办很多领域的培训班，如以英语和阿拉伯语组织急救培训课程。这些培训课程包括理论和实践两个环节，并针对不同的社区群体开展活动。在学童培养方面，埃及红新月会为9～11岁的学童组织健康与安全培训课程，训练他们保护自己、他人，适应周围的环境，培养他们应对紧急情况的能力。人道主义方面，埃及红新月会与红十字国际委员会开罗特派团合作，为埃及红新月会和其他组织的青年举办关于国际红十字与红新月运动和国际人道主义法的培训班。除此以外，在互联网方面，埃及红新月会举办互联网与计算机核心认证课程，培训公众使用互联网和计算机。

思考与讨论

1. 国际志愿服务组织成立的前提条件有哪些？制定战略规划时需要注重哪些方面？

2. 志愿者的招募与培训对国际志愿服务组织的重要性体现在哪里？

3. 发达国家和发展中国家的国际志愿服务组织在管理上有哪些区别和联系？

4. 除了本章节所描述的组织，您还了解哪些国际志愿服务的典型组织？请进行相应的介绍。

第四章
国际志愿服务品牌项目

第一节 国外品牌项目

在国际志愿服务的发展中,组织和项目往往是相辅相成的关系,特别是提供援助的国际机构和组织都会从降低援助成本和提升组织信誉的角度选择将自身的比较优势项目纳入援助选项。从这个角度出发,那些专门从事某个项目援助的国际志愿服务组织实质上遵循了专业分工路线。本章则选择国际志愿服务领域比较受关注的优秀品牌项目进行介绍,其项目主体也会和前文介绍的组织有所关联。

一、恢复家庭联系

150多年来,红十字国际委员会广泛开展活动,以帮助离散家庭重新建立联系,并解决失踪人员问题。1870年,红十字国际委员会成立了一个专门开展恢复家庭联系(Restoring Family Links,RFL)项目的常设机构——中央追踪机构(The Central Tracing Agency,CTA)。作为中立的收集和传输信息的中间人,中央追踪机构积极协调国际武装冲突各方以防止家庭分离和人员失踪。今天,中央追踪机构开展的恢复家庭联系项目是红十字国际委员会在全球范围内努力恢复家庭联系、寻找和识别失踪人员、保护死者的尊严以及确保满足失踪人员家属需求的核心项目。

这项名为"恢复家庭联系"的工作包括追踪家庭成员,重建和保持联系,使家庭团聚,并试图寻找那些失踪的人的下落。恢复家庭联系活动包括通过电话、互联网和手写消息与家人们联系。它们通常需要追踪下落不明的人,并登记弱势人员,如与家人分离的儿童和被拘留的人员。红十字国际委员会还为处境不明的失踪人员的家庭和社区提供长期、多方面和可持续的支持。红十字国际委员会提出了一种新的"陪同"方法以满足失踪人员家属的需求，主要目的是加强个人和家庭应对与亲属失踪有关的挑战的能力，并恢复健康的社会生活。这可以通过社区的可用资源（地方和国家、个人和集体）以及创建支持性网络来实现。

在整个机构的发展历史上，创新一直是中央追踪机构的核心。通过采用和适应新的数字技术以及改进的数据管理和分析，恢复家庭联系项目的目标是更快地追踪更多的人，并帮助更多家庭保持联系。如今，世界各地失踪或尸体身份不明的人数持续增长。仅2021年，红十字国际委员会就登记了29 000多起失踪人员案件。为了跟上人们的需求和不断进步的技术，红十字国际委员会提出了历时五年的战略转型计划（2020—2025年），以加强其基础来应对日益严峻的挑战。目前，共有550多名红十字国际委员会专家（涉及案件经理、数据分析师、法医专家、心理学家和律师等）与世界各地的中央追踪机构合作。他们与192个国家的红十字会和红新月会密切合作，构成了恢复家庭联系项目网络①。

二、全球卫生服务伙伴关系

世界卫生组织预计，到2035年，全球技术熟练卫生专业人员（助产士、护士和医生）缺口约为1 290万，这一情况限制了各国特别是资源有限的发展中国家提供基本卫生保健、应对新出现的和更复杂的需求以及培养和留住未来卫生专业人员的能力。这已经形成一个持续存在的恶性循环，对卫生安全具有深远影响。为了应对全球卫生保健专业人员严重短缺的问题，美国和平队、总统防治艾滋病紧急救援计划（President's Emergency Plan for AIDS Relief）、全球种子健康（Seed Global Health）项目合作开创了全球卫生服务伙伴关系（The Global Health Service Partnership，GHSP）。

全球卫生服务伙伴关系是一个创新性的公私伙伴关系和全球卫生计划，具有专业化、高影响力、短期性的特点。该项目主要解决关键的医疗保健需求，提倡将卫生专业人员从富裕国家部署到较贫穷国家，直到卫生从业人员的流出和流入达到净平衡，来应对贫穷国家医疗人才外流的困

---

① The Central Tracing Agency: reconnecting, reuniting, resolving-now and into the future. [2022 − 05 − 16]. https://www.icrc.org/en/document/central-tracing-agency-reuniting-families-since-1870.

境。通过向卫生专业人员资源严重短缺的国家和地区的医学院和护理学校派遣教师，项目有效提高了受援地区卫生人力资源能力，加强了全球卫生系统，能够在更大范围内拯救生命。目前，全球卫生服务伙伴关系的志愿者主要服务于利比里亚、马拉维、斯威士兰（仅限开设护士）、坦桑尼亚和乌干达等国，服务时间为1年及以上。由于此项目聚焦医疗领域，因此开放比例只有1%，且志愿者必须是拥有有效美国执照的医生或护士。

全球卫生服务伙伴关系重在共享教育和临床最佳实践，强调学术与临床领域的理论和实践的整合，并扩展教学和学习环境。在项目开展的前3年（2013—2016年），全球卫生服务伙伴关系向三个国家（马拉维、坦桑尼亚和乌干达）派遣了97名护士和医生教育者。这些教育工作者为8 321名受训人员、教职员工和执业卫生专业人员开设了454门课程和讲习班。通过混合的评估方法有效地证明了：全球卫生服务伙伴关系的加入提高了这三个国家临床教学的质量和广度，从而提高了当地卫生专业人员的临床技能与信心，以及将理论与实践和批判性思维联系起来的能力。

三、国际公民服务

国际公民服务（ICS）是一项由英国海外志愿服务社发起，并由英国政府资助的国际青年志愿服务计划。国际公民服务项目将来自英国和发展中国家的18～25岁的年轻人聚集在非洲和亚洲的一些最贫穷社区做志愿者，其目的是促进世界上一些最贫困社区的可持续发展，同时丰富了每位参与其中的青年志愿者的技能、知识和个人发展。

自2011年启动以来，已经有来自三大洲28个国家的4万多名年轻人参加了英国海外志愿服务社的国际公民服务项目。志愿青年参加了国际公民服务项目后，组成了一系列青年参与网络，并通过聚集起来的力量提升了他们自己参与可持续变革的主动性，还积极参与了卫生、教育和公民领域的项目。从解决肯尼亚的残疾人权利问题到解决孟加拉国的童婚问题，这些青年为真正、可持续的变革作出了贡献。2019年，志愿者们在孟加拉国开展了线上反对早婚和改善女学生月经健康管理的活动。这项活动开展以来，孟加拉国女童因经期缺课的人数有所减少，上学人数有所增加。2020年，在坦桑尼亚，2 000多名国际公民服务项目的志愿者聚集在坦桑尼亚一起增强人们包容残疾人的意识，其中有66名残疾人参与协助开展各种活动，包括在媒体上发言、开展社交媒体活动和举办实体论坛，以提高人们对残疾人的权利和所面临挑战的关注①。

国际公民服务项目在积极帮助世界各地边缘化人群的同时,也对英国本土产生了一些积极的影响。有关研究发现,每在国际公民服务项目上花费1英镑,就会产生4.64英镑的社会价值②。也因其在对贫困和边缘化社区的影响、培养积极的公民意识以及对年轻志愿者自身的个人发展影响方面产生的积极作用,国际公民服务项目受到英国政府与项目资助者的认可。但由于新冠肺炎疫情的暴发,国际公民服务在海外的志愿项目开展受到极大的阻碍。

四、韩国世界之友

韩国世界之友(World Friends Korea,WFK)项目是韩国国际合作局于2009年启动的一项为期两年的海外服务项目。通过整合以往由韩国外交部、科学和信息通信技术部等3个部门提供的海外志愿者计划,该项目如今已涵盖众多领域,如教育、农业、卫生等。

作为针对发展中国家的无偿援助项目之一,韩国世界之友项目旨在与世界其他国家分享韩国的发展经验,并支持它们的经济和社会发展。据韩国国际合作局2020年年报,从志愿者人数来看,2020年共有2 451人参与韩国世界之友项目,其中韩国世界之友海外志愿者1 736人。海外志愿者在46个国家工作。从地区来看,项目向亚洲(51.9%)、非洲(22.0%)、中南美洲(20.2%)等地派遣的志愿者最多;从各领域来看,教育的参与率(58.8%)最高,其后依次为行政(16.0%)、保健(12.1%)、技术环境能源(5.9%)、农林水产(5.0%)、其他(2.2%)。从项目成果来看,2020年韩国国际合作局开展的世界之友项目在三个方面取得了亮眼的成绩:一是通过24小时待命的本部和海外部门之间的紧急支援系统,帮助海外志愿人员在疫情期间安全回国。二是引进了有234名归国志愿者参与的"远程志愿服务项目"。该项目的迅速推出为28个国家的93个团体的43 889人提供了远程志愿服务,并缩小了当地志愿服务工作的差距。三是积极开展网上培训,提升贫困地区民众的与疫情有关的专业知识水平。

---

① Annual review. [2022−05−16]. https://www.vsointernational.org/sites/default/files/2020−11/vso-annual-review-19-20.pdf.

② Social return on investment. [2022−05−16]. https://www.volunteerics.org/social-return-investment.

在充分学习韩国政府从1991年开始派遣志愿者到国外的经验后，韩国世界之友项目现已在招募、选拔、培训等方面形成了一套有条不紊的管理系统，具体包括：（1）韩国政府与将接受志愿服务的国家签署派遣志愿者团体的协议；（2）根据所需服务的国家的情况，规划年度志愿者计划；（3）进行调查，分析对派遣工作人员的需求，并从志愿人员将被派遣到的目标国家以及相关机构接收实地研究文件；（4）根据调查内容宣布招聘，接收申请，并通过特定的审查和选拔过程（面试、体检、信用检查等）选择国内教育受训人员；（5）为被初步选中在韩国接受培训的成员举办为期8周的训练营；（6）组织成员按时间表被派遣到不同的国家后，进行为期8周的当地适应培训；（7）协调管理成员在指定组织活动中的表现；（8）为活动结束后返回韩国的成员提供支持，如提供韩国世界之友奖学金和就业援助。这套完备的志愿者招募流程吸引了众多韩国民众参与其中。目前，韩国世界之友的志愿者分布在许多发展中国家，他们希望通过分享和学习实现世界共同繁荣的美好愿景。

五、年度国际培训课程

泰国政府认识到人力资源开发在经济和社会发展中的重要作用后，非常重视南南合作，希望通过组织短期培训建立合作。在此前提下，隶属于泰国外交部的泰国国际合作署推出了年度国际培训课程（Annual International Training Courses，AITC）。

年度国际培训课程在志愿者招募与培训方面有一套完整的招募和培训流程。除了特定的技术行业要求之外，还有一些通行的要求，比如：志愿者年龄必须在55岁以内；需要持有培训主题相关领域的学历，或是在相关领域工作并有实践经验；掌握英语；能够通过身体和心理测试；等等。通过考查的志愿者会接受相关培训，内容包括：跨文化交流，大使馆和主管机构的信息，技术知识、语言和服务态度，危机管理，等等。

据泰国国际合作署官网的财务报告，2018年，泰国国际合作署向世界各国提供了价值4.991亿泰铢的官方发展援助，其中年度国际培训课程项目支出了9 086万泰铢，是泰国国际合作署年度援助支出的第二大项目[1]。作为泰国国际合作署的旗舰项目之一，年度国际培训课程项目旨在向世界分享泰国发展的经验，就此在广泛的与发展有关的主题下提供短期培训课

---

[1] Thailand as donor：2018 ODA overview（through TICA）.［2022-05-25］. https：//tica-thaigov. mfa. go. th/en/page/overview-on-oda-2018？menu＝5f477253fddf6e10407062d2.

程。年度国际培训课程分为"4+1"个主题,其中最重要的主题是"充足经济理念"(Sufficiency Economy Philosophy,SEP),这是泰国在许多领域实现可持续发展的关键因素;其他4个主题是根据泰国自身应对全球挑战的经验拟定的,包括粮食安全、气候变化、公共卫生和其他可持续发展目标领域的相关主题。年度国际培训课程的主题并不是一成不变的。为配合可持续发展议程,该中心的课程每三年会更新修订一次主题[1]。泰国国际合作署认为,为了实现联合国的可持续发展目标,需要推行年度国际培训课程,进而推动泰国为可持续发展的未来作出贡献。

六、无国界医生组织门诊喂养计划项目

无国界医生组织主要活跃于医疗领域,为个体患者提供优质护理的理念是该组织人道主义目标的核心。该组织为患者提供高质量的护理服务,以及患者可能需要的水、食物、住所、卫生设施或其他服务。无国界医生组织的行动遵循医学伦理和中立、公正的原则,努力拯救生命,减轻痛苦,恢复尊严,并向最需要的人提供医疗护理。该组织为应对世界各地的不同疾病(例如疟疾、艾滋病、精神障碍、结核病等)设置了很多治疗援助项目,并关注儿童健康、女性健康、性暴力等。

无国界医生组织针对儿童营养不良,实施了门诊喂养计划项目,2020年全球有超过2.32亿儿童营养不良,营养不良会导致儿童免疫系统减弱,这意味着儿童更容易患病,而患病又会导致儿童出现进一步的营养不良,最终造成营养不良和疾病的恶性循环,对儿童威胁极大。早在2005年,无国界医生组织就意识到了这个问题的严重性,首次大规模利用特定的食疗食品来应对营养不良。在一些非专门针对营养不良的门诊以及实施其他干预措施期间,无国界医生通过对儿童进行营养评估,筛查社区儿童是否存在潜在的营养不良,并使用不需要冷藏即可长期储存的、营养均衡的即食治疗食品(RUTF)对抗儿童的营养不良,成效显著。大多数儿童可以在家中由家人治疗,并在诊所进行后续预约。这种策略可以使治愈率超过90%,并减少了由转诊到住院治疗而带来的麻烦。

---

[1] Thailand as donor: 2018 ODA overview (through TICA). [2022-05-25]. https://tica-thaigov.mfa.go.th/en/page/overview-on-oda-2018?menu=5f477253fddf6e10407062d2.

第二节　中国品牌项目

由于中国的国际志愿服务开展所面临的政治、经济、文化以及社会背景具有较大的一致性，因此国内的典型案例就是最为直接的本土化经验。本节选取团中央、孔子学院、中国援外医疗队、中国扶贫基金会、北京市志愿服务联合会等开展国际志愿服务项目的典型机构的代表性品牌项目，从战略定位、工作体制、运营机制以及项目流程等层面进行分析，总结其发展的特点以及经验和启示，为我国国际志愿服务项目未来的创新发展提供借鉴。

一、中国青年志愿者海外服务计划

"中国青年志愿者海外服务计划"是团中央、商务部于2002年发起实施的长期重点项目[1]，主要是根据受援国的实际需求，通过公开招募、自愿报名、集中选拔、集中培训和分别派遣的方式，派遣优秀中国青年志愿者赴受援国开展中长期（为期半年至两年）的志愿服务，服务领域集中在汉语教学、体育教学、医疗卫生、信息技术、农业技术、土木工程、工业技术、经济管理、综合培训、社会发展等方面[2]。

作为一项推行超过10年的服务计划，该项目在流程和运营层面已经形成了较为完备的机制。在项目流程上，商务部、团中央及外交部都会与受援国沟通服务需求。在项目宣传上，目前商务部网站、中国志愿服务网、各省市级团委、官方微博以及各大网络媒体都会进行宣传，分享中国青年海外志愿者在海外提供志愿服务的经历和故事。在运营机制上，"中国青年志愿者海外服务计划"的资金主要来源于对外援助资金。在志愿者招募与培训上，招募可以通过商务部网站、中国志愿服务网、新闻媒体等发布招募启事，面向社会公开招募援外青年志愿者或根据需要在具体地区或单位进行定向招募[3]。志愿者培训一般为期一周，包括理念培训、纪律培训、

---

[1] 此项目志愿者又称"援外青年志愿者"。《援外青年志愿者选派和管理办法》中规定援外青年志愿者是指利用国家对外援助资金，由专门机构选派到发展中国家，直接为发展中国家当地人民服务的青年志愿人员。

[2] 皮钧. 青年志愿者在提升国家软实力中的作用. 对外传播, 2011 (4).

[3] 援外青年志愿者选派和管理暂行办法. [2022-05-25]. http://yws.mofcom.gov.cn/article/b/200507/20050700162752.shtml.

安全健康培训以及服务技能强化等四项内容①。在志愿者评估与考核上，该计划确定了定期汇报的制度，中国青年志愿者协会负责考核工作，考核过程中征求驻外使领馆经济商务参赞处（室）的意见，考核结束后将结果上报商务部，并通知推荐单位或原工作单位②。在志愿者激励上，该计划设置了一系列正式和非正式的志愿者激励机制，如为志愿者提供志愿服务期间的基本生活费、人身保险费、体检费、往返国际旅费、培训费等③，各地方也会针对性地出台一些优惠政策。

2002年，"中国青年志愿者海外服务计划"第一次实现了向海外派遣志愿者，派遣5名志愿者到老挝服务④。2005年，该项目首次走出亚洲，完成了向非洲国家埃塞俄比亚派遣12名志愿者的计划。在2006年召开的中非合作论坛北京峰会上，中国政府向非洲国家许下承诺，保证3年内向其派遣300名志愿者，这将"中国青年志愿者海外服务计划"提升到了国家战略的高度。2009年11月，12名青年志愿者被派遣到非洲国家博茨瓦纳，成功兑现了对非派遣300名志愿者的诺言。自2002年至2017年5月，我国已指导协调17个省区市的团组织积极参与"中国青年志愿者海外服务计划"，累计选派了679名优秀志愿者到亚洲（181人）、非洲（458人）、美洲（40人）的23个国家开展志愿服务工作。截至2022年，"中国青年志愿者海外服务计划"累计派出超过700名青年志愿者在亚洲、非洲、拉丁美洲的20多个国家，开展医疗卫生、农业技术、土木工程、工业技术、经济管理、社会发展等方面的服务⑤。

"中国青年志愿者海外服务计划"经过10余年的发展取得了巨大成效，并且积累了独特的经验：开展重点区域派遣、重大事件派遣以及双边合作派遣等多样化的派遣工作；派遣呈现"扁平化"，这使得地方成为向外派遣的重要支持力量；坚持以受援国需求为导向，在项目管理上实现流程化、专业化等。但同时该计划也面临诸多挑战，如资金来源有待

---

① 培训内容的表述均来源于共青团中央于2006年8月印发的《援外青年志愿者招募、培训（暂行）办法》。

② 援外青年志愿者选派和管理暂行办法. [2022-05-25]. http://yws.mofcom.gov.cn/article/b/200507/20050700162752.shtml.

③ 商务部、财政部关于调增援外志愿者基本生活费标准的通知. 中国财经审计法规选编, 2007 (8).

④ 叶学丽. 青年志愿者行动：共青团创新工作领域、服务社会需求的一大创举. 中国共青团, 2017 (1).

⑤ 国务院新闻办公室. 新时代的中国青年. [2022-05-16]. http://www.gov.cn/zhengce/2022-04/21/content_5686435.htm.

拓展、项目运行缺乏激励机制、项目管理链条较长、重视力度有待加大等。

二、汉语教师志愿者项目

汉语教师志愿者项目是中国为帮助世界各国解决汉语师资短缺问题而专门设立的志愿服务项目。汉语教师志愿者项目由中国教育部下属的非政府机构中外语言交流合作中心（原孔子学院总部）负责组织实施。中外语言交流合作中心下设"志愿者中心"负责具体实施工作。

孔子学院是目前中国开展文化国际志愿服务的支柱性力量，自2004年成立第一家孔子学院以来，孔子学院发展迅速。从发展的独立性、范畴的完整性、群体的稳定性、机制的合理性以及成效的持续性等方面来看[1]，孔子学院是发展相对成熟的机构，其开展的汉语教师志愿者项目致力于适应世界各国（地区）人民对汉语学习的需要，增进世界各国（地区）人民对中国语言文化的了解，加强中国与世界各国教育文化交流合作，发展中国与外国的友好关系，促进世界多元文化发展，构建和谐世界[2]，因而孔子学院国际志愿服务的成功开展对我国文化志愿服务在海外的开展具有重要参考意义。

2003年，作为试点，中外语言交流合作中心向泰国和菲律宾派遣了首批志愿者，为全面实施汉语教师志愿者项目积累了经验。2004年经中国教育部批准，此项目正式实施，截至2017年，中外语言交流合作中心已向138个国家派出4.7万余人次[3]。志愿者以其吃苦奉献的精神和出色的工作表现，给各国人民留下了美好的印象，被称为"来自中国的天使"和"最可爱的人"[4]。

在项目流程层面，孔子学院在志愿者录用、行前准备、出境、回国等方面有着详细的流程。汉语教师志愿者项目主要从我国本科以上应届毕业生、在读研究生、在职教师中招募选拔志愿者，经培训合格后派出任教。志愿者任期一般为一年，任期届满履职考评结果良好以上者，如本人和接

---

[1] 马晓乐，宁继鸣. 孔子学院的文化功能与社会价值. 山东社会科学，2015（8）.
[2] 孔子学院总部/教育部对外汉语教学发展中心. 孔子学院章程. [2022-05-25]. http://www.moe.gov.cn/srcsite/zsdwxxgk/200610/t20061001_62461.html.
[3] 国家汉办已累计向138个国家派出志愿者4.7万余人次. [2022-05-16]. http://big5.news.cn/gate/big5/www.xinhuanet.com/2017-11/19/c_1121977315.htm.
[4] 高爱辉. 汉语教师志愿者项目与中国的软实力建设：和平队对中国软实力建设的启示. 科技信息，2012（24）.

受机构提出续任要求，经中外语言交流合作中心审批同意后可以续任。志愿者服务年限原则上不超过3年①。志愿者需热心于志愿服务工作，具有"奉献、友爱、互助、进步"的志愿精神和从事汉语国际教育工作的光荣感、使命感和责任感。在项目宣传方面，孔子学院在进行媒体宣传时坚持"国际国内两步走"的原则。一方面，在国际上加强宣传，增加汉语文化的影响力，增进中国语言和文化的传播。另一方面，在国内进行媒体传播时，注重文化自信的建立，深化人们对于中华文化的理解，增强文化凝聚力。多年来的志愿实践表明，志愿者项目对帮助各国开展汉语教学、促进中国与世界各国的教育文化交流，增进中国人民与世界各国人民之间的了解和友谊发挥了积极作用。

2019年起，全球孔子学院大会正式更名为"国际中文教育大会"。2020年7月，孔子学院品牌由"中国国际中文教育基金会"全面负责运行②。从"对外汉语教学"到"国际中文教育"，是汉语国际教育在新形势下的理念革新，更是顺应时代趋势对跨文化传播交流格局的重要调整，这有助于进一步促进中外人文交流、增进国际理解③。

三、中国援外医疗队

援外医疗队作为我国对外援助的8种方式之一，是我国一项长期的具有战略意义的政治任务，是在医疗卫生领域贯彻我国外交战略的一支重要力量。中国开展对外卫生援助已有50多年的历史。其中，援外医疗队是中国在卫生领域开始最早、持续时间最长、最具中国特色的援助形式，具有"投资少、收效快、影响大"的特点④。因此，对中国援外医疗队的研究有助于我们了解专业性国际志愿服务的发展以及运行，为相关领域提供借鉴。

在战略定位上，援外医疗队承载着多元的战略目标，它致力于促进受援国卫生事业的发展，提升当地人民的健康水平，增进中国与其他国家人民之间的友谊，树立友好的中国形象。此外，中国援外医疗队还是促进世界和平与发展的重要力量。

---

① 孔子学院总部/教育部对外汉语教学发展中心. 汉语教师志愿者工作管理办法. ［2022-05-25］. http://www.moe.gov.cn/srcsite/zsdwxxgk/200812/t20081231_64207.html.

②③ 刘志刚. 孔子学院多元化传播格局及其典型案例研究. 云南师范大学学报（对外汉语教学与研究版），2022（1）.

④ 刘培龙，王昱. 中国对外卫生援助决策和管理机制的演变. 国际政治研究，2015（2）.

在工作体制上,目前中国援外医疗队由卫计委归口主管,其下属的国际合作司负责组织、指导、协调医疗队派遣工作,外交部负责审查外派医疗队工作是否符合国家外交和政治利益,财政部则负责审查、安排、拨付医疗队的年度预算。援外医疗队在国外的管理工作由驻外使领馆负责。中国援外医疗队的管理体制如图4-1所示。

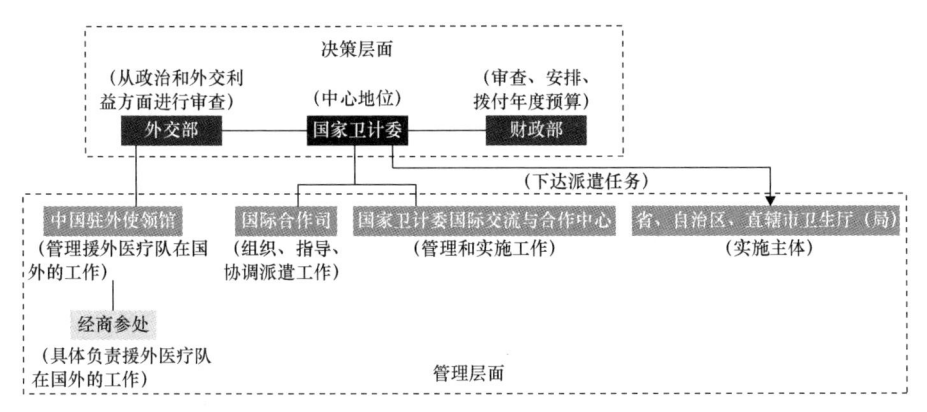

```
                          决策层面
     (从政治和外交利                        (审查、安排、
      益方面进行审查)      (中心地位)         拨付年度预算)
        外交部          国家卫计委              财政部
                                     (下达派遣任务)

  中国驻外使领馆     国际合作司   国家卫计委国际交流与合作中心   省、自治区、直辖市卫生厅(局)
  (管理援外医疗队在  (组织、指导、   (管理和实施工作)              (实施主体)
   国外的工作)      协调派遣工作)

     经商参处
   (具体负责援外医疗队
    在国外的工作)                   管理层面
```

图4-1 中国援外医疗队的管理体制

在运营机制上,其资金由财政部从对外援助资金里向国家卫计委统一拨付。队员的选派和培训由地方进行,招募与选拔主要采取公开招聘和组织推荐相结合的方式,工作时间通常为2~3年。援外医疗队在出国前会进行综合集中培训,包括语言技能和其他有关知识的培训,时间通常在4~6个月以上,队员的考核由医疗队、承派单位、驻外使领馆、卫生主管部门共同完成①。

在激励机制上,志愿者可享受国外津贴、艰苦地区补贴、战乱补贴、公费医疗、社会保障、探亲往返国际旅费和生活费补贴等福利。

援外医疗队的蓬勃发展为我们提供了良好的经验借鉴。首先,援外医疗队不断创新对外援助方式,从单一的派遣医护人员、捐赠医疗器械等形式,逐步向包括对口合作、援建医院、教育培训、义诊活动等在内的长短期相结合的立体化卫生援助方式转变;其次,其对口派遣机制有利于保证派遣的可持续性;最后,在志愿者招募、培训、考核、人事管理、回国后安置等方面,援外医疗队都有非常完善的管理制度。当然,中国援外医疗

---

① 卫生部关于印发《卫生部关于援外医疗工作人员管理办法(试行)》的通知. [2022-05-25]. http://www.nhc.gov.cn/gjhzs/s3589/200804/f507a5743350420aa8fec167c7a5a97a.shtml.

队也面临诸多问题和挑战，例如，如何将援外医疗队与其他援助方式有效结合起来，如何对重大疾病和风险进行有效预防和处理等，这些都是值得思考的问题；语言学习是援外医疗队，也是所有在海外提供志愿服务的中国志愿者需要跨过的重要门槛；此外，目前中国的卫生援外工作整体上没有一个统一的管理体系，不利于资源的协调和整合。

四、国际微笑儿童项目

中国扶贫基金会[①]是中国扶贫公益领域中具有一定影响力的公益组织之一，也是提供国际志愿服务的杰出代表。基金会以"播善减贫，成就他人，让善更有力量"为使命，秉持着"经营慈善、笃信管理、方法制胜、职业精神"的信念，将贫困和受灾地区的弱势群体列为服务对象，旨在为他们提供直接援助。

针对一些发展中国家贫困地区儿童面临饥饿的问题，中国扶贫基金会于2015年推行国际微笑儿童项目，"通过为发展中国家受饥儿童供餐或发放粮食，帮助项目受益儿童健康成长，帮助发展中国家早日实现零饥饿的联合国可持续发展目标"。中国扶贫基金会希望该项目可以传递中国人民的爱心和友谊，实现民心相通。该项目于2015年率先在埃塞俄比亚和苏丹正式启动，目前已经在埃塞俄比亚、苏丹、尼泊尔、缅甸、巴基斯坦等国家开展，截至2020年底共惠及66 361人次。其中，埃塞俄比亚的微笑儿童学校供餐项目通过妈妈团供餐的方式为亚的斯亚贝巴市40多所公立小学贫困学生连续5年提供免费的早、午餐，该模式随后还被推广至埃塞索马里州的难民营、欧罗米亚州等地[②]。2020年，面对全球暴发的新冠肺炎疫情，许多国家宣布中小学停课，常态下的供餐活动被迫暂停。受益于国际微笑儿童项目的学生大多来自当地的贫困家庭，绝大多数家庭靠着父母的微薄日薪维持生计。疫情的冲击打乱了这些生活拮据的家庭的饮食供应，直接导致儿童无饭可吃。为了缓解微笑儿童项目受益人在疫情中遇到的实际困难，中国扶贫基金会经过研究及时调整了国际微笑儿童项目的实施机制，将学校供餐模式调整为粮食包发放模式。

国际微笑儿童项目自实施以来，在消除饥饿、促进妇女就业和提升教

---

① 中国扶贫基金会于2022年6月更名为中国乡村发展基金会。
② 舒靓. 国际微笑儿童学校供餐项目入选联合国南南合作良好实践案例集. ［2022-05-25］. http://cn.chinadaily.com.cn/a/202011/11/WS5faba993a3101e7ce972f02e.html.

育等方面都产生了显著效果,并获得了有关国家政府和民众的高度赞扬①。埃塞俄比亚的亚的斯亚贝巴市政府还参照微笑儿童项目机制出资援助,复制推广供餐模式,覆盖全市需要帮助的儿童。2019年10月,埃塞俄比亚微笑儿童学校供餐项目成为世界银行、联合国系统等7家机构联合发起的首届"全球减贫案例征集活动"110个获奖案例之一②。2020年,该项目更是作为促进零饥饿目标的优秀案例之一入选了联合国南南合作办公室评选的《基于南南合作与三方合作促进可持续发展的良好实践(第三卷)》③。中国扶贫基金会的国际志愿服务项目为中国社会组织如何开展国际志愿服务项目以及如何应对"走出去"的机遇与挑战,都提供了重要经验。

五、联合国志愿服务合作项目

北京市志愿服务联合会(原北京志愿者协会),是联合全市各部门、各系统、各领域志愿者组织的"枢纽型"社会组织④。北京市志愿服务联合会不仅为联合会成员举办各类会议、培训及其他活动,同时协助各单位统筹全市志愿者工作。此外,北京市志愿服务联合会还是对外志愿服务的窗口,与来自欧洲、亚洲、拉丁美洲等地的25个国家和地区的志愿者组织、社会团体进行合作交流。

2007年7月,北京市志愿服务联合会与联合国开发计划署、联合国志愿人员组织、中国国际经济技术交流中心和北京团市委签署"通过2008北京奥运会促进中国志愿服务发展"暨联合国志愿服务合作项目第一期,旨在通过该项目增强志愿者和志愿者组织的能力,提升志愿服务精神在中国的影响力。2012年9月20日,北京市志愿服务联合会与北京团市委、中国国际经济技术交流中心和联合国开发计划署联合签署"通过公民参与、地区及国际合作加强北京志愿服务发展"项目,这标志着北京志愿服务国际合作第二轮项目正式启动,体现了志愿服务国际交流工作的常态化发展,这将进一步完善北京地区志愿服务管理体系,提升志愿者管理能力,并且有利于实现通过开展志愿服务活动达到可持续发展目标的愿景,推动

---

① 中国乡村发展基金会.国际微笑儿童供餐(粮食发放)项目正式启动!.[2022-05-25] https://baijiahao.baidu.com/s?id=1667934465977319555&wfr=spider&for=pc.

② 舒靓.国际微笑儿童学校供餐项目入选联合国南南合作良好实践案例集.[2022-05-25].http://cn.chinadaily.com.cn/a/202011/11/WS5faba993a3101e7ce972f02e.html.

③ 国际微笑儿童项目.[2022-05-16].http://www.cfpa.org.cn/project/GJProjectDetail.aspx?id=107.

④ 伍发明,张婷.打造"志愿北京"新名片:北京市志愿服务工作巡礼.前线,2010(S2).

志愿服务的国际间交流,从而为更好地促进社会发展作出积极贡献。2016年9月14日,通过南南合作与"一带一路"倡议促进中国参与国际志愿服务发展项目暨第三期联合国志愿服务合作项目签署,以整合国内国际两个资源平台、提升志愿组织专业化能力、激活国际化人才培养渠道、提升对外影响力等四个方面为切入点,推进北京乃至全国志愿服务的国际化发展,提升中国的国际影响力。2021年,"通过北京冬奥会志愿服务促进城市可持续发展"新一轮联合国志愿服务合作项目正式实施,受全球疫情的影响,志愿者将主要集中在联合国驻华机构参与志愿服务工作,但此次选派规模、服务时间、专业能力和服务领域方面都得到大幅提升。基于与清华大学、北京大学等高校建立的国际志愿服务战略合作,选拔确定了7名优秀志愿者作为联合国青年志愿者赴联合国驻华机构参与志愿服务工作。该批志愿者中一半以上是博士,志愿服务期也从原来的6个月延长到1年。其间,他们将参与到联合国开发计划署、联合国妇女署、联合国环境署等多家驻华机构开展的多项会议和活动中,提供协调策划、宣传推广、知识管理、翻译撰稿等支持。

在工作体制层面,北京市志愿服务指导中心负责统一规划、协调和指导北京志愿服务工作,项目启动后,志愿服务指导中心与联合国志愿人员组织成立项目办公室,明确选派国家以及岗位职责,而对志愿者的招募与选拔则由团市委、志愿服务指导中心和联合国志愿人员组织共同完成。志愿者被派遣至海外后,接受联合国志愿人员组织亚太区办公室、尼泊尔和缅甸国别办公室的管理,志愿服务指导中心负责对其进行监督与考核。

从北京市志愿服务联合会的国际合作项目来看,其开展国际志愿服务合作有利于拓宽参与联合国工作与国际事务的渠道;通过国际志愿服务项目培养与储备具备国际化视野与能力的青年人才;通过青年志愿者在海外提供志愿服务,促进国家"一带一路"倡议下的民心相通;通过搭建国际志愿服务合作平台,探索相关资源和网络,以此促进中国志愿服务事业的发展。

思考与讨论

1. 当前国际志愿服务领域比较受关注的优秀品牌项目有哪些主要特点?

2. 国际志愿服务品牌项目较多聚焦于哪些国家和领域？为什么？

3. 请结合具体的项目案例，谈谈我国国际志愿服务项目近年来有哪些创新发展、面临哪些挑战。

4. 基于全球国际志愿服务发展趋势，请简要分析我国国际志愿服务项目的发展方向。

第五章
国际志愿服务未来展望

第一节　面临挑战

一、疫情蔓延背景下多重阻力涌现

新冠肺炎疫情的全球蔓延，为国际志愿服务活动的开展带来了空前冲击，这是一次重要检验，更是一次关键性大考。疫情蔓延背景下，衍生出志愿服务项目执行受阻、拓展开发中断、服务环境生变等一系列挑战与难题，使志愿者的服务提供与被服务对象需求之间存在落差与错位，这是新形势、新环境下必须要直面的关键性问题。

具体来看，在新冠肺炎疫情的影响下，志愿服务信息不对称、资源碎片化、风险防范能力弱等问题凸显，加之各国在签证政策、航班等方面的应急调整，使得大量志愿服务人员受制于现实条件难以前往海外项目现场，大大增加了志愿者的管理调配难度，这也使得志愿者群体及组织在及时有效对接受助对象方面面临新难题。

此外，志愿服务项目的开发与拓展是一个长期、连续且需不断投入的过程，并涉及大量人员流动和信息互换，需要各合作伙伴密切联系与互动。而在当前现实条件下，大量志愿服务人员难以派遣且信息传送与共享受制于客观环境而存在一定迟滞，致使项目的长期发展与创新拓展面临着不可忽视的挑战。与此同时，各国的疫情防控与疫情蔓延情况存在较大差异，导致志愿服务活动难以同频共振、高效协同，在推动志愿服务向好发展与拓展的关键节点上往往面临较大现实难题，从而使项目发展受阻。加之疫情的后续影响将具备一定的长期性，所以这一风险将长期存在，需科学应对。另外，服务环境受疫情影响发生变动，这也对志愿服务人员的服务能力、应急反应能力提出新的挑战。疫情给国际志愿服务环境的稳定性带来挑战，原有的多元主体协同努力的合作形式受到一定冲击。全球性志愿服务是一个多方联动、多元主体参与的网络化结构，需要各个节点共同发力，而疫情所带来的环境的不稳定性及割裂化态势，大大削弱了多方联动能力的发挥，从而不利于志愿服务工作的开展。

2022年《世界志愿服务状况报告》显示，虽然目前对志愿人员的需求整体有所增加，但在许多国家为抗击新冠肺炎疫情而采取的防控措施使得志愿服务人员的实地参与受限。在国际志愿服务方面，2022年2月对130个志愿服务机构进行的调查显示，47%的国际志愿服务机构表示由于新冠肺炎疫情，其派遣的国际志愿者被迫回国，很多人开始在线服务。志愿服务需求的增加，与志愿服务人数、服务条件、服务能力的现实情况存在巨大落差，新冠肺炎疫情下的一系列志愿服务活动的潜在风险需进一步得到重视。

总体来看，新冠肺炎疫情肆虐，国际政治环境错综复杂，市场环境频频受到冲击，给国际志愿服务的正常开展与长效发展带来了极大的不确定性。多重不确定性与多元化需求要求国际志愿服务组织用动态的、发展的眼光看待问题，大力推进服务形式创新与能力提升，将风控精细化、形态多元化、数字线上化、无接触远程化等进一步优化融入志愿服务工作开展过程之中，从而推动新形势下国际志愿服务工作的优质发展。

二、全球经济复苏乏力

在新冠肺炎疫情全球蔓延的影响下，各国的经济均受到不同程度的影响，国际间经济贸易更受到严重阻碍。经济作为社会发展的重要基础，其状况直接影响着各项社会事业的发展。

长期以来，国际志愿服务在资金方面得到了各国政府的支持。在当前世界各国出于抗击新冠肺炎疫情等原因而面临经济停滞、就业机会减少、财政赤字增加等问题的时候，各国政府不可避免地需要减少部分非必要性支出，其中首先受到影响的必然是国际志愿服务的相关组织与个人。在政府提供的资金减少的情况下，国际志愿服务组织只得通过减少志愿服务内容、缩小志愿服务规模的方式来维持正常运转。

企业是国际志愿服务资金的主要来源与重要合作伙伴。各个领域的跨国企业往往会在企业社会责任理念的感召下以及提升自身影响力的利益驱使下，对国际志愿服务组织进行资金支持或者直接参与到国际志愿服务的实践中。但是受新冠肺炎疫情的影响，国际经济贸易与居民消费力都增长乏力，致使大多数企业的发展情况不太乐观，很多企业因此裁员甚至破产。为了在当前严峻的经济环境下生存下去，大多数企业也会优先削减非生产性成本，那么国际志愿服务作为对企业发展影响有限或者影响效果较为迟缓的项目必然会首当其冲。这使国际志愿服务领域内缺少了众多国际企业的主体参与，同时也使部分国际志愿服务组织的资金情况受到严重影响。

三、国际政治环境中的孤立主义思潮复活

在全球经济一体化的大浪潮下，部分国家政治生态中出现孤立主义思潮，掀起了一场逆全球化的政治运动。孤立主义最早源于美国建国初期政治家们的政策，主张通过立法限制国际经济文化交流。英国公投退出欧盟，美国相继退出跨太平洋伙伴关系协定等国际、区域间的经济文化合作协定，这都在一定程度上证明了部分国家政客开始重新接受孤立主义政策并予以实践。

孤立主义的政治思潮不仅对经济全球化造成巨大阻碍，也进一步影响了国际志愿服务的开展。国际志愿服务本身伴随着世界各个国家之间的政治经济交流而得以发展，其最初实践的主要支持者也是各个国家的政府，但是因为部分国家出现孤立主义政策倾向，部分国家政府不可避免地将关注点从国际环境转移到国内治理，这必然会导致各类国际志愿服务组织接收到的政府资助明显减少，进而影响国际志愿服务开展的范围与规模。

孤立主义的政治思潮与实践会增加国际志愿服务国际交流的各项成本。例如英国脱欧前，英国的公民及其相关组织可以通过更加便捷的手续前往欧盟其他国家，这极大地减少了国际志愿服务的时间成本与资金成本，便于激励各个国家的志愿者前往受援国开展志愿服务。但是在英国脱欧后，相应的国际交流协议因此失效，其国内的志愿者参与国际志愿服务需要付出更大的时间成本，这必然会挫败志愿者的积极性，降低国际志愿服务的水平与规模。

四、文化异质性衍生问题进一步凸显

国际志愿服务工作立足于世界平台，不同主体间的价值观念与信仰的不同、文化素质的多样化、家庭背景的差异性贯穿国际志愿服务工作的始终，加之当前新冠肺炎疫情带来巨大的不确定性、国际政治环境错综复杂、经济市场遭受冲击，使得原有的合作网络、沟通机制面临空前挑战。

差异互通融合的背后同样不可避免地存在冲突与摩擦。同时，线上志愿服务形式的广泛应用，削弱了亲临实地所带来的差异性文化体验与融合，一定程度上放大了国际志愿服务实践中文化异质性带来的碰撞与挑战。

与此同时，更为多元的服务环境也对志愿者提出了更高的要求，志愿者不仅要具备必要的专业知识、语言能力，还需要更加深入社区并了解当地的文化，进一步提升社会文化适应能力，从而提高服务中的社区融入能力，以避免因伙伴误解、文化差异、沟通不畅带来的不必要冲突。此外，新冠肺炎疫情蔓延也对志愿者的抗压能力、适应能力、应急能力等提出了新的挑战与要求，需要志愿者群体具备复合型专业能力，以更加专业、稳健的姿态投身国际志愿服务。

在错综复杂的国际形势下，国际志愿服务的发展道路注定不是一帆风顺的，在项目实施、活动交流、文化融合的同时还伴随着诸多利益交锋与舆论风险。另外，国际志愿服务工作的深入开展还需要就如何适应复杂多变的国际生态、如何为志愿服务的有序高质量开展提供可持续发展环境等问题作进一步剖析。

第二节　发展趋势

大部分国家和地区经常会发生一些不稳定事件，而且存在愈演愈烈的趋势，如气候变化会导致自然灾害的发生，并进一步导致冲突和混乱，这些危害的叠加造成了多重脆弱性。从危害发生所产生的影响来看，这些危害给低收入和中等收入的国家和地区带来了巨大的经济损失，在整治混乱局势的过程中极易引发一系列冲突和恐怖主义事件，进而造成大量的人员伤亡，从而进一步扩大了存在冲突和混乱的国家和地区与其他国家和地区之间的差距。在很多国家和地区，由于不断发生的民事和其他冲突，出现了民粹主义、两极分化以及政治不稳定等现象。此外，在当前经济模式的影响下，不仅人口趋势发展不平衡，而且也引发很多不公平现象，导致全球经济的不稳定。

强化韧性是迎接甚至克服上述挑战的有力途径。现阶段韧性贯穿于以下三个方面：国际发展、建设和平以及人道主义。同时，韧性也是以下三个框架的共同主线：《2030年可持续发展议程》《2015—2030年仙台减少灾害风险框架》和《巴黎气候协定》。在全球化趋势下，人类只有强化韧性，才能有效应对气候变化、地区冲突、自然灾害等多重风险的冲击，并促进经济和社会的可持续发展。

韧性建设需要在政企社学研等多元主体以及志愿者的长期坚持下才能实现。最新的研究显示，全球范围内的所有志愿者所形成的劳动力，能够与1.09亿名全职的员工画等号。另外，在提供关键社会支持的过程中，志愿者具有降低灾害风险的能力，但是需要当地和外部参与者的帮助。在发生冲突后，往往会出现很多难民，志愿者通过对难民的救助，可以有效增加社区韧性，在加强群体内部和群体之间凝聚力的同时促进社会的和平与发展。由此可见，在处理一些危机事件时，志愿者发挥着至关重要的作用。此外，可以将志愿服务看作构建韧性社区的一种途径，也可将其视为韧性社区中的一项重要资产。当社区群众认可上述观点时，志愿者服务便可成为一种可再生资源。

在不久的将来，为了促进志愿服务的可持续发展，需要建立健全一个完善的韧性志愿服务生态系统，而志愿者则为社区展开的各项工作提供坚强的后备力量。在国家优先事项和计划的基础上，各国政府和发展伙伴需要构建完善的韧性生态系统，需要为志愿者服务拓宽渠道，用以消除"官方"和"非官方"行动者之间存在的界限，同时对公民每天为解决发展而提供的创新、灵活性，以及花费的大量时间要给予承认和认可。

总的来看，构建完善的韧性志愿服务生态系统，需要在政府、联合国机构以及其他和平与发展参与者的共同作用下，整体提高志愿者在韧性社区建设中的核心价值，而不是将其视为廉价劳动力。

第三节 关键行动

一、支持社区的自我组织

构建韧性志愿服务生态系统，不仅要支持社区内的自我组织，还要对人们的结社权加以保护。在面临风险时，可以将自我组织认定为关键的生存策略。在志愿者的外部参与作用下，志愿服务的独有特性会被彰显出来，从而为以人为本的发展提供可能。此外，在一些比较脆弱的社区，应大力推广志愿行动以加强社区韧性。在社区成员组成中，对于那些处于边缘化的社区成员而言，他们不仅可以填补空缺，还可以使志愿服务成为韧性强化战略和计划的核心组成部分，这样可以将志愿服务的组织优势充分利用起来。

对于在社会治理中发挥重要作用的韧性志愿服务,需要保障其结社和自我组织的权利。在所有人都可以对公共政策产生影响的社会中,应当提高志愿者社会行动的有效性。在很多国家和地区,人们的自我组织、言论和结社自由都受到一定的限制。但实际上,国家和地方政府应该对人们的言论、集会和结社的自由加以保护,并对地方志愿行动加以重视。

外部的有效支持可以在一定程度上提高地方志愿服务的工作效率。反之,如果一味地控制志愿者的行动,那么很有可能对志愿服务产生抑制作用,这主要是因为过多的监控会抑制志愿服务向着多样化的方向发展,同时也会缩小志愿行动的范围。在外界环境不断变化的今天,志愿者需要做到灵活应对,并采取积极有效的平衡措施,由此提高志愿服务的规模及可用性。

二、培养地方志愿行动的人际关系

构建韧性志愿服务生态系统,需要加强志愿者之间的联系。在面临各种社会风险时,志愿者之间的相互信任与凝聚力至关重要。

针对社会中的弱势群体,应积极颁布相关政策,用以规范和强化弱势人群的活动。此外,在集体志愿行动中,很有可能会将某些群体排除在外,面对这种情况,利益相关者应采取兼容并蓄的方法,为志愿行动营造更加公平、机会均等的环境,用以培养志愿者之间的信任感,以及志愿者在社会中的凝聚力。对于外部行动而言,需要详细了解当地的权力动态关系,用以缓解当地的紧张局势和冲突。同时,国家和地方政府在对现存风险实施干预管理之前,应该着重了解社区当前的发展情况,如当地的文化习惯、公民的社会行为规范等,以避免干预政策对当地的凝聚力产生负面影响。此外,应当与社区调解员加强合作,帮助决策者了解社区的具体情况,只有这样才能有效避免当地政府的干预与社区居民的意愿相抵触。

在深入了解社区居民的具体情况后,还需制定对所有人都公平的相关标准,从而促进社区凝聚力的养成并培养社区志愿者之间的信任。同时,还要依据相互尊重、相互包容的原则,制定社区团体的约束标准。在志愿者实施志愿服务的过程中,志愿者所展开的各项服务活动不能对社区公众产生威胁。

而国家作为参与者,应该根据社区的发展情况,构建完善的社区服务管理系统,用以调动社区居民展开自发性的社区服务活动。此外,在志愿者的自发志愿服务中,国家应考虑到志愿服务不受当地社区居民欢迎的情况,因而要积极鼓励社区居民融入志愿服务,用以促进社区居民工作的稳定发展,进而有效支持志愿者在国家和地方政府的组织和协调下发挥出自身作用,增强社区韧性。

三、为弱势群体创造赋权机会

由于农村社区相关制度建设落后且封闭,农村社区居民参与志愿服务活动的机会往往受限。而外部行动者可以通过制定规范及相关政策,为所有人提供平等的机会,让他们为社区的建设工作贡献力量;加强自身与社区居民之间的联系,从而更好地展开社区志愿服务工作。这些方式可以在一定程度上降低社区服务的风险,避免将弱势社区成员排除在志愿行动之外。例如,加拿大会根据最新制定的标准组织志愿者开展志愿服务活动,同时还会让当地的残疾人参与到志愿服务活动中。

在志愿服务过程中,青年人通常会被排除在决策之外。对此,联合国安理会曾作出如下表述:青年人在参与志愿服务的过程中没有领导权力和机会,会对青年人的志愿服务产生影响,甚至会导致他们产生反社会的行为,进而给那些违法犯罪分子以可乘之机。联合国机构和发展组织可以通过与国家和地方政府合作,鼓励青年人参与到志愿服务活动决策中来,从而加强政府与青年人之间的联系,提高志愿服务的整体价值。

在开展志愿服务的过程中也可以鼓励妇女加入社区活动中,与社区展开合作,这有助于解决社区活动中的性别歧视问题,从而助力提升妇女在社区活动中的活跃度,使她们表现得更加积极。另外,在社区工作中为妇女创造领导机会,强化妇女在决策中的主导作用,可以有效缓解社区工作中出现的危机。

四、推进可持续发展

2015年9月25日,联合国可持续发展峰会在纽约总部召开,峰会正式通过了17个可持续发展目标。可持续发展目标旨在从2015—2030年间以综合方式彻底解决社会、经济和环境三个维度的发展问题,转向可持续发展道路。

2015年,联合国圆满实现了千年发展目标。这一目标的顺利实现,与国际志愿服务组织的付出有着密切的联系。无论是在发达国家还是在发展中国家,志愿服务均可以有效促进社会的进步与发展。同时,志愿服务也是各国和联合国进行人道主义援助计划、技术合作、改善人权、促进民主与和平的重要途径①。在非政府组织、专业协会、工会以及其他社会组织活动中，都涉及志愿服务活动。现如今的诸多社会活动也都会涉及志愿服务活动，如帮助文盲、保护环境等。在经济全球化快速发展的背景下，志愿服务的方式也发生着改变，由传统的封闭服务形式向互动交流的服务形式转变，由此也进一步丰富了志愿服务的内容，拓宽了志愿服务的领域。

绝大多数的可持续发展目标都需要在长期关注和行为变迁中得到实现。在进行志愿服务的过程中，可以通过提升相关人员的意识，促进社会变革。人们在制订《2030年可持续发展议程》时认识到，可以通过制定合适的制度来实现国家的可持续发展目标。可持续发展目标的实现离不开各阶层人群的参与，这种参与式的新型伙伴关系需要包括与志愿者组织之间的伙伴关系。从社区层面来看，志愿者组织可以被看成社会中介，通过实施志愿服务，加强各机构间的联系。在整个过程中，不需要志愿者在行动层面上有所参与，但是需要志愿者参与到政府及相关机构开展的公共规划工作中。这样，在志愿服务开展过程中，就能够去影响志愿者自身以及志愿服务的所有相关者。

国际志愿者将建立关系作为重点工作内容，努力加强不同主体之间的联系，用以增强他们对治理的影响力。在玻利维亚的科恰班巴，联合国志愿人员与40个来自不同部门的妇女团体联盟合作，共同推动地区、地方和国家政府机构承认妇女的合理需求。由此可见，加强内部组织结构建设工作，同时扩大各组织的影响力，以及鼓励妇女参与到公民活动中来，是国际治理的一项关键内容。

在不同的发展层面上，国际志愿者往往能发挥出更大的作用。国际志愿者即便返回到本国，依旧可以通过参与政治进程（通常是代表本国）影响国际治理；也会经常参与"软教育"实践，传播知识，增强意识并间接或直接鼓励家乡社区成员参与促进发展的公民活动。不仅如此，在国际志愿服务中，国际志愿者也会学习到新的技能，同时他们的态度和思想也会发生改变，从而更加坚定志愿者的志愿服务意志。

综上所述，国际志愿人员鼓励人们参与，特别注重青年、妇女残疾人等弱势群体的参与。在地方领导人和国际志愿者组织的帮助下，志愿者可以将具有共同需求和利益的团体联盟联系起来，以帮助政府更好地认识到社会中势力较弱的团体的需求。

---

① 汪意. 社会呼唤更多志愿者. 防灾博览，2007（6）.

随着社会的不断发展和变迁，志愿服务的作用会逐渐显现出来。志愿服务不仅在危机事件中会发挥出自身的独特作用，而且在复杂的经济和社会问题中，也是不可或缺的重要力量。

思考与讨论

1. 全球治理格局的变迁给国际志愿服务带来的影响有哪些？
2. 国际志愿服务未来发展面临的最大挑战是什么？请简述理由。
3. 您认为哪一项行动对于国际志愿服务未来发展是最为关键的？为什么？
4. 中国国际志愿服务的可持续发展，有哪些可能的发展路径？

下编

典型国家志愿服务

第六章
英国的志愿服务

第一节　发展阶段

英国是世界上志愿服务萌芽最早、发展最成熟、成效最显著的国家之一①。目前英国志愿服务开展得十分活跃，拥有广泛的群众基础和良好的社会声誉，已形成一套较完整的运作机制。志愿服务有助于提升英国公民的道德教育水平，也有助于巩固英国社会的稳定，其形成和发展主要经历了三个阶段②。

一、萌芽阶段（18世纪到19世纪60年代）

英国的志愿服务可以追溯到中世纪教会扶贫救困的历史传统。在资本主义商品经济兴起的同时，18世纪的英国也涌现出联合慈善事业的捐赠方式，通过互助会帮助穷人的做法十分盛行。

1869年，为了协调政府和民间各类慈善组织的活动，"慈善组织协会"（Charity Organization Society）在伦敦应运而生，此后，参加这次运动的人开始被称为志愿者。其他城市也纷纷效仿，最终遍布全英国。人们为了克服面临的困难而互相帮助，于是逐渐形成了志愿帮助他人的群体精神。一大批来自社会各界的慈善人士成为最早的志愿服务人员。

---

　　① 马凤芝. 英美日和我国港台地区的医院志愿服务. 社会工作，2014（3）.
　　② 孙雪梅，陈树文. 英国志愿服务的发展特质及经验借鉴. 贵阳市委党校学报，2020（2）；魏娜. 志愿服务概论. 北京：中国人民大学出版社，2018：255-257.

二、扩展阶段（19世纪70年代到20世纪40年代）

工业革命后，随着西方国家经济结构的变化，阶级对立的加深和贫富差距的加大进一步激化了社会矛盾，在这种情况下，空想社会主义者最早提出了社会福利的概念。当时，社会福利方案不仅需要大批具备职业奉献精神的社会工作者来实施，而且也需要征募大量的志愿服务人员来维系各项服务工作①，这也促使了英国的志愿服务事业蓬勃发展。志愿服务工作因其所产生的不容忽视的社会影响而逐步受到包括英国在内的许多国家的政府重视和鼓励。到19世纪，互助会（friendly society）等组织机构的数量大幅增长，英国的志愿组织在此期间获得了极大的发展。

志愿组织吸纳了大量人员，其中包含许多妇女及儿童。19世纪70年代的研究指出，大多数成年的英国公民都会参与志愿服务，平均每人加入5~6个志愿组织。志愿组织的收益在这期间显著提高，甚至有部分中产阶级家庭在社会救济上的支出远高于其他方面的支出②。

在第二次世界大战之后，随着社会进步和经济繁荣，英国的志愿服务工作不仅愈发规范，而且逐渐拓展为由政府或私人社团所组织的具有广泛性的社会服务工作。志愿服务事业的焦点不单是调节救助对象的社会关系、改善其社会生活，更是要调节全英国的社会结构及社会关系③，服务对象从救助对象扩展至更广泛的人群。志愿服务工作逐步制度化、专业化。19世纪末20世纪初，英国经济增长放缓，日渐加剧的贫困、失业和养老问题超出了志愿组织的负荷，政府颁布了相关法令以促进社会福利的改善。在两次世界大战期间，政府在更大范围内参与了社会保障工作，志愿组织也在政府的帮扶下取得了长足的进步④。

三、蓬勃发展阶段（20世纪50年代至今）

第二次世界大战结束后，英国逐步打造出"从摇篮到坟墓"的"社会保障全面网络"，全方位地参与社会生活的各个方面，这也导致志愿服务涉及的领域缩窄，影响力持续降低，但政府管理缺位的领域，如环境保护和残障人士生活保障等则衍生出新的志愿组织。

---

① 张敏杰. 欧美志愿服务工作考察（上）. 青年研究，1997（4）.
② 王名，李勇，黄浩明. 英国非营利组织. 北京：社会科学文献出版社，2009：27，38.
③ 方奕. 利他精神的弘扬与志愿服务的发展. 当代青年研究，2002（4）.
④ 孙雪梅，陈树文. 英国志愿服务的发展特质及经验借鉴. 贵阳市委党校学报，2020（2）.

20世纪70年代，英国的福利国家制度难以为继。为克服这一难题，英国工党走上了"第三条道路"，与志愿组织合作提供公共服务，这一举措极大地推动了志愿服务和志愿组织的发展，逐渐形成了政府与志愿组织渐进共生、多元互补的态势。20世纪末，志愿组织从提供社会福利服务的辅助性部门跃升为核心部门的一员。

21世纪以来，志愿组织迅猛发展，英国政府也致力于革新滞后的监督管理工作，积极界定参与志愿服务事业各部门的地位与权责，维护志愿组织的合法权益。英国的志愿服务事业朝着法制化、规范化、系统化、社区化和国际化的方向前进。

第二节　发展现状和特点

志愿服务是志愿组织或者志愿者自愿、无偿地向社会或他人提供时间、知识技术、财富等的公益行为，是现代社会文明进步的重要标志。纵观全球，英国是志愿服务萌芽最早、制度最完善、影响最大的国家之一，志愿服务所起的协调社会结构和社会关系的作用不可忽视。

一、志愿者现状

目前，英国的志愿者队伍规模庞大，志愿服务领域广泛，为英国社会作出了巨大贡献。根据英国志愿组织联合会下设的英国志愿服务研究所（Institute for Volunteering Research）发布的 UK Civil Society Almanac 2021，全英共有163 150个已注册的志愿服务组织。在2020—2021年度，1 630万人至少每年进行一次正式（团体、俱乐部或组织一起）的志愿服务。越来越多的退休人员参与志愿服务，体育、教育、募捐、社会福利和社会团体是志愿者活动的主要领域。而人们参加志愿服务的主要原因包括为他人服务、自我兴趣和增加经验等。正式志愿服务的水平基本上保持不变。英国超过1/4的志愿者经常参与非正式的志愿服务[①]。

二、志愿组织现状

英国的志愿组织主要推动四方面工作：一是招募青少年志愿者。青少

---

① NCVO ALMANAC 2021: the latest findings on the voluntary sector and volunteering. [2022-08-01]. https://blogs.ncvo.org.uk/2021/09/29/ncvo-almanac-2021-voluntary-sector-findings/.

年群体既是志愿者的主要来源,又是志愿服务的主要对象。例如,英国的Do-it、Millennium Volunteer等计划皆以社区为单位,大力提倡16～24岁的青少年积极投入志愿者行列,为社区内有需要的孩童提供课业辅导、专业咨询、假期或课后陪伴等服务。二是推动就业者参与志愿服务。例如,"马克社区"(Community Mark)积极推动就业者投入社区志愿服务工作,贡献各自的经验与力量,协助解决社区面临的现实问题。三是推动志愿者为弱势群体服务。例如,全国防止虐待儿童协会(National Society for the Prevention of Cruelty to Children)反对虐待儿童及青少年,运用法律手段保护儿童和青少年。少数民族志愿组织致力于培养少数民族及弱势群体的志愿服务意识,从而提升其志愿服务水平,并为之提供相关帮助。四是发展志愿服务文化。志愿组织为社区内有志于从事志愿服务的居民提供志愿服务的机会,借此形成志愿服务文化。

在英国大约有70万个社区和志愿者组织,这些组织是英国社会的主要组成部分,其形成和发展与英国社会的发展密切相关。英国属于不成文法国家,因而并没有一部统一的志愿者服务法,在依据过往案例来协调志愿服务活动中的各类法律关系的同时,英国政府也颁布了各类法规及政策来促进志愿服务事业的进步。

三、志愿服务发展特点

(一)长期稳定的政府支持

政府的帮扶是英国志愿组织稳定发展的保障。相关数据显示,2001—2019年,政府一直是志愿服务行业收入的第二大来源方。英国政府制定了许多政策扶植志愿服务事业,并设立了一些鼓励捐赠的制度,例如返还所得税制度。这不仅是国家财政的变相支持,更是对广泛的社会力量参与捐赠的鼓舞。2004年英国内务大臣布朗颁布了一项便利捐献制度。该制度允许中小企业的员工直接通过发放其工资的银行进行捐款,这为中小企业的员工定期、不定期的小额捐款提供了便利。该制度还规定了企业的捐款额从税前利润减除,即捐献部分是免税的。同时,政府还通过将特定公共服务项目外包或直接购买相应的公共服务,为志愿组织注入资金,合作双赢[①]。另外,政府还采取表彰等方式鼓励在志愿服务工作中表现突出的志愿组织及志愿者。英国政府认为志愿组织是当代社会的重要组成部分,并

---

① 江泽全.英国志愿服务发展及对中国的启示.广东青年干部学院学报,2004(3).

同志愿组织协作，为全社会提供公共产品及准公共产品。政府在志愿服务工作中发挥着支持、辅助及监督的作用①。

（二）完善的组织运营机制

志愿组织是弥补社会公共服务领域供给不足的重要力量。不论是作为各志愿组织保障部门的大型伞状组织如英国志愿组织联合会，还是提供具体服务的其他志愿组织，它们之所以能持续稳定发展，是因为英国的志愿组织都具有独立的法人资格和完备的组织架构。英国的志愿组织类型多样，贡献了巨额的社会和经济效益，仅2018—2019年度，英国志愿服务行业的产值就高达约200亿英镑。英国志愿服务事业平稳且持续壮大的重要因素之一就是其组织内部演化出了完善的运营机制，因而保障了志愿组织的变通性、多样性、公信力及亲和力。完善的组织运营机制，主要体现在以下两个方面：一是其志愿组织自主经营、自负盈亏。每一个志愿组织都是独立法人，自主经营、自负盈亏，每年既有许多志愿组织不断壮大，也有不少志愿组织因竞争失利而破产收场。二是英国志愿组织拥有囊括了志愿者募集、选拔、培训和监督的一整套完备的运转机制。志愿组织一般使用报纸广告、宣传手册、线上宣传及举行展览等途径募集志愿者，并从中挑选符合工作要求的志愿者，有些岗位还会进行额外的测评，并将不符合的志愿者转推到其他志愿组织。许多志愿组织都会对志愿者进行培训，从而保证其获得正确的指引，同时志愿组织也注重对志愿者合理需求的保障，为志愿者的工作提供必需的保险和物质补助等。大量志愿组织借助创建论坛等方式加强志愿者与组织的相互交流，激发志愿者对志愿组织的归属感，提高其满意度。另外，志愿组织的所有活动都受到组织内部和志愿者的监督，一旦出现问题，各方能够立即发觉并予以处理②。

（三）广泛的社会参与

志愿服务是人自愿地、无偿地为社会和他人提供服务的行为，体现出人的主体性和对高尚道德情操的追求。志愿服务必须在社会中才能发生，也只有在社会力量的帮助下，才能产生更深远的影响。英国的志愿服务具有极强的社会动员能力，不论是在学校教育、社区生活、职场工作抑或是退休生活中，都展示出强大的吸纳成员的能力，呈现出全员参与的特质。对英国志愿者的调查显示，他们加入志愿组织的主要原因是家庭、朋友和

---

① ② 孙雪梅，陈树文. 英国志愿服务的发展特质及经验借鉴. 贵阳市委党校学报，2020（2）.

同事的推荐①。

英国志愿服务始终保持生机活力的原因在于它始终着眼于改善社会成员的生存环境，维护社会的平等公正，从而赢得民众的信任和支持，获得坚实的社会基础。社会力量对志愿行业的支持表现在：一是参与服务人数多，服务频率高。英国志愿组织联合会公布的有关数据显示，2017—2018年，共2 010万英国人通过志愿组织参与志愿服务，约占总人口的30.23%，多年以来保持稳定。英国政府网站上发布的社区生活调查显示，2018—2019年，22%的成年人至少每月参加一次正式志愿服务②。英国近9/10的家庭都曾接受过志愿服务。二是公众为志愿组织提供源源不断的活动资金，据统计，2018—2019年，公众对志愿行业的资金投入为27 112英镑，几乎占其总收入的一半（48%）。除去个人捐赠和政府扶持外，私营企业、社会公益基金、慈善机构也为其提供了资金。三是社交媒体对志愿活动的公开报道，引起社会公众及政府部门的关注，为志愿活动创造了合适的社会环境，提供了物质条件。英国各大媒体对志愿服务进展的紧密跟进，也对志愿组织的工作起到了监督的作用。

（四）完备的法律体系保障

要促进志愿服务法律体系走向规范化、制度化，其第一要义是要确立志愿服务事业的法律地位，明确志愿者享有的权利和应当履行的义务以及志愿组织应当履行的职责。

英国并没有一部统一的志愿者服务法。具体说来，可以作为志愿服务法源的只有与慈善法密切相关的司法判例、国内成文法、欧洲人权法院判例、国际公约等。

英国涉及志愿服务的法律，最初的起源是1601年由当时的英国女王颁布的《慈善用益法》（The Charitable Use Act of 1601），即《济贫法》。《济贫法》规定以基层组织的教区为单位征收济贫税，赈济辖区内缺乏谋生能力的人，这成为国家立法帮扶弱势群体的滥觞。1834年，英国议会通过了《济贫法（修正案）》，规定只能赈济在济贫院内的贫苦人民。但当时的济贫院问题重重，引起了英国社会的巨大争论。《济贫法》起到了兜底救济的作用，但缺乏相配套的法律法规对英国的志愿服务进行进一步的规

---

① 徐喜春. 大学生劳动教育的价值引领意蕴及其实现. 北京航空航天大学学报（社会科学版），2022（4）.

② Community life survey 2018—2019. [2020-05-25]. https://www.gov.uk/government/statistics/community-life-survey-2018-19.

范。当前，英国形成了以慈善基本法为主，相关配套法为辅的慈善法律模式。现行法律以《慈善法（英格兰和威尔士）》（2011年最新修订）、《慈善法（北爱尔兰）》（2008年）、《慈善和信托投资法（苏格兰）》（2005年）为基本法，以《托管人管理法》《慈善信托法》《娱乐慈善法》等为辅助法，合力建构了基本的志愿服务法律体系[1]。这些法律明确界定了志愿组织的宗旨、业务范围、注册要求和监督制度等。而网络及电话筹款等方式亦需遵循相关规定。这套完善的法律体系也是英国志愿服务活动有序合法进行的保障。

第三节 法制建设

一、志愿服务相关法律

1601年，世界首部慈善法——《慈善用益法》在英国颁布，该法首次界定了慈善的目的，确立了慈善活动的框架，为英国慈善事业的发展奠定了基础。1853年，英国通过了《慈善信托法》[2]，规定要设立慈善委员会，作为全国性的慈善信托监管机构对慈善组织进行监督和管理，这也开创了从国家层面对慈善组织进行监督的先河。1960年，英国出台了《慈善法》，对以往有关慈善的法律进行了高度整合，并于1992年、1993年进行了简单修订。2006年，为适应英国慈善事业迅猛发展的实际需要，基于对过往判例法实践的经验总结，英国对《慈善法》进行了重大修订，首次明确了慈善委员会的法律地位、慈善组织的监管、慈善组织的类型，设立了慈善申诉法庭，并引入了法人型慈善组织这一全新的慈善组织形式。2011年，英国又一次对《慈善法》进行了修订，这标志着英国慈善组织等级制度的基本完善。

（一）《济贫法》

英国的慈善立法源远流长，且最初起源于成文法，即1601年的《慈善用益法》，历史上又被称为《济贫法》。这一法案的颁布也昭示着英国慈善立法的开端。

《济贫法》的主要内容包括：首先将需要救助的贫民分成三类，救济

---

[1] 孙雪梅，陈树文. 英国志愿服务的发展特质及经验借鉴. 贵阳市委党校学报，2020（2）.
[2] 王涛. 英国慈善信托监管制度及启示. 社会科学战线，2019（10）.

办法因人而异。老、病、残等丧失劳动能力的人士，可以在家接受救济；失去依靠的贫穷儿童则可以先被送去指定的人家寄养，适龄时再送去学习必要的技能；而相对健康的流浪者则会被提供工作机会，帮助其自谋生计。其次，在所有这些救助行为中，政府主要是提供法律服务和监督，而具体的实施者则是地方教会，教会向其所辖教区居民征收济贫税。最后，救助分为院内救济和院外救济，救济对象是在教区内居住满三年的人，而且是不能从其家庭或亲人那里得到帮助的人。该法任命主教以及绅士等作为委员（commissioner）对慈善组织进行监督管理，制止对慈善组织尤其是慈善组织财产的滥用、误用等。并且，《济贫法》在序言部分罗列了许多慈善目的，这为现代法律界定慈善目的这一概念提供了依据，也在许多国家沿袭至今，具有重要意义。

作为英国第一个重要的慈善法，《济贫法》不仅是这一法律制度的发端，而且为这一法律制度的发展确定了基本原则，因此也被称为世界上最早的社会保障法。其颁布深刻地影响了现代社会福利思想与英国社会。随着济贫管理工作愈发规范，政府也跳出了济贫本身的限制，开始聚焦于济贫对社会经济产生的影响。具体意义有：第一，《济贫法》建构了具备综合性功能的社会政策体系框架。社会救济是《济贫法》的最基本的社会功能，其与社会惩罚和社会控制共同构成了《济贫法》最主要的社会功能。第二，《济贫法》明确了英国国家及政府的合法地位，扩大了英国公民所享受的社会救济权利的范围，这是《济贫法》最主要的政治功能。第三，《济贫法》与英国的政治、经济及社会变革息息相关，《济贫法》的性质与功能的变化方向取决于英国的政治、经济和社会的变革，但反过来又能影响政治、经济和社会的变革。这导致《济贫法》在被新型社会保障制度取代以前，长期保持着其作为英国核心社会政策的地位，对近代英国的政治、经济和社会发展影响深远，也为现代英国新型社会保障制度的出现和发展奠定了坚实的基础。

《济贫法》在英国历史上第一次将慈善目的系统地罗列了出来，其与后来的经典判例共同组成了英国延续四百多年的有关慈善目的界定的法律框架。可以看出，《济贫法》的序言也体现出政府和慈善组织在社会福利领域享有共同利益。从中不难窥见英国慈善法基本逻辑的一环，即慈善组织虽然是私法组织，但与政府机构相似，其慈善活动的目标是实现公共利益。此外，由于慈善组织以实现公共利益为目标，法律在对慈善目的进行详细列举后，亦有必要对慈善组织的私法自治进行合理的限制，从而更好地保障慈善目的的实现和公共利益，尤其是在私法自治无法有效保障实现慈善目的和公共利益的情况下更应如此。英国慈善事业和慈善法制的发展也为这一观点提供了佐证①。

(二)《慈善信托法》

工业革命时代，英国开启了综合性的慈善监管法制的发展。在工业革命时代，慈善组织在规模、活动和资产占有等方面都突飞猛进。为了保障慈善资金的有效使用，加强对慈善组织的监督及管理刻不容缓。1819年，皇家慈善信托委员会成立。根据调查，皇家慈善信托委员会发现，拥有巨额资产的慈善组织存在组织财产处置不当、管理不善等诸多问题。故此，在改革者的大力引领下，议会通过并屡次修订完善了《慈善信托法》。这些法律创设了一个中央级别的慈善委员会。慈善委员会包括三个全职委员（两个为律师）与一个业余委员以及其他成员。他们负责监管在1601年的《慈善用益法》序言的"含义、条目或解释"范围内的或者由衡平法院管辖的所有慈善捐赠。总的来说，慈善委员会的职责在于，通过推进更好的管理方法的应用、提供信息与建议、审查滥用情况来推动慈善资源的高效利用。

(三)《慈善法》

2006年的《慈善法》首次以法律条文的形式为慈善事业，也就是社会公益事业下了完整的定义，即为了公共利益而从事的下述活动，均是被法律所认可的慈善目的事业：扶贫与预防贫困的事业，推进教育发展的事业，推进宗教传播的事业，促进健康和拯救生命的事业，提升公民意识和推动社区发展的事业，推动艺术、文化和科学进步的事业，推动业余体育运动发展的事业，推动人权、化解冲突、提倡和解、促进宗教和族群和谐以及推动平等和多样性进步的事业，促进环境保护与改善的事业，帮助有困难的老年人、疾病患者、残障人士、贫困人员及其他弱势群体的事业，促进动物福利的事业，推动提高王室武装部队效率、警察效率，促进火警及医疗急救服务的事业，其他符合慈善法相关规定的事业。这些慈善目的符合"自愿奉献时间和精力，不计报酬，为促进人类发展、社会进步和社会福利，无偿救助社会弱势群体"的志愿组织活动宗旨。因此，该法也成为英国志愿组织运作的基本法。

英国的社会福利主要依靠中央和地方各级政府供给，志愿组织则扮演辅助性的角色。数百年间，英国出台了许多单行法规，也出现了大量经典

---

① 丁建定. 试论英国济贫法制度的功能. 学海，2013 (1).

判例，均为志愿服务事业的有序发展提供了有力支撑，包括《慈善法》、《慈善信托法》和《慈善法（北爱尔兰）》等在内的法律法规共同建构起了相对完善的英国志愿服务法律体系[①]。

二、志愿服务相关制度

（一）登记注册制度

登记注册制度保障了志愿服务事业的稳定有序前进，也监督着志愿服务活动的进行。该制度是政府收集志愿组织信息的重要途径，能够帮助志愿组织进行规范化和有序化的运作。只要拥有3名以上的成员，并且准备好组织章程，就可以申请在英国创立一个志愿组织。但当志愿组织满足以下3个条件时，则必须依法注册：使用或者拥有土地及建筑物，组织年度经费超出1000英镑，并持有永久性资产。登记注册的流程便捷且不收取任何费用。在组织进行注册以后，其信息会在公开的志愿服务机构注册中心登记在案。而包括部分教育机构、许多高校以及国家博物馆在内的豁免慈善机构则无需向慈善委员会登记，亦不受其监督，但依然要遵守与慈善机构相关的法律规定。

注册慈善组织的流程并不复杂，只需要提供下列材料：申请表，包括机构的运行方式、支出方式和受托人任命方式等在内的制度性文件；过往3年的财务账册副本；理事宣言书（需所有理事签名）；帮助进行注册的其他资料。这一过程不收取任何费用，申请人将在提出申请后的15天内收到注册结果。

注册后，慈善组织每年都需要将如下材料提供给慈善委员会：财务记录明细、组织年度报告（需附上组织收入和支出报表、检查员或审计师报告及受托人）、组织制度性文件的变更情况以及与原注册内容相比发生变化的事项。

（二）监督制度

对志愿组织进行强有力的监督，不仅能提升社会公众对志愿服务的信任感，也能推进志愿服务事业的发展。与此同时，将志愿组织运转的过程公开化、透明化，也有助于帮助其合法合规有序发展。为了规范和整治志愿服务领域的混乱局面，加强志愿服务法制监管和行政管理，英国政府在1853年颁布《慈善信托法》时，由英国议会委派慈善事务专员牵头成立了

---

① 李磊，席恒.英美志愿服务立法的经验及启示.郑州大学学报（哲学社会科学版），2017（2）.

慈善委员会,并决定由该机构独立审查志愿服务领域的争议事件。慈善委员会扮演着不可或缺的监督者的角色,会单独调查与志愿服务有关的举报内容,且所有的志愿组织每年都必须提交包括自身基本信息及变动情况和组织财务账目等事项在内的报告以供委员会审查。慈善委员会在收到报告后还会将之公之于众,让社会公众共同参与到对志愿组织的监督和审查当中。

三、政府在立法上对志愿服务的支持

20世纪70年代,学术界、私营部门和公共部门对志愿组织的支援都微乎其微。1981年,英国审计实务委员会制定了围绕志愿服务事业发展的指导方针。目前,英国政府对志愿服务工作的支持主要表现在:一是通过税收优惠的形式,鼓励志愿组织进行募捐活动,接受捐赠和交易。二是通过购买公共服务的举措,间接推动志愿服务事业的繁荣。三是通过设立专项基金的方式,促进志愿服务事业发展。例如每年英国政府都会将部分博彩行业收益用于志愿组织。

在英国,《公司法》对社会组织也具有约束作用,因为有许多志愿组织注册为非营利公司,还有很多慈善组织通过"双重注册"的方法来提高对市场资源的利用效率,即其一方面注册成为慈善组织,另一方面也按照《公司法》的规定注册成为有限责任公司。这样一来,这些慈善组织商业活动的部分(例如利润、股票利息分红再投资以及董事的职责和权力等)就会受到《公司法》的保护及约束。

布莱尔新工党政府上台以后,英国政府十分重视与志愿组织的合作伙伴关系。1998年,英国政府和志愿组织签署了著名的《政府与志愿及社会组织关系协议》。该协议明确了政府与志愿组织是合作伙伴关系,为二者在各级地区的合作提供了良好环境[1]。这个协议并没有法律效力,类似于政府和志愿组织之间相互的承诺,但部分条款也受到法律的保护。

四、志愿服务法律体系特点

在英国,英格兰、苏格兰和威尔士以及北爱尔兰群岛有各自的法律体系。总的来讲,英国各地区慈善法以及有关慈善的法律虽然不尽相同,但

---

[1] 胡琳琳,郝福庆. 英国公共服务类非营利组织发展的经验及其对我国的启示. 四川行政学院学报,2011(5).

相互联系。

（一）慈善组织不同于志愿组织

在英国，慈善事业享受公共福利免征税收，享有广泛的社会信誉，同时也受到严格的监管。但并非所有开展志愿活动的组织都属于慈善组织。慈善组织的概念远比志愿组织的概念狭小。志愿组织（在英国极少使用"非营利部门"这一词）为集体名词，指具有社会性目标而在会员中不进行利益分配的各种正式或非正式组织。慈善机构、社区组织、社会企业以及一些互助组织均属此列，它们都不以营利为目的。而只有符合下列两条标准的志愿组织才是法律承认的慈善组织：其设立完全是出于慈善目的；履行其作为慈善组织的权限时，接受最高法院监督。"慈善目的"由法院和慈善委员会来界定，而社会企业虽然已成为志愿组织中日益重要的组成部分，极富活力，但通常不被视为慈善组织。

（二）组织形式分为法人和非法人

慈善机构是英国社会组织的"主流形式"。慈善机构可以采取多种组织形式，范围涵盖非法人团体和由法律或皇家宪章建立的机构等。英国慈善机构最为鲜明的特质之一就是其采用的组织形式并非独属于慈善机构。英国的法律并没有对慈善形式进行特别规定，也没有志愿行动的具体说明。因此协会、信托机构和公司等形式适用于多种活动，并且向市场部门和非营利部门延伸。

慈善机构的组建形式各不相同，可分为法人组织和非法人组织两种最为普遍的组建形式。法人组织的常见形式有：公司、商业工会、根据国会法案注册的实体、根据皇家特许令注册的实体和慈善公司组织。非法人组织则无须注册，也不受特殊制约，它的常见形式有非法人社团、信托和互助会。还有一点就是无论何种慈善机构都必须要有宗旨和内部管理制度。

（三）慈善委员会

慈善委员会是依据《慈善法》所设立的专门承担英格兰和威尔士慈善组织登记职责的非部委机构（亦被称为公共机构），它现在身兼二职，既是慈善机构的登记者，也是慈善机构的管理者，同时承担着很多目的性的职能，拥有法定权力。慈善委员会的财政预算源自公共基金，在行使法定权力时独立于政治程序，对慈善组织采取行动时向法院负责。

慈善委员会在下列四个主要方面行使法定职能：登记注册、提供支持、监督管理以及对慈善机构不当行为和错误管理展开调查。

慈善委员会的本质是制定明确的法律政策促进慈善事业发展，这与通过税收进行管理的方式不同。所以,它是慈善部门的独立合作伙伴,行使权力以维护慈善概念和慈善法的可信度,提升慈善事业标准。

慈善委员会决定着何种组织能够拥有慈善身份,这使得慈善委员会成为慈善法中第一个也是非常重要的决定者。有少数关于慈善身份的案件会诉诸法庭,所以慈善委员会的角色至关重要。

第四节 组织体系

一、志愿组织与体系的现状

志愿组织在现代社会中不可或缺,它独立于政府与私营部门,有助于解决社会问题。各国根据本国实际对慈善团体或志愿组织给出了不同的定义,"志愿部门"、"慈善组织"、"非营利组织"、"独立部门"和"第三部门"等名称都在被使用。即使是志愿服务发展相对成熟的英国,也没有专门针对志愿服务活动进行分类的标准。例如,英国慈善救助基金会(Charities Aid Foundation)将志愿服务活动归纳为动物、艺术、社区发展、教育、就业、公共福利、住房、国际援助、医疗和健康、环境保护、休闲娱乐、宗教和精神改造、青少年发展等不同类别。在英格兰和威尔士,在慈善委员会登记过的组织即被国税厅认定的已注册的慈善团体,其分类标准基于1601年《济贫法》的条文,只限于救济贫困人士、宗教改革、教育改革和社区的其他福利。并且,英国"志愿组织"在正式法律文件中必须添上"社区"一词,登记为"志愿和社区部门"(Voluntary and Community Sector)。因此,英国的志愿组织其实是志愿和社区组织(Volunteer and Community Organizations,VCOs)。

早在中世纪时期,英国就已经涌现出一批具备互帮互助性质的互助会,而真正意义上的志愿活动则出现在12—13世纪,这一时期非营利性质的医院和民营学校等社会公益事业也蒸蒸日上。英国在1601年颁布了世界上第一部慈善法《济贫法》,正式以法律的形式明确了政府对社会慈善事业的支持。不过,直到19世纪,英国志愿活动才取得了真正的进展。当时,正处于工业革命时期,社会需求逐渐增加、人口急剧增加、自由经济得到发展,诸多因素促成了英国公民自我协助观念的不断成长。与此同时,公众对政府的不信任,也促成了英国社会组织的发展。

1998年,英国签署《政府与志愿及社区组织关系协议》,着眼于志愿和社区组织能力的提升①。志愿组织在英国公共服务供给上发挥越来越大的作用。

二、志愿组织与体系的特点

（一）志愿组织体系的政府支持

进入 21 世纪以来，英国政府适应志愿组织迅速发展的要求，改革落后的监督管理工作，进一步明确参与志愿事业各部门的地位和职责，维护志愿组织的合法权益。在英国，政府财政供给支撑着志愿者中心这样的半官方化的机构，聘请受薪的社会工作人员作为中心的工作人员。而各类志愿组织根据各自的志愿活动种类和志愿服务项目，实行市场化、公司化运作。政府负责提供经费、方案和政策框架，具体的服务工作则转交给志愿组织承担。各级政府通过合同方式挑选合适的志愿组织来实施政府项目，而志愿组织的民间性使其更接近它们的服务对象，它们提供的服务更加灵活多样，能够更好地满足公众需求，提高效率。同时，英国政府还制定了一系列的政策扶持志愿事业的发展，鼓励捐赠，例如返还所得税制度。这既是国家财政支持的别样形式，更是对社会公众进行更广泛的捐赠的鼓励，为志愿组织提供了更为充沛的资金。

（二）严密的组织结构

精细的伞状组织结构是英国志愿组织最鲜明的特征。英国的志愿组织以伞状结构为基础，构建出纵横交叉、层次鲜明的立体化的志愿服务网络体系。英国政府的有力支持也为这一独特而严密的组织体系提供了良好的发展环境。1998 年签署的《政府与志愿及社区组织关系协议》确立了政府与志愿组织之间的合作伙伴关系，宣布将合作建设涵盖有形设施、结构、系统和关系等在内的志愿服务基础设施。英国政府承诺将启用公共资金建立和维护一套现代化的、充满活力的志愿服务基础设施，这也是英国的志愿组织愿意分担原本需要政府独自承担的公共服务职能的根本原因。

根据"关系协议"约定，英国志愿组织联合会成立，领导、协调、指导、评估、监督全国所有的志愿组织和志愿服务。苏格兰志愿组织理事会（SCVO）、威尔士志愿行动理事会（WCVA）、北爱尔兰志愿行动理事会（NICVA）也相继成立，对志愿组织进行管理和服务。这些国家和地区层面的伞状组织的架构和功能十分相似，共同组成了全国性的志愿组织网络

---

① 丁开杰. 英国志愿组织联盟与志愿者参与实践：以英格兰志愿组织理事会（NCVO）为例. 理论月刊，2009（3）.

系统。这种伞状网络结构将所有的志愿组织联结成为系统的整体，不仅可以在组织内完善治理结构，提高管理效能，而且也可以在组织外提升组织整体实力，能够在与政府的合作关系中反映更多的意愿；不仅有助于充分发挥建议、信息、教育和培训的功能，还有助于改善志愿组织的运营状况和人力资源结构、提升其技能水平及活动能力。另外，这种伞状结构也增强了英国志愿组织在公共服务领域的竞争力[1]。

英国的志愿组织规模和类型都不尽相同，既有合作的联盟型的组织，也有科层制的组织。有的致力于开展互助活动，有的倡导解决社会问题，有的专注于提供公益服务，也有的只为自己的会员提供服务。并且，地方性的志愿组织通常会经由中介网络或全国性机构相互联系。英格兰、苏格兰、威尔士和北爱尔兰都有负责对本地志愿组织进行管理和服务的大型伞状组织，其中，英国志愿组织联合会是目前英国影响力最大的志愿组织联盟，甚至在整个欧洲的影响力也不容小觑[2]，其组织架构如图 6-1 所示。

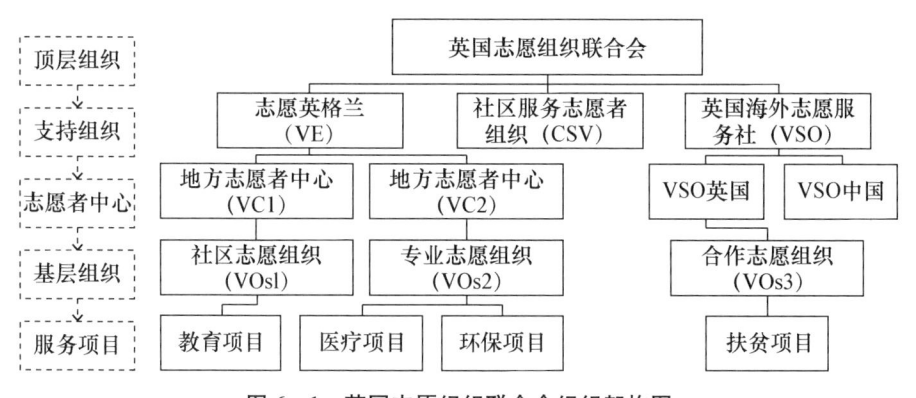

图 6-1 英国志愿组织联合会组织架构图

英国志愿组织联合会成立于 1919 年，该组织最初名为国家社会服务理事会（National Council of Social Services，NCSS），于 1980 年 4 月 1 日更名为英国志愿组织联合会，是目前英国志愿和社区部门最大的伞状组织，拥有超过 17 000 名会员，共同倡导志愿行动。该组织以"团结起来支持慈善组织和志愿者，通过畅所欲言和相互支持来产生影响"为使命，以"自强、合作、开放和包容"为价值追求。当前，英国志愿组织联合会堪称英

---

[1] 汤玉枢. 英国义工组织慈善化及其制度供给. 兰州学刊，2016 (11).
[2] 丁开杰. 英国志愿组织联盟与志愿者参与实践：以英格兰志愿组织理事会（NCVO）为例. 理论月刊，2009（3）.

格兰志愿组织的代言人，致力于提高志愿组织的社会地位和影响力①。

1. 英国志愿组织联合会的会员制度与规模

英国志愿组织联合会是典型的综合型中介组织，由下而上逐层联合而成。英国志愿组织联合会之下，存在着许多诸如儿童照顾联盟和老人照顾联盟等不同的联盟，而这些联盟之下则是个体机构。这些个体机构本身规模不大，但由于英国志愿组织联合会是拥有诸多会员的大型伞状组织，因而这些个体机构共同构成了葡萄串般的体系。在这一体系下，英国志愿组织联合会向其成员提供定制化服务，既能满足不同规模的志愿组织的要求，也能为公司和公共部门组织乃至英国以外的国际成员提供服务。英国志愿组织联合会的会员组织在服务、信息和政策影响力等方面都具有优势，且对英国志愿组织联合会的认同感较强，愿意接受其规则和要求，在领导和推动联盟发展的进程中扮演着重要的角色②。

2. 英国志愿组织联合会的治理结构

英国志愿组织联合会设有董事会，目前由1名主席、11名董事组成（截至2022年7月26日）。而英国志愿组织联合会的运作管理由行政官员负责。目前，英国志愿组织联合会有首席执行官1名，首席运营官1名，影响力与动员主管1名，服务与伙伴关系主管1名，沟通、市场与会员主管1名，人力资源与文化主管1名（见图6-2）。

3. 英国志愿组织联合会的功能和工作

英国志愿组织联合会最重要的职能是为其会员组织提供建议和顾问服务。它能够提供训练课程，帮助小型慈善机构和志愿组织，举办各类帮助会员联系、协作、学习和分享的活动，提供咨询服务，帮助企业与非营利部门建立合作，为会员引荐可靠的供应商，提供场地租用服务，对慈善机构和志愿组织进行评估，为受托人对慈善机构的管理提供帮助和指导。另外，英国志愿组织联合会还具有"共同购买"与"发挥影响力"的重要职能。所谓"共同购买"，是指它可以出面联系企业，帮助会员组织以更优惠的价格采购办公用品和服务等。"发挥影响力"的功能则反映在政策制定中。1998年签署的《政府与志愿及社区组织关系协议》约定，英国政府机构必须在咨询英国志愿组织联合会和有关企业团体的意见后，才能制定重要政策，否则该政策无法在议会中获得通过。而且英国志愿组织联合会还会为

---

① Who we are. [2022-05-16]. https://www.ncvo.org.uk/about-us/who-we-are/#/.
② 丁开杰. 英国志愿组织联盟与志愿者参与实践：以英格兰志愿组织理事会（NCVO）为例. 理论月刊，2009（3）.

```
英国志愿组织联合会 ──┬── 主席
                    ├── 会员大会
                    ├── 董事会 ──┬── 审计与风险委员会
                    │           ├── 财务与商务委员会
                    │           ├── 治理与提名委员会
                    │           └── 人力资源、文化与包容发展委员会
                    └── 管理团队 ──┬── 首席执行官
                                  ├── 首席运营官
                                  ├── 影响力与动员主管
                                  ├── 服务与伙伴关系主管
                                  ├── 沟通、市场与会员主管
                                  └── 人力资源与文化主管
```

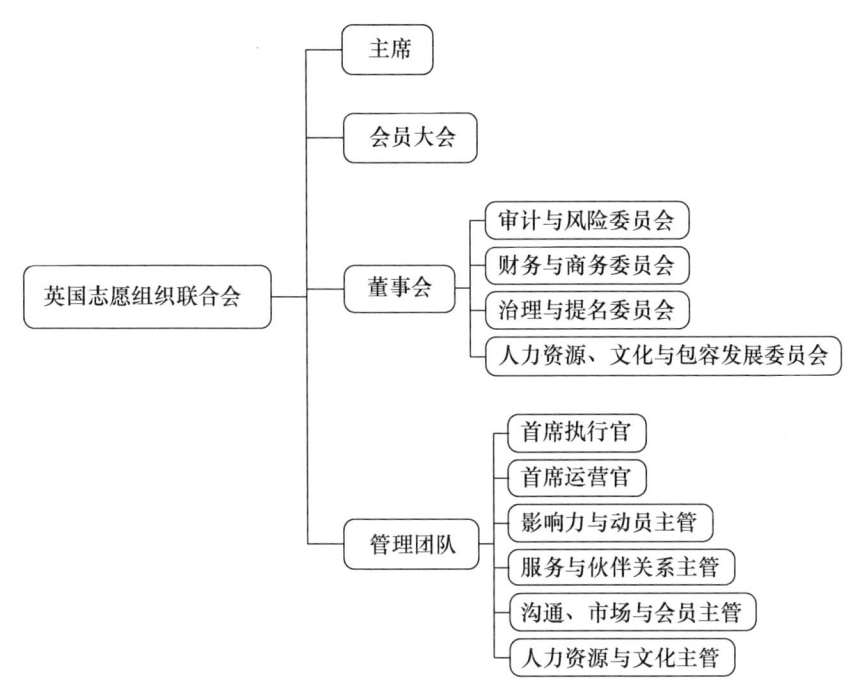

图 6-2 英国志愿组织联合会治理结构图

其会员组织分析新政策可能对其造成的影响，引导各会员机构做出对策[①]。

总体上，英国志愿组织联合会的功能有以下 4 项：

(1) 帮助：使慈善组织能够发挥更大的影响力；
(2) 增强：与慈善组织和志愿者对话；
(3) 沟通：将希望慈善事业蓬勃发展的人们团结起来；
(4) 发展：提出和共享新的工作方式。

第五节 品牌项目和特色活动

一、志愿者周

"志愿者周"是参加英国最大的年度志愿服务庆祝活动的一个机会，该活动表彰了英国超过 2 000 万在社区中参加志愿服务的人们的贡献。英

---

① Our services. [2022-05-16]. https://www.ncvo.org.uk/about-us/our-services/#/.

国志愿组织联合会是英格兰"志愿者周"的全国负责人,该活动由威尔士志愿行动理事会和苏格兰志愿组织理事会等组织具体牵头,在每年的6月1日至7日举行。

"志愿者周"是自1984年成立以来在志愿组织中长期存在的一项盛事。它由小型基层组织以及规模较大的慈善机构提供支持,它们共同在英国举办了数百项活动。这些活动展示志愿者在各自社区中所作的贡献,并对此进行庆祝。

二、汤恩比馆

在英国伦敦屹立着一栋具有130多年历史的富有传奇色彩的古老哥特式建筑——汤恩比馆(Toynbee Hall)。1884年,英国人巴纳特在伦敦创建了世界上第一个社区公社——今天遍布全球的社区服务中心的前身,名字叫汤恩比馆,用以纪念因济贫而英年早逝的志愿者汤恩比先生。它以纪念汤恩比的名义,在社会工作史上首次号召知识青年要志愿为贫民服务。他们认为让受过高等教育的知识分子与贫民一起生活,不仅有助于舒缓社会的阶级差距,实现政治上的民主与平等,更能使穷人有受教及享受文化生活的机会。此外,共同生活可加深知识分子对贫穷问题的了解,更能促成贫穷问题的合理解决。此馆也被称为"大学睦邻区",目的是使大学学生与现实生活保持密切的联系,让他们与工人互相学习。汤恩比馆和它里面的居民们对于劳工阶级的教育也有相当可观的贡献:他们为劳工提供了夜间延伸学习、思辨和讨论的空间和课程,有助于当地的文化团体及协会的形成。

汤恩比馆成为西方发达国家社区服务中心早期形态之一,启发了后来延及欧美诸国的睦邻组织运动,推动了近代社会福利和社会工作的发展,成为社会改革、社区建设和反贫困的先锋旗帜。这类组织除救济贫民、协调各志愿服务组织外,还开创了社会工作的基本方式和方法。这些蓬勃发展的慈善团体标志着慈善工作以及志愿服务走上了组织建制的道路。慈善不再仅仅是建立在简单的利他主义基础之上,而是一种对解决社会问题的科学方式的探讨[①]。

三、慈善商店

慈善商店是英国各慈善组织的门面,英国的慈善商店开遍各地的大

---

① 魏娜. 志愿服务概论. 北京:中国人民大学出版社,2018:256.

街小巷，不仅饱含英国人的爱心，而且体现出一种节俭环保的生活方式。英国慈善商店的历史可以追溯到第一次世界大战时期，当时伦敦出现了一种特别的筹款方式，市民将自己的物品捐到商铺，然后由商铺卖出筹集款项。第二次世界大战时期，这种方式开始普及开来，红十字会的第一家慈善商店开到了伦敦最著名的邦德街。之后陆续出现了超过200家的慈善商店，包括如今最出名的Oxfam，它在世界许多地方都有分店，在英国本土更是超过了700家。据英国慈善零售协会（Charity Retail Association）统计，截至2020年10月，全英共有11 209家慈善商店，在2018—2019年度，英国的慈善商店获利约3.31亿英镑[1]，而它们的销售所得全部捐给慈善组织，回馈社会。慈善商店在英国人生活中的重要性可见一斑。

慈善商店的店员全部是不收酬劳的志愿者。大量的捐赠品的整理、归类、销售工作往往需要多名志愿者来完成，志愿者中既有年轻人，也有老年人，几乎是全民参与。即便如此，慈善商店对工作人员的挑选也有一套严格的标准。其结果就是慈善商店的陈列都别出心裁，无论是服装的搭配或是门店的宣传都出自店员的妙手。他们会根据不同的季节和主题，更换橱窗的陈列。

第六节 重要机构和网站

在英国，和志愿服务有关的重要网站有许多，包括政府相关机构、志愿服务组织以及一些重要的研究机构的网站，详细网址见表6-1。

表6-1 英国志愿服务主要网站及研究机构

名称	网址
英国政府网站	https://www.gov.uk/browse/citizenship/charities-honours
英国志愿组织联合会	https://www.ncvo.org.uk/
英国红十字会	https://www.redcross.org.uk/
Do-it	https://doit.life/
Vinspired	https://vinspired.com/

---

[1] Key statistics. [2022-07-30]. https://www.charityretail.org.uk/key-statistics/.

续表

名称	网址
Reach Volunteering	https://reachvolunteering.org.uk/
Step Together	https://www.step-together.org.uk/
Volunteering Matters	https://volunteeringmatters.org.uk
Save the Children	https://www.savethechildren.org.uk/
曼彻斯特志愿者网站	https://www.manchestercommunitycentral.org/volunteer-centre-manchester

一、英国政府网站

英国政府网站主要涵盖英国公民的慈善、志愿服务和荣誉相关内容，其中既包括个人进行志愿服务活动的相关事宜，也包括与对志愿服务组织的支持、管理、投诉监督等内容。

二、综合性研究机构网站

1. 英国志愿组织联合会

英国志愿组织联合会是一家1919年开始为英格兰地区提供志愿者服务的机构。作为公益组织和公司、学生之间的有益桥梁，英国志愿组织联合会会提供各行各业的志愿服务机会。英格兰各个地区都分布着英国志愿组织联合会的志愿者中心（Volunteer Centre），在官网输入邮编可以找到当地的志愿者中心，可以去那里面对面地咨询工作人员，找到适合自己的志愿服务。

2. 英国红十字会

英国红十字会不仅有和医疗相关的志愿服务，同时还可以申请帮助众筹、帮助老年人、到慈善学校支教、进入慈善行业实习、为难民提供帮助，甚至申请去欧洲进行志愿服务或者出国带薪工作的机会等。

三、志愿服务组织网站

1. Do-it

Do-it拥有超过百万个志愿者机会，可以直接在线申请。网站的搜索引擎可以帮助你根据你的兴趣缩小选择范围。有关于帮助动物的、小孩的、无家可归的人的，甚至还有帮助家暴受害者的等，应有尽有。

2. Vinspired

Vinspired 同样是一家覆盖全英的志愿者服务网站。在网站上的志愿者板块可以按地址、感兴趣的工作类型、项目、方便的时间段等查询,便于找到家附近的志愿者机会。Vinspired 提供做志愿工作的时长证明,并通过电脑自动生成发到申请账户时所填写的邮箱。

3. Reach Volunteering

Reach Volunteering 和很多组织有合作,为它们提供有技能的志愿者。

4. Step Together

这个组织致力于义务帮助年轻人和边缘化人群,帮助他们拓宽眼界、学习工作技能,从而丰富生活满足感。

5. Volunteering Matters

Volunteering Matters(前身是 Community Service Volunteers)是英国最大的志愿机构,提供全职、兼职、一次性志愿活动。除了为各大公司组织发布志愿机会外,Volunteering Matters 也提供对社会边缘群体和家庭的帮助。

6. Save the Children

Save the Children 是世界最大的一个关注儿童的慈善组织,它需要志愿者帮助孩子提升学习技能,比如阅读演讲能力;或者帮助运营日常工作,帮助宣传组织活动等。

四、其他网站

除了以上介绍的提供志愿服务的平台,英国几乎所有的慈善机构,官网上都会有招聘志愿者的栏目,可以根据慈善机构的种类来找,也可以根据区域来找。如曼彻斯特志愿者网站会定期更新各类志愿者活动。

思考与讨论

1. 英国的志愿服务发展有哪些特点?
2. 英国的志愿服务如何实现法制化?
3. 英国的志愿服务如何实现组织化?
4. 英国的志愿服务如何实现品牌化?
5. 英国经验对于中国志愿服务事业发展有何可借鉴之处?

第七章
美国的志愿服务

第一节 发展阶段

美国的志愿服务发展与其国家发展紧密相关,从殖民地时期到近现代,志愿服务和志愿精神一直助力美国的国家建设和社会发展。反思美国的志愿服务历史,无论是殖民地文化背景,还是基督教宗教信仰,以及近现代的国家支持都是促成志愿服务持续发展的重要原因。在美国,为共克危难而形成的互助式社区服务满足了生存需要,基于协力互助的服务公约成为各州宪法的基础,托克维尔的"服务的责任始于个人而不是政府"观念也延续至今。

一、志愿服务发展的主要阶段

(一)萌芽初始:从 17 世纪到建国前

美国第 44 任总统奥巴马曾说:"美国的历史始于对志愿者的召唤。" 1607 年,一个约 100 人的殖民团体建立了詹姆士镇,此后的 150 多年中,不断有大量的移民者来到北美。面对复杂的自然地理环境,移民者必须要团结协作、相互帮助才能克服各种困难,赢得生存的机会。1620 年 11 月,当一批英国的清教徒和其他穷苦人乘坐五月花号来到北美时,他们缔结了《五月花号公约》,表示要在一个新的生存环境下,通过志愿协作达到互利的目的。这份公约得到了清教的支持,在北美殖民地的早期发展中起到了十分重要的作用。公约使得广大清教徒自觉承担起部分公共责任,比如无偿地为邻居建造房屋、收割农作物等,这便是早期志愿者精神的萌芽[①]。

---

① 黄晓鹏. 美国志愿服务观察及其启示. 国外研究,2012 (5).

1736年，本杰明·富兰克林正式组建了费城志愿消防队。到建国时，大批怀有慈善之心的人参与到志愿服务中，社区服务和公民参与传统已成为美国公民文化的精髓，志愿精神也逐渐演化为美利坚民族的美德。

（二）缓慢自发：从1776年到1960年

美国在建国后很长时期的志愿服务基本是人民自发形成和开展的，政府只有在特殊情况下才号召公民参与带有一定志愿性质的工作，以满足国家和社会发展的需要。

西进运动时期，拓荒者要战胜险恶的生存环境，饥饿、严寒、疾病甚至死亡随时可能会降临到他们身上。客观环境迫使他们在竞争的同时，不得不相互协作，慈善捐赠开始普遍化，逐渐形成了一种体现出自发性、主动性参与志愿服务的民族精神。垄断资本家开始设立慈善基金会，为国民提供各种各样的社会支持。这一时期，志愿服务更加关注社会总体发展，成为联邦政府关注的重要发展对象。第二次世界大战后，美国志愿服务的发展愈加规范和制度化。二战后大量社会问题的涌现，使得志愿服务发挥着重要的优势作用。联邦政府在几十年的时间里，逐渐建立起了志愿服务的领导机制、组织架构与保障体系。这一时期是美国志愿服务事业历史上的高光时刻，不仅总统和社会高度重视志愿服务，而且公民也日益注重个人努力与社会贡献的关系，志愿服务精神逐渐成为国家服务的"美国国家精神"。

（三）政府引导初期：从1961年到1970年

自20世纪60年代开始，志愿服务不再处于自由发展状态，政府开始逐渐加大对志愿服务活动的引导和管理力度，扮演"出资人"和"主办方"的角色，使志愿服务上升至"国家服务"（national service）层面。政府根据国家社会管理的需要，针对社会上出现的特定问题，制定志愿服务计划项目，号召民众参与。这一时期，比较有代表性的志愿服务计划有三个：（1）"和平队"计划，该计划于1961年创建，是美国政府主办的海外志愿服务计划，主要招募年轻人到发展中国家从事教育、卫生及发展等援助工作。（2）"服务美国志愿队"（Volunteer in Service to America，VISTA）计划，该计划主要招募年轻人为国内贫困地区的居民提供帮助。（3）老年志愿服务计划（Older Americans Volunteer Program，OAVP），该项目包括三个主要计划："养祖父母计划"（Foster Grandparent Program，FGP），参加该计划的志愿者大多是60岁以上的老年人，主要是关爱和照料一些有特殊需要的孩子；"退休老年人志愿者计划"（Retired Senior Volunteer Program，RSVP），该计划主要是让退休人员发挥余热，投身社区服务事业;"老年伴侣计划"(Senior Companion Program,SCP),该计划旨在为鳏寡和病残老人提供心理慰藉和生活服务。

(四) 法制建设期:从 1971 年到 1993 年

随着志愿服务的日益发展,将志愿服务以法律的形式确立和规范的要求变得越来越迫切[①]。1971 年 7 月 1 日,美国成立了统一管理所有志愿服务计划的管理机构——"行动"(ACTION)。1973 年,国会通过了《国内志愿服务法》(Domestic Volunteer Service Act of 1973),该法明确了对"行动"的授权,成立由总统任命的国家志愿服务顾问委员会(National Voluntary Service Advisory Council),确立联邦志愿服务计划关于定义、目标、管理、执行、拨款、志愿者权利等方面的法律依据。所涉及的联邦志愿服务计划包括:"服务美国志愿队"计划、"老年志愿服务计划"、"在职经理服务队"(Active Corps of Executives,ACE)和"退休经理服务队"(Service Corps of Retired Executives,SCORE)。

1990 年 11 月 16 日,老布什总统签署了《国家与社区服务法》(National and Community Service Act of 1990),联邦独立机构"国家与社区服务委员会"(Commission on National and Community Service)随即成立。《国家与社区服务法》对于在全体人民中弘扬志愿精神,发动青少年积极参加志愿服务计划,引导志愿服务深入基层社区解决实际问题起到了积极作用。该部法律详细规定了专职和兼职志愿者的工作时间、年龄、报酬和培训要求;还首次授权联邦政府选定并资助一家民办非营利基金会,以便执行服务志愿者、传播志愿精神的"光点计划"(Points of Light Initiative)。

1993 年,克林顿政府对志愿服务体系进行了改革,通过了《国家与社区服务信托法》(National and Community Service Trust Act of 1993),新的联邦机构"国家与社区服务机构"(Corporation for National and Community Service,CNCS)诞生。"国家与社区服务机构"由一个高级别理事会领导,理事和首席执行官均需由总统任命,经参议院批准。这个独立机构合并了"行动"和"国家与社区服务委员会"的全部职能,统管了国内所有的联邦志愿服务计划,例如"美国志愿队"(AmeriCorps)计划。《国家与社区服务信托法》调整了有关志愿者年龄、服务时限、奖励机制等规定的细节,提出了在各州组建志愿服务委员会(Commission on National

---

① 徐彤武. 联邦政府与美国志愿服务的兴盛. 美国研究,2009 (3).

Service，亦称为 State Service Commission）的要求。它还将"退休老年人志愿者计划"重新命名为"退休人员和老年人志愿者计划"（Retired and Senior Volunteer Program，缩写仍为 RSVP），从而把大批未退休的老年人纳入该计划，扩充了志愿者的范围。总的来说，这一时期政府通过立法、行政等措施，建立了比较完善的志愿服务法律体系和管理机构。

（五）快速发展期：从 1994 年至今

1994 年以来，美国志愿服务无论是在立法还是在志愿服务计划上都取得了长足的发展。这一时期发生的"9·11"事件以及卡特里娜飓风、次贷危机等突发事件，进一步激发了民众的志愿服务精神，也为美国在短期内迅猛扩张志愿服务计划、强化应急志愿服务能力提供了契机。

1997 年美国颁布了《志愿者保护法》（Volunteer Protection Act of 1997），为志愿者提供服务解决了后顾之忧。2001 年"9·11"事件之后，美国加大了对突发危机和国土安全的防控和管理，并开展了一系列的应急志愿服务。2002 年，时任美国总统布什成立志愿服务协调机构——"美利坚自由服务团"（USA Freedom Corps），该机构由总统主持的专门委员会领导，日常运转由总统任命的白宫官员负责。该机构的成立将美国公民捍卫国土安全的义务融入联邦志愿服务计划中，也一定程度上提升了各级政府对志愿服务的重视。不仅如此，还在美国全国范围内开展志愿服务普查，完善社会组织参与突发公共事件的响应机制，这在一定程度上肯定和提升了志愿服务在应急管理中的重要价值。

除了相关组织机构的设立以外，美国还扩展了联邦志愿服务计划，包括扩大已有的志愿服务项目的规模和创建新的志愿服务计划，如 2002 年 1 月 29 日发起的"公民服务队"（Citizen Corps）计划。"公民服务队"计划的根本目的是利用联邦政府的资源，支持并促进美国公众参与应急志愿服务，以期提高整个社会应对恐怖袭击、自然灾害和其他突发公共事件的应急能力。

美国于 2009 年颁布了《爱德华·M. 肯尼迪服务美国法》（The Edward M. Kennedy Serve America Act），2017 年颁布了《志愿者组织保护法》，志愿服务立法体系得到进一步完善，各种志愿服务项目得到了蓬勃发展。近年来新冠肺炎疫情席卷全球，志愿服务也发挥了重要作用，比如辅助提供医疗护理服务，参与运送病人、送药送餐、发放健康包、帮助老人或流浪者等。此外，很多志愿服务是通过线上的方式进行的，虚拟志愿服务得到大规模发展。

二、志愿服务发展的影响因素

反思美国志愿服务的发展历程,发现其主要影响因素有三点。

(一)殖民地文化因素

美国的志愿服务精神源远流长。来到美洲新殖民地的欧洲定居者都面临着同一个首要问题:生存。从物质环境来说,土地荒芜一片;就社会环境而言,人们所熟悉的组织结构大多不存在。合作通常意味着生存。农家近邻齐心协力开荒清地,盖房建仓,收割庄稼。缝纫、纺纱、聚会是日常活动,妇女也在一年一度的大扫除时共伸援手。教堂靠志愿者建成,村镇纪事中常有捐地、材料和金钱的记录,这些捐献都是自愿的,为的是让每一个社区都能够有自己的敬拜场所。不分男女,志愿人员的服务被通称为"工作交换"。随着第一批定居点发展成小市镇,新的志愿服务方式也逐渐出现。最早的路灯照明是各家房主人共同的责任,由人们轮流在自家门前挂灯。

(二)宗教文化因素

美国的志愿服务文化有其深远的宗教根源,美国许多志愿服务组织都有教会背景。许多信众将投入志愿服务作为履行信徒责任的一种重要方式[①]。

19世纪初,美国兴起第二次基督教大觉醒运动(The Great Awakening),人们开始意识到黑奴制度带来的社会负面影响,大量基督教徒通过发起广泛的宗教活动抗议黑奴制,这一系列宗教活动也触发了大量社会慈善运动。在这一时期,一批青年基督教徒通过开展社区帮扶而发起的"基督教青年会"(YMCA),至今仍活跃在西方发达国家的社会活动中以提供各类社区志愿服务。到美国内战时期,许多女性医护人员到前线为受伤士兵提供医疗救助,其中一位名叫克拉拉·巴顿(Clara Barton)的护士在1881年创建了美国红十字会(The Red Cross),开始为各类灾后重建活动提供志愿服务,她也因此被称为"战地天使"。到20世纪初,大量有宗教背景的志愿服务组织纷纷成立,包括国际扶轮社(Rotary International)、国际同济会(Kiwanis International)、国际狮子会(Lions Clubs International)等,这些机构在全球范围内提供儿童福祉、妇女发展、人道主义援助等志愿服务支持。

(三)政府倡导与支持因素

在美国志愿服务的历史回顾中,除了殖民地文化和宗教文化,政府的

---

① 刘继同. 会通与更新:基督宗教伦理道德观与社会工作专业价值观的关系. 宗教学研究,2011(1).

倡导和支持也是推动志愿服务和志愿精神获得持续发展的重要原因。正如前文所述，自经济大萧条时期，胡佛总统成立全国志愿者协会，到2009年的《爱德华·M. 肯尼迪服务美国法》，政府在慈善捐赠、志愿者激励和保障、志愿服务项目、组织管理体系、法律法规完善等多个方面为志愿服务提供了积极的发展环境，促进了美国公民的志愿精神和志愿理念的发展。具体而言，美国政府一贯坚持鼓励商家和个人向公益事业捐赠，如重征遗产税、消费税，捐赠可以抵税等。一些非政府组织可提请志愿者免税（按照服务的小时数换算成捐助的金额，在申报个税时可以减税），志愿服务组织本身也享受免税待遇。此外，美国为鼓励和支持青少年服务社区，于1993年签署的《国家与社区服务信托法》明确规定，政府对每年服务1 400小时的青少年志愿者提供奖励，这笔奖学金可以用作大学学费或职业培训费用。

第二节　发展现状和特点

志愿精神和志愿理念融入美国普通公民的思想中，使志愿服务不仅仅是公民的日常生活参与，更成为美国社会治理和国家发展的重要组成部分。具体而言，美国志愿服务表现出以下几个特点：

一、政府高度重视志愿服务工作

回顾美国志愿服务发展历程，虽然在早期的萌芽和缓慢发展阶段，政府并没有过多参与，但是20世纪60年代以来美国志愿服务发展取得的伟人成就却与政府的高度重视密不可分①。具体而言，首先是总统的重视与支持。从美国第一支消防志愿队建立以来，尤其是20世纪以来，历任总统都非常重视志愿服务，将志愿服务作为国家重要社会问题解决的关键路径之一，并在就任期间提出了不同的志愿服务发展计划。举例而言，奥巴马曾经为芝加哥黑人社区提供过法律援助服务。其次是成立专门的政府管理机构，从"行动"部门到"国家与社区服务委员会"再到"国家与社区服务机构"，美国不断地协调和统一管理志愿服务。此外，政府对于志愿服务的倡导和管理并不仅仅限于总统重视和设置机构，还体现在志愿服务项

---

① 黄晓鹏. 美国志愿服务观察及其启示. 中国青年研究，2012（11）.

目运作、法律法规设立、资金奖励支持等多个方面。

二、逐步建立志愿服务法律体系

逐步建立并日益完善的志愿服务法律体系是美国志愿服务事业取得繁荣发展的重要保障①。将志愿服务写进法律，体现了美国政府对志愿服务的高度重视与鼓励。早在1973年美国就制定了《国内志愿服务法》，这是美国历史上第一部针对志愿服务的法律。随后，在不同的时期围绕不同的方面又进一步完善了立法。1990年颁布了《国家与社区服务法》，1993年颁布了《国家与社区服务信托法》，1997年颁布了《志愿者保护法》，2009年颁布了《爱德华·M. 肯尼迪服务美国法》，2017年颁布了《志愿者组织保护法》。上述法律，从最开始关注志愿服务的概念、管理、经费到后来重视志愿服务的管理机构、志愿者的权益保障等方面，体现了美国志愿服务立法随着志愿服务事业发展过程中不断出现的新情况、新问题而逐步完善的特点。

三、以项目为载体开展志愿服务

美国的志愿服务活动都是以大大小小的志愿服务计划项目开展的②。从20世纪六七十年代的"和平队"计划、"服务美国志愿队"计划、"养祖父母计划"、"退休老年人志愿者计划"、"老年伴侣计划"，发展到现在的"老年志愿服务计划"、"美国志愿队计划"、"学习和服务美国计划"、"公民服务队"计划、"为美国骄傲计划"。这些计划项目不仅涵盖了美国社会生活的方方面面，而且便于根据实际情况进行灵活调节，极大地促进了美国志愿服务发展。采取项目化运作的模式与美国高度发达的市场经济体制是密切相关的，项目化运作体现在事前的志愿服务项目规划、人员招募、人员培训，事中的过程管理，事后的绩效评估、结果反馈等各个环节，有利于改进志愿服务工作，提高志愿服务水平。不仅如此，项目化的运作方式有利于政府或第三方组织对志愿服务项目和志愿组织进行初期的项目审核和资金发放、中期的项目审查和绩效反馈、后期的项目评估和奖励激励，有利于提高志愿服务的水平，实现积极且可持续的志愿服务发展。

---

① 黄晓鹏. 美国志愿服务观察及其启示. 中国青年研究，2012 (11).
② 邓国胜，辛华. 美国志愿服务的制度设计及启示. 社会科学辑刊，2017 (1).

四、注重建立志愿服务激励机制

美国政府还始终坚持利用政府为志愿服务提供资源帮助,以解决非营利志愿行为的资源缺陷①。1991年老布什总统曾在国情咨文中写道,"我们可以通过服务于超越自我的目标来找到意义与鼓励——一个光辉的目标,拥有一千个闪光点的亮度",并首次授权联邦政府选定并资助一家民办非营利基金会,以便执行服务志愿者、传播志愿精神的"光点计划",还成立全国性的志愿服务门户网站,拓宽了志愿服务发展的道路,鼓励美国公众通过志愿服务参与到社会中。曾为美国总统的奥巴马早年也有过社区服务经验,并将志愿服务作为其任内的重要发展事项。2009年,奥巴马签署了一项总额达57亿美元的《国民志愿服务法案》,启动了"联合起来共同服务"的全国性志愿服务活动。此外,美国税法对慈善组织、社会福利团体和宗教组织所获得的捐款均给予不同程度的税收优惠,个人的慈善捐赠行为也可以抵消一部分个人所得税。通过税收的优惠,充分调动了个人和企业的捐赠积极性,也为志愿服务事业的发展提供了物质基础。

美国政府出台了一系列的政策,鼓励人们从事志愿服务活动。一是直接的物质奖励,如参与"养祖父母计划""老年伴侣计划"的志愿者,每小时可领取一定的服务津贴。二是享受税收优惠,减免志愿服务组织或志愿者的纳税额,达到一定的服务时间可以享受相应幅度的免税。三是在招生就业方面能被优先选择和录用,学校会将学生的志愿服务时间作为招生录取的重要条件,政府和企业在招聘人员时会优先考虑具有志愿服务经历的人员,如"和平队"计划的志愿者在服务期满后,可减免或延期偿还助学贷款,符合条件的可被优先录用为公务员。

五、发挥社团等组织的作用

美国志愿服务早在政府介入前的相当长时期内就取得了一定的发展,志愿服务文化早已深入人心②。美国早在1990年,社团组织就超过了100万个,是世界上志愿服务组织最多的国家之一。志愿服务组织的类型涵盖教育、环境、老年人、女权、残疾人群、饥饿和无家可归者、儿童保护、社会公平等各领域。志愿服务组织基本是采取社团化的运作模式,自立、

---

① 张庆武. 中美志愿者激励的差异性比较. 中国青年研究,2008(8).
② 高嵘. 美国志愿服务发展的历史考察及其借鉴价值. 中国青年研究,2010(4).

自治是其重要特征,不仅拥有遍布全国各地的志愿者,而且具有独立的财源、社会资源以及巨大的影响力。志愿服务组织的资金来源多元化,主要是政府、个人、企业和基金会。规范管理的志愿服务组织对各项活动都有具体而细致的安排,在活动开展前一般会进行培训,详细讲解有关服务的要求,事后还要对活动效果进行评估。

六、志愿服务由国内向国外延伸

美国高度发达的志愿服务不仅体现在国内志愿服务方面,还体现在海外志愿服务方面。"和平队"计划于1961年创立,是美国的第一个海外志愿服务计划,宗旨是促进世界和平与友谊,服务领域主要是教育、健康和防治艾滋病、环境、商业发展、农业及青年发展。

第三节 法制建设

20世纪60年代至今,美国政府非常重视以制定法律和规章制度的形式来支持志愿服务的发展。美国志愿服务的相关法律汇总如表7-1。

表7-1 美国志愿服务相关法律

年份	法律名称	地位与意义	重点内容
1973	《国内志愿服务法》	美国第一部志愿服务法律,为志愿服务发展提供了法律依据。	1. 建立了联邦志愿服务顾问委员会,为当时的联邦志愿服务计划确定了定义、目标、管理、执行、拨款、志愿者权利等诸多事宜的法律依据。 2. 法案内容主要包括三大计划:"全国反贫穷志愿服务计划"、"老年志愿服务计划"以及"志愿者协助小型企业暨动员商界人士加强参与志愿服务计划"。"全国反贫穷志愿服务计划"又以"美国社区志愿服务队""寓学习于服务计划""特别志愿者计划"为其核心;"老年志愿服务计划"则包括"退休老年人志愿者计划"、"养祖父母计划"以及"长青之友计划"等三大项。

续表

年份	法律名称	地位与意义	重点内容
1990	《国家与社区服务法》	将志愿服务上升为国家服务，提出青少年服务学习计划，并对志愿者和志愿服务管理作出了更加详细细致的规定。	1. 提出服务学习，从法律上明确了学校开设社区服务课程的权利和义务，确立了社区服务的义务性与合理性。 2. 联邦独立机构"国家与社区服务委员会"成立。 3. 详细规定了专职和兼职志愿者的要求。 4. 首次授权联邦政府选定并资助一家民办非营利基金会，执行传播志愿精神的"光点计划"。
1993	《国家与社区服务信托法》	成立统一的志愿服务协调管理机构，继续细化志愿者和志愿服务管理的若干细则，并持续扩充已有的志愿服务项目。	1. 成立了"国家与社区服务机构"，合并了"行动"和"国家与社区服务委员会"的管理职能，并统一管理联邦志愿服务计划。 2. 调整了志愿者年龄、服务时限、奖励机制等规定的细节，提出了在各州组建志愿服务委员会的要求。 3. "退休老年人志愿者计划"重新命名为"退休人员和老年人志愿者计划"，将大批没有退休的老年人纳入该计划的适宜人群范围。
1997	《志愿者保护法》	第一部关于保护志愿者的专门法律，从法律层面保护了志愿者的责任和权利。	1. 维持以志愿者的贡献为基础的项目、非营利组织以及政府机构运行的有效性。 2. 增进社会服务受益人和纳税人的利益。 3. 保护非营利组织和政府机构的志愿者免受滥用责任追究的损害。
2009	《爱德华·M.肯尼迪服务美国法》	在持续加强志愿服务的基础上，加强对应急志愿服务人员的培养，并继续改革和完善各种志愿服务管理制度。	1. 扩大美国人参与志愿服务的机会。 2. 加强对非营利部门和社会创新部门的支持。 3. 增强志愿服务项目的问责制和成本效益，并通过立法和政策优惠等方式加大对志愿服务组织的支持。

续表

年份	法律名称	地位与意义	重点内容
2017	《志愿者组织保护法》	第一部关于保护志愿非营利志愿者组织的专门法律。	该法案规定，禁止对非营利志愿者组织在其职责范围内的行为给予惩罚性赔偿，除非索赔人以明确和令人信服的证据证明该组织本身明确授权相关行动。

1973年的《国内志愿服务法》作为美国历史上第一部志愿服务法律，为志愿服务的法制化奠定了基础。虽然志愿服务的发展伴随着美国的建立和发展，但在《国内志愿服务法》颁布之前，美国的志愿服务呈现出缓慢的自发式发展态势，更多的是个体和团体组织的自愿行为，尚缺乏规范合理的组织运行模式。随着志愿服务的蓬勃发展，其在美国国家和社会中发挥出愈来愈重要的作用，美国政府于1973年首次以法律的形式确立和规范了志愿服务发展的相关事宜。主要包括：（1）明确了国家三个志愿服务计划："全国反贫穷志愿服务计划"、"老年志愿服务计划"以及"志愿者协助小型企业暨动员商界人士加强参与志愿服务计划"；（2）由国家志愿服务顾问委员会负责管理相关志愿服务计划的定义、目标、管理、执行、拨款、志愿者权利等相关事宜。该法律作为美国志愿服务历史上的首部法律，明确了志愿服务之于美国的地位和作用，并为未来美国志愿服务事业的蓬勃发展提供了法律依据和发展途径。

1990年的《国家与社区服务法》提出了青少年服务学习计划，将青少年纳入志愿者的队伍中，发展了志愿服务事业，并进一步对志愿者和志愿服务管理作出了更加详细细致的规定。具体包括：（1）从法律层面上明确了学校开设社区服务课程的权利和义务，将学校与社区联系在一起，使社区志愿者队伍扩大；（2）成立联邦独立机构"国家与社区服务委员会"，专门负责服务学习计划的相关事宜；（3）详细规定了专职和兼职志愿者的要求；（4）首次授权联邦政府资助一家民办非营利基金会执行"光点计划"，政府与非营利组织之间的合作进入新的阶段。该法律进一步完善了志愿者和志愿服务管理的相关法律举措，并进一步扩大了国家志愿服务计划，使志愿服务具有了全民参与的性质，成为公民参与的主要途径。

1993年的《国家与社区服务信托法》在之前法律的基础上进一步细化了志愿服务管理的相关细则，使志愿服务的相关法律更加具有实践性和操作性，也持续扩充了已有的国家志愿项目，具体如下：（1）成立了"国家与社区服务机构"，合并了"行动"和"国家与社区服务委员会"的管理职能，并统一管理联邦志愿服务计划；（2）在各州组建志愿服务委员会，形成志愿服务管理的层级网络；（3）进一步扩充志愿者队伍，将未退休老年人纳入志愿服务计划项目中。该法案作为之前志愿服务法律的补充，其最突出的特征是在联邦层面成立了统一的志愿服务管理机构，使志愿服务具有了统一规范的组织基础，促进了美国志愿服务事业持续发展。

在志愿服务非常普及的背景下，1997年的《志愿者保护法》，从法律层面上保护了志愿者的责任和权利。在法律意识和观念较强的美国，诉讼成本一度成为志愿者开展志愿服务的顾虑，也使非营利组织的管理成本大大增加，州法之间的不一致在一定程度上阻碍了志愿服务事业的进一步发展，在这样的背景下，《志愿者保护法》应运而生。其主要内容为：（1）维持以志愿者的贡献为基础的项目、非营利组织以及政府机构运行的有效性；（2）增进社会服务受益人和纳税人的利益；（3）保护非营利组织和政府机构的志愿者免受滥用责任追究的损害。该法律的实施为志愿者提供志愿服务扫清了若干法律障碍，进一步促进了志愿服务事业的长久发展。

2009年的《爱德华·M.肯尼迪服务美国法》是在"9·11"事件之后颁布的，旨在在改革和完善志愿服务管理制度的基础上，加强对应急志愿服务人员的培养，具体包括：（1）扩大美国人参与志愿服务的机会；（2）成立社会创新基金（Social Innovation Fund，SIF），通过非营利的中介机构资助全美的非营利组织，以推动创新的方式解决低收入社区的经济发展、医疗卫生等社会问题。该法律在以往法律的基础上进一步完善了相关志愿服务项目和志愿服务领域的制度，使美国志愿服务拥有了全面繁荣的社会基础。

2017年《志愿者组织保护法》是第一部关于保护非营利志愿者组织的专门法律。按照该法的规定，禁止对非营利志愿者组织在其职责范围内的行为给予惩罚性赔偿，除非索赔人以明确和令人信服的证据证明该组织本身明确授权相关行动。该法使美国志愿服务的相关法律得到了进一步的完善，提升了非营利志愿者组织的地位，使志愿组织在提供服务时无后顾之忧。

回顾美国志愿服务的法制化过程可以发现，已有的法律大致从以下三个方面促进了志愿服务组织的发展：一是通过加强保障志愿者的权益，降低志愿者的服务成本，调动了志愿者加入志愿服务组织的积极性，1997年美国国会通过的《志愿者保护法》充分体现了这一点。二是通过立法直接扶持志愿服务组织发展，如2009年《爱德华·M.肯尼迪服务美国法》。

美国具有丰富完善的国家志愿服务项目，并通过法律持续扩充志愿者队伍，使志愿服务成为国家服务的重要组成部分。三是建立统一管理的志愿服务管理机构。从"行动"到"国家与社区服务机构"，从联邦政府到州政府，美国建立了统一完备的志愿者管理网络，为志愿服务事业发展提供了充足的资源。可以说，美国志愿服务的发展与志愿服务的相关法律是相辅相成、相互促进的，志愿服务的蓬勃发展需要志愿服务相关法律政策的规范管理，而美国一系列的志愿服务政策也促进了公众志愿参与和志愿服务事业的进步。

第四节 组织体系

美国志愿服务事业的发展伴随着美国的建立和发展，但直到20世纪60年代，政府才逐渐认识到志愿服务事业在国家治理和社会参与中的重要价值和意义，开始加强对志愿服务的组织引导和管理。在此之前，志愿服务更多是民间自发形成，具有互助的色彩。美国志愿服务事业的蓬勃发展离不开完善的志愿服务管理的组织体系。在美国，从联邦政府和总统到地方各州都致力于推动志愿服务事业的发展，具体表现为：

一、创设全国性的专门管理机构

创设一个全国性的官方或半官方性质的志愿服务管理机构是统筹协调志愿服务发展的一项重要制度保障，也是各个国家和地区开展志愿服务的一个通行做法。例如，美国依据1993年《国家与社区服务信托法》成立"国家与社区服务机构"，统筹规划全国志愿服务事业，其理事和首席执行官均需由总统任命，经参议院批准。志愿服务管理机构的职责主要是负责促进和规范志愿服务事业发展的各项业务。在美国，"全国与社区服务组织"主要依据1973年《国内志愿服务法》与1990年的《国家与社区服务法》统筹全美各项志愿服务与社区服务方案。

依据1993年《国家与社区服务信托法》的规定，各州需组建志愿服务委员会对志愿服务进行管理，并为志愿服务提供所需资源，例如提供培训机会、更加丰富的志愿服务计划等。由于各州对当地志愿服务状况更加熟悉，由本州志愿服务委员会对该州整体志愿服务事业进行统一管理和协商，促进志愿服务计划的落地，也为公众提供了更加适宜且广阔的参与途径。

二、志愿服务的社会协同机制

除了上述官方或半官方性质的志愿服务管理机构外,还有一些社会志愿服务协调组织,在协助政府统筹社会志愿服务,沟通政府与志愿服务组织的联系等方面也发挥着重要的作用。例如,美国的"志愿者中心"主要是通过一系列方案和服务,把社区需求和人力资源联结在一起。第一家志愿者中心于1919年在明尼阿波利斯(Minneapolis)成立,最初称为"志愿者局",是为第一次世界大战的后勤支援而设的。至20世纪60年代,为了引导民众积极参与公共事务,开始成立许多机构或中心。1970年,"全国志愿行动中心"(National Center for Voluntary Action,NCVA)成立了"志愿行动中心"(Voluntary Action Centers,VACs),取代了当时的"志愿者局"。"志愿行动中心"发现社区内的问题后,再动员志愿者,并且协助志愿者去解决问题,其主要工作是协助志愿组织招募志愿者。时至20世纪80年代中期,"志愿行动中心"才更名为"志愿者中心"。美国另外一个重要的社会志愿者组织是成立于1961年的"和平队"。其主要活动就是有计划地将大学生送到发展中国家从事有关教育、农业、卫生保健、住宅、公共建设和社区发展等志愿服务工作。

第五节 品牌项目和特色活动

一、全国邻里守望计划

美国有丰富多样的志愿服务计划以满足社会参与需求,这里以"全国邻里守望计划"(National Neighborhood Watch,曾被称为 USA on Watch)为代表,介绍该计划的背景、种类和国际发展。

自1972年以来,"全国邻里守望计划"一直致力于团结执法机构、私人组织和公民个人,在全国范围内努力减少犯罪和改善当地社区。该计划的成功使"邻里守望"成为全国首屈一指的犯罪预防和社区动员方案。在美国各地的路牌、橱窗贴纸、社区街区和服务项目上都可以看到该计划的明显标志。

从本质上讲,"邻里守望"是一个强调教育和常识的预防犯罪方案。它教导公民如何通过识别和报告其社区内的可疑活动来帮助自己。邻里守望小组通常侧重于观察和认识,以此作为预防犯罪的手段。大多数邻里守望小组都是围绕一个街区或一个邻里组织起来的,并且是在执法机构的协助下开始的。志愿者们奉献自身的时间和资源是"邻里守望"的中心和重点。所有"邻里守望计划"都有一个共同的基本理念:将社区成员聚集在一起,重新建立对其社区的控制权,从而提高生活质量,降低该地区的犯罪率。事实上,从最早处理邻里结构与犯罪关系的尝试(通过20世纪初的芝加哥地区计划),到现代邻里犯罪预防的尝试,居民的集体行动被证明是最有效的策略之一。这种有效性的原因相当简单,让社区成员参与到"邻里守望计划"中,减少犯罪分子犯罪的机会,而不是试图改变他们的行为或动机。不仅如此,"全国邻里守望计划"不仅使公民积极参与社区工作,还为公民提供了使他们的社区更加安全和提高生活质量的机会[①]。

二、美国志愿队计划

"美国志愿队计划"创立于1994年,是美国一个覆盖全国的大型服务系统,每年招收27万名17岁以上的专职或兼职志愿者,他们的工作重点是为社会公共领域(如教育、公共安全、卫生、环境等)提供志愿服务。合作伙伴包括各州公立机构和社会组织。

三、社区紧急响应小组计划

"社区紧急响应小组计划"向志愿者教授有关灾难准备的知识,并培训他们掌握基本的灾难响应技能,例如消防安全、轻型搜救、团队组织和灾难医疗操作,以应对可能影响其地区的危险。该计划为志愿者的培训和组织提供了统一的全国性方法,在紧急情况下专业应急人员可以依靠该方法,使他们能够专注于更复杂的任务。

社区紧急响应小组的概念是1985年由洛杉矶市消防局开发和实施的。1987年的惠提尔海峡(Whittier Narrows)地震凸显了加利福尼亚州发生重大灾难对整个地区的威胁。此外,这次地震让政府认识到有必要对平民进行培训以满足他们的迫切需求。"社区紧急响应小组计划"于1993年成为一项国家计划。现在,所有州都实施了该计划。这对于形成美国的备灾文化至关重要。自该计划成为国家计划以来,美国共形成2 700多个本地社区紧急响应小组,并且有60万人接受了培训。

"社区紧急响应小组计划"是一项获得国家支持、在本地实施的项目,

---

① 张浩然. 治安志愿者力量研究. 北京:中国人民公安大学,2018.

旨在帮助人们做好筹备工作，从而更好地应对可能影响各大社区的灾难。社区紧急响应小组提供基本灾难响应技能培训，例如团队组织、灾难医疗行动、消防安全、轻度搜救。本地社区紧急响应小组负责培训和组织志愿者团队，在紧急事件中在专业救援人员尚未立即抵达并提供援助时，帮助其家人、邻居、同事和其他社区成员。在灾难发生前、发生期间和发生后，社区紧急响应小组志愿者团队执行基本响应工作，包括查看邻居、向公众发放信息、支持紧急行动中心、帮助管理交通和人群。社区紧急响应小组志愿者具备执行这些基本任务的能力使得专业救援人员能够腾出手来，专注于更为复杂、紧要和关键的任务。社区紧急响应小组志愿者还能通过组织、宣传和参与紧急事件筹备会议、活动和项目，来支持其社区工作。

四、老年志愿服务计划

美国的"老年志愿服务计划"主要包括："养祖父母计划"，"退休老年人志愿者计划"/"退休人员和老年人志愿者计划"，"老年伴侣计划"。

"养祖父母计划"最早实行，起源于1965年，该计划主要关注代际的志愿服务，现已扩展至美国所有的州。参与该计划的志愿者一般为60岁以上的老年人，对残疾儿童或有特殊需求的儿童提供养来自养祖父母的指导和关爱。同样的，养祖父母也为年轻父母提供帮助，对问题青年进行帮扶。该项目充分调动老年人参与志愿服务的激情，提升老年人的存在感和使命感，也促进了社会的稳定和谐。美国联邦财政已为该项目提供了超过1亿美元的资金支持。各州也为这群老年志愿者提供培训、交通费、保险、体检等保障和激励措施。

"退休老年人志愿者计划"/"退休人员和老年人志愿者计划"的志愿服务内容不同于"养祖父母计划"，前者强调老年人的才能、经验、智慧能够带来更加安全、和谐的社区。因此，"退休老年人志愿者计划"的老年志愿者们会参与社区的抗震救灾、邻里守望、环境治理、健康养老、教育等事务。地方非营利组织在国家和社区服务协会的授权下，负责当地该计划的具体执行运作，包括招募、培训、保障、激励等。老年人通过该计划不仅提升了参与社区活动的效能感，而且社区聚会等活动也有利于老年人的身心健康。

"老年伴侣计划"是为残疾、生病、孤独的老年人招募55岁以上的健康老人做同伴，主要提供陪同服务、帮助服务等，具体指陪同去医院、社区，帮助日常照料等。参与"老年伴侣计划"的志愿者每小时可以获得一定的服务津贴,此外,还可以获得相关保险、交通补贴等保障和激励。该志愿服务项目,不仅能为老年人的日常生活提供便利,而且能够缓解老年人的孤独感,是积极对抗老龄化社会的重要举措。

第六节 重要机构和网站

美国关于志愿服务的网站主要分为三类,包括以美国志愿队计划、美国自然和文化资源志愿者门户网站为代表的政府网站,以 Ready 运动、"光点计划"为代表的有影响力的志愿者网站,以非营利组织和志愿行动研究协会为代表的学术研究网站,见表 7-2。

表 7-2 美国志愿服务机构网站

名称	网址
美国志愿队计划	https://www.americorps.gov/
美国自然和文化资源志愿者门户网站	www.volunteer.gov
Ready 运动	https://www.ready.gov/about-us
光点计划	https://www.pointsoflight.org
非营利组织和志愿行动研究协会	https://www.arnova.org/

一、政府机构网站

(一) 美国志愿队计划

国家与社会服务机构将"美国志愿队计划""退休老年人志愿者计划""老年伴侣计划""911 服务和纪念日"等八类志愿服务项目整合在一起,共同命名为"美国志愿队计划",致力于"通过服务和志愿服务改善生活,加强社区,促进公民参与"。

(二) 美国志愿者网

美国自然和文化资源志愿者门户网站是由联邦志愿服务机构间小组 (Federal Interagency Team on Volunteerism, FITV) 建立和维护的。该网站于 2002 年 7 月 30 日在白宫举行的仪式上启动,由布什总统宣布和部署网站的成立和建设。

自 2002 年成立以来,该网站已发展成为由各级政府合作伙伴组成的战略联盟,致力于通过此网站为有兴趣的公民提供职位和活动,共同服务于美国志愿服务的发展。该网站最令人称道的地方是,可为申请者提供寻找志愿者工作机会所需的一切帮助,并帮助他们在个人需求与整个美国志愿者工作机会之间实现最佳匹配。整个过程从机构协调员或专业人员开始,通过需求分析在网站上发布职位。个人可以搜索相关志愿者工作机会,一旦选择了一个类别或活动(比如考古学、杂草或入侵物种控制),页面将为每名志愿者反馈该类别或活动的所有机会;或者可以通过志愿者所在的州进行志愿活动寻觅,或者可以通过关键词、邮政编码进行搜索。在探索了各种机会并确定了适合的职位后,志愿者可以线上注册,注册通知会立即发送给申请人和最初发布该职位的协调员。在审查了申请之后,志愿者协调员将通知志愿者具体的工作内容和要求。

二、有影响力的志愿者网站

(一) Ready 运动

Ready 运动是 2003 年 2 月发起的一项全国公共服务运动,旨在增强美国人民应对紧急情况的能力,包括应对自然灾害和人为灾害的能力。该运动的目标是通过公众参与促进防范,在志愿服务的自助和互助中提高应急能力。Ready 运动要求个人完成四件关键的事情:(1) 了解可能发生的不同类型的紧急情况及其相应的应对措施;(2) 制定家庭应急预案;(3) 准备一个应急补给包;(4) 参与到社区中,为紧急情况做好准备。

该网站页面包括"制订计划"(Make a plan)、"灾害与应急事件"(Disasters and emergencies)、"参与其中"(Get involved)、"Ready 企业"(Ready business)、"Ready 儿童"(Ready kids)、"资源"(Resource) 等多个栏目。其中"灾害与应急事件"列举了包括地震、飓风、流行病等 20 余种灾害事件并介绍了应对措施,方便用户学习和准备。"制订计划"提供 11 种语言帮助个人和家庭制定危机事件的应急计划。"参与其中"为用户提供了两大应急项目,分别是社区紧急响应小组、社区组织备灾培训。"Ready 企业"主要关注商业领域的应急管理,致力于提高商业团体尤其是中小型企业对应急管理的认知和敦促其开展行动。"Ready 儿童"致力于为父母和教师提供指导,帮助他们给青少年儿童讲解应急知识并做好家庭应急准备。"资源"展示了社交媒体账号、应急准备月、视频等相关资源。

(二)光点计划

随着互联网社会的发展,出现了新型的志愿服务形式——虚拟志愿服务,志愿者和被服务对象并不需要直接接触,而是通过互联网的形式提供服务。其中,"光点计划"就是虚拟志愿服务的集合网站。

"光点计划"的使命是"激发和动员人们采取行动,改变世界"。"光点计划"的官网指出,在"光点计划"设想的世界中,每个人都将发现改变的力量,在充满活力的参与性社会中创建健康的社区。每个人都可以轻松地推动其社区和世界的变化。每个人都可以成为文化的催化剂,与组织和个人合作,共同打造一个和谐的社会。"光点计划"为21世纪定义了一种新型的志愿服务,呼吁人们奉献自己的时间、才能、声音和资源,为所有人创造更光明的未来。

创始人是曾为美国总统的老布什,他在1989年的就职演说中,分享了他对"万千光点"的看法——全国各地的个人和组织通过服务帮助他人。因此,"光点"超越了政治和地域边界,在世界范围内激发了数以百万计的人们。比如在"档案和谱系"一类,有世界档案计划(AWAP)向其志愿者提供免费软件。祖先世界档案馆计划的在线志愿者利用对谱系学的热情帮助他人发现自己的根。Carnamah历史协会虚拟志愿计划利用在线志愿者帮助转录和索引项目,使历史记录更易于发现和搜索。史密森尼美国花园档案馆是史密森尼藏品搜索中心中成千上万张图像的在线数据库。通过正确标记图像中有关植物类型、结构、物体、人或你注意到的任何细节,可以使该图像对博物馆、档案馆和图书馆中的专业编目人员更有用。数字志愿者记录了历史文献和收集记录,以促进研究并为子孙后代保留这些宝贵的资产。

比如在"灾难与地图"一类,在美国红十字会,数字志愿者可以在网上购物或通过举办在线筹款活动来向红十字会捐款。志愿者还可以通过发布其社交媒体内容来帮助传播志愿意识。"人道主义"工作者在自然灾害或人为灾难等危机中满足关键需求所需的关键数据,以及其他开发工作者和研究人员所需的数据,这些数据通常都被存在PDF文档中。数字志愿者将这些数据提取到数据库中,以便有需之士可以轻松地找到它们,从而帮助任何人并将该数据与其他指标进行比较。OpenStreetMap是整个世界的免费可编辑地图,由在线志愿者制作。任何人都可以为其地理数据库作出贡献。

比如在"企业家"一类,Bpeace是美国的一家非营利组织,它招募专业人士来帮助摆脱战争的国家中的企业家创建和扩展业务与扩大就业机会(尤其是针对女性)。志愿者需要有关业务发展或项目管理的特定专业知识，并每月支付会员费。"切丽布莱尔基金会在线导师"，在英国在线导师是成功的商业女性，在发展中国家在线导师是女性企业家。"Grow Movement"招募来自世界各地的在线志愿业务顾问，通过 Skype、电话和电子邮件工作，以增强乌干达、卢旺达和马拉维的非洲企业家的能力，帮助他们提高业务技能，使他们能够更有效地运营其组织、增强营利能力并在他们的社区中创造就业机会。"解决方案项目"寻找敬业、积极和热情的志愿导师，与世界各地的本科社会企业家合作。超过 250 种解决方案指南是本科生的虚拟导师，在建立个人专业技能的同时，支持他们进行个人和专业领导力发展以及开展社会事业。

三、学术研究网站

非营利组织和志愿行动研究协会（ARNOVA）是一个由学者、教育工作者和实践领导者组成的多元化社区，通过加强和完善非营利和慈善研究，改善人类生活。该协会是志愿行动学者协会，是一个中立、开放的论坛，致力于加强关于这些领域的研究并帮助形成更好的实践。该协会致力于将理论和应用的兴趣结合在一起，帮助学者深入了解第三部门组织的日常关注，同时为非营利专业人员提供研究结果，使他们可以使用研究结果来改善他们的组织和社区的生活质量。

该协会是大卫·霍顿·史密斯 1971 年在伯特·R. 鲍德温、理查德·D. 雷迪和尤金·D. 怀特金融公司的帮助下创立的。自 1999 年以来，该协会有两个正式的部门，一个是关于教学科研的，一个是关于社区和基层协会的。该协会的发展得益于各种基金会赠款和会员收入。到 2000 年底，该协会有来自 35 个国家的 1 000 多名成员。

该协会目前有两个主要出版物。《非营利和志愿部门季刊》（*Nonprofit & Voluntary Sector Quarterly*）是该协会的正式期刊，是非营利、慈善和社会研究领域的主要学术期刊。另外一个出版物是《电子邮件通讯协会新闻》（*ARNOVA News*，ARNOVA：The Association for Research on Nonprofit Organizations and Voluntary Action），其不仅包含了协会及其成员的新闻，还包含了成员的研究文章，以及关于该领域问题的论文。

思考与讨论

1. 美国的志愿服务发展有哪些特点？

2. 美国的志愿服务如何实现法制化？
3. 美国的志愿服务如何实现组织化？
4. 美国的志愿服务如何实现品牌化？
5. 美国经验对于中国志愿服务事业发展有何可借鉴之处？

第八章
澳大利亚的志愿服务

第一节 发展阶段

澳大利亚的志愿服务起源于殖民地时期,迄今已有200年左右的历史。受宗主国英国的影响,澳大利亚在20世纪早期就初步建立了现代意义上的慈善和志愿服务事业。随后发生的第二次世界大战、墨尔本奥运会、悉尼奥运会等重大事件,推动澳大利亚的志愿服务在20世纪中后期快速发展,使其成为今日澳大利亚社会的一个重要组成部分。

一、起步阶段(19世纪至20世纪30年代)

由于澳大利亚曾经是英国的殖民地,其慈善和志愿服务事业的起源与宗主国英国有着直接关系。1788年1月26日,一支押送数百名囚犯的英国船队在杰克逊港建立了澳大利亚的第一个殖民区,即今日的悉尼。两年后第一批英国自由民抵达,以悉尼为中心向内陆扩张。1901年,六个殖民区改为州,组成了澳大利亚联邦。大量移民的到来使得殖民地继承了英国的社会形态,既包括政治结构、法律制度、宗教文化等,也包括以1601年《济贫法》为开端的新型慈善模式。

新南威尔士殖民地政府在19世纪初就已开办慈善事业,如1800年的女孤儿学校(The Female Orphan School)、1811年的城堡山精神病院(Lunatic Asylum at Castle Hill)、1814年的土著儿童学校(School for Indigenous Children)等[1]。在政府的大力资助下,爱德华·史密斯·霍尔

---

[1] OPPENHEIMER M. Volunteering: why we can't survive without it. Sydney: UNSW Press, 2008: 17.

（Edward Smith Hall）等人于1813年创办了澳大利亚历史上的第一个私人慈善机构——新南威尔士基督教知识与慈善促进会（The New South Wales Society for Promoting Christian Knowledge and Benevolence），宗旨是帮扶那些超出政府能力范围的社会弱势群体。该组织后来经过多次改组合并，演变成如今广为人知的澳大利亚慈善协会（The Benevolent Society）①。来源于英国的互助会概念也通过移民传播到澳大利亚，第一个互助会于1830年成立，并很快遍及每个殖民区。同样是受英国影响，类型丰富的协会型志愿组织在19世纪下半叶涌现，广泛分布在体育休闲、教育和政治等领域。

20世纪初，澳大利亚政府引入了基本生活工资、劳资仲裁、养老金和津贴等制度，但政府社会福利职能的加强并未削弱自助和志愿服务的作用。特别是随着第一次世界大战的爆发，澳大利亚的志愿活动的水平大幅上升。一系列与战争有关的志愿组织在这一时期建立，其中就包括澳大利亚红十字会（The Australian Red Cross）。虽然它在1914年刚成立时还只是作为英国红十字会在澳大利亚的分支机构（Australian Branch of the British Red Cross Society），但在1915年便实施了"志愿救助分遣队"（Voluntary Aid Detachments）、"受伤和失踪者调查局"（Wounded and Missing Enquiry Bureaux）等计划，为战时医疗工作提供物资和志愿者。随后澳大利亚初级红十字会在1918年正式成立，并在1927年被国际红十字会认定为独立的国家性组织②。

在两次世界大战的间隙，许多针对特定群体需求的志愿组织纷纷建立，如1921年的扶轮社、1922年的乡村妇女协会（The Country Women's Association）、1928年的新南威尔士州残疾儿童协会（The New South Wales Society for Crippled Children）和"飞行医生服务"（The Flying Doctor Service）等。在皇家社会保险委员会（The Royal Commission into Social Insurance）的协调下，还形成了一批行业性组织，如1929年的维多利亚州仁爱会中央委员会（The Central Council of Victorian Benevolent Societies）、1937年的新南威尔士州社会服务委员会（The Council of Social Service in New South Wales）、1939年的南澳大利亚州慈善救济组织

---

① The Benevolent Society. ［2022－05－13］. https://www.benevolent.org.au/about-us/our-history.
② Australian Red Cross. ［2022－05－13］. https://www.redcross.org.au/about/history-and-heritage.

委员会（The Council of Charitable Relief Organisations in South Australia）等。

1938年在悉尼举办的第三届大英帝国运动会（The British Empire Games），令澳大利亚志愿服务的起步阶段完美收官。该赛事的组织工作由澳大利亚大英帝国运动会协会（The Australia British Empire Games Association）负责，联邦政府和州政府的参与相对有限。整个赛事的运行基于志愿无偿的原则，包括组委会成员、管理人员及本国的教练员、运动员等在内的参与者都没有直接或间接获得报酬。

二、发展与巩固阶段（20世纪40年代至60年代）

第二次世界大战是一个重要的分水岭，在战时志愿服务的推动下，澳大利亚志愿服务迎来了第一个发展高峰[①]。战时志愿服务的类型十分多样，如上门募捐、整理捐赠物资、为军队打包、急救和预防空袭、文书工作、医院护理等。志愿者的主力是年长的家庭妇女，她们往往有更多的时间在家中从事志愿服务，如编织军用的迷彩网和衣袜等。年轻的职业女性也会充分利用夜晚和周末的休息时间，承担一些与本职工作相关的任务（如打字）。志愿者的来源还包括因年龄或身体条件不宜入伍的男性以及儿童。许多第一次世界大战的退役军人加入了民防志愿军（The Volunteer Defence Corps），协助守卫机场、监视海岸和预防空袭。儿童则主要是跟随家长参加筹款活动或帮忙给士兵织袜子，另外男孩们会收集附近的废弃金属，女孩们会加入初级红十字会学习急救知识和技能。

在战争期间，大部分志愿者都服务于两个最大的组织——澳大利亚红十字会和澳大利亚安抚基金会（The Australian Comforts Fund）。前者的分支机构遍布全国，拥有近50万名成员；后者旨在为军人提供政府未供应的"舒适"物品，如卫生清洁用品、文具、体育器材、文化产品等。此外，志愿者建立了超过8 000个被统称为爱国基金会（Patriotic Funds）的战时志愿组织。这些组织以社区或工商企业为基础，致力于为军人提供娱乐活动、住宿、食品，并援助军人家属和海外的战争受害者。志愿部门的壮大使政府认识到了志愿精神的价值，相应的立法和监管也逐步加强。总的来说，战时志愿服务为民众提供了参与社区行动的机会，在培育新的公

---

① OPPENHEIMER M. Volunteering：why we can't survive without it. Sydney：UNSW Press，2008：48.

民责任感上起到了决定性作用。

在第二次世界大战结束后,与政府关系最为紧密的社会福利领域的志愿服务出现了变化。联邦政府开始借助志愿服务来推进公共政策的执行,友好邻里委员会(The Good Neighbourhood Councils)就是一个典型例子。该组织类似于20世纪20年代的新定居者联盟(The New Settler Leagues),目的是维护外来移民的利益,帮助他们融入社会。从1950年起,友好邻里委员会在各地建立起分支机构,并同很多全国性和地方性志愿组织(如红十字会、妇女协会、基督教女青年会、工会等)进行合作。不同移民群体也各自建立了基于民族和语言的志愿性团体,以解决本社区内的福利、文化、就业等问题。

志愿部门的支持是政府新移民项目得以顺利开展的关键原因,1956年墨尔本奥运会的成功举办亦是如此。这一世界性体育大赛借鉴了之前大英帝国运动会的做法,鼓励志愿服务从而最大限度地降低运行成本。参赛的澳大利亚运动员都不是职业运动员,来自各个体育协会的教练员和官员也未领取薪酬。这在当时被认为是遵循了奥林匹克的业余精神(amateurism)——表明体育没有被金钱过度影响。而对于部分需要专业技能的工作,也充分挖掘了志愿者的潜能。比如,一支由女性司机组成的志愿者队伍——Lady Volunteer Car Drivers——负责接送国际奥委会和国际体育联合会的代表们,来自当地石油、橡胶、机动车等公司的志愿者负责公共汽车的清洗和保养。

澳大利亚志愿服务在20世纪60年代继续扩大和深化,其中又以反战运动最为著名。自从1962年澳大利亚派兵参加越南战争后,士兵的伤亡使得民众的不满情绪日益加重,催生了许多反战性质的志愿组织[①]。例如,"拯救我们的孩子"(Save Our Sons)由一群家庭主妇于1965年发起,呼吁抵制即将施行的《国民服务法》(The National Service Act),反对征召青年到海外参战;"越南和平运动"(The Campaign for Peace in Vietnam)于1967年在阿德莱德大学召开了第一次公开会议,将结束澳大利亚对越南的军事介入和消除彼此的敌对行动当作两个主要目标。

该时期澳大利亚的海外志愿服务项目也迅速发展,由联邦政府资助的澳大利亚海外援助委员会(Australian Council for Overseas Aid)于1965年成立,一方面是希望加强政府与海外援助组织之间的联系,另一方面则

---

① OPPENHEIMER M. Volunteering: why we can't survive without it. Sydney: UNSW Press, 2008: 86-88.

是促进海外救援组织自身的合作。澳大利亚海外援助委员会旗下的成员包括：海外服务局（The Overseas Service Bureau）、"海外社区援助"（Community Aid Abroad）、澳大利亚狮子会国际（Lions International Australia）、澳大利亚教会委员会（Australian Council of Churches）、基督教青年会（YMCA）、路德会世界联合会（Lutheran World Federation）、天主教海外救济会（Catholic Overseas Relief）、维多利亚州澳大利亚-亚洲协会（Australian-Asian Association of Victoria）、"免于饥饿"（Freedom from Hunger）等。

三、调整与创新阶段（20世纪70年代至90年代）

在澳大利亚现存的志愿组织中，约有三分之一发端于20世纪70年代，这些组织推动澳大利亚志愿服务迈向第二波高潮[1]。广义上的志愿主义（voluntarism）得到越来越多的关注，一个明显标志是联邦政府社会福利委员会资助新南威尔士州建立了志愿者局（Bureau for Volunteers）。该机构于1974年开始运营，主要功能是匹配志愿者与志愿组织。作为转介中心的志愿者局还有助于改善志愿服务的培训和监督，最大限度地提升志愿者和志愿组织的满意度，因此成为其他州效仿的典范。另外，这一时期出现了全国和州一级的志愿服务行业组织，比如澳大利亚志愿服务协会。

与此同时，以"冲浪救生"（Surf Lifesaving）为代表的一部分志愿行动却面临极度艰难的处境。出于保护人身安全的考虑，由当地业余游泳协会建立的救生俱乐部（The Life Saving Clubs）在20世纪头十年已遍布全国主要海滩，并开发了专门的救生设备和程序。然而随着时间的推移，救生俱乐部对年轻一代不再具有吸引力，且保险和设备更换等费用的攀升加剧了它们的困难。作为应对措施之一，澳大利亚冲浪救生协会从1975年起要求各俱乐部招募女性志愿者。

鉴于志愿者人数的缓慢下降和大量新生志愿组织带来的竞争，澳大利亚最老牌的非营利组织红十字会在20世纪70年代同样进行了调整和重塑。例如，更名后的志愿援助服务团（Voluntary Aid Service Corps）面向公众和志愿组织开设了急救课程，进而孵化了悉尼移动志愿援助服务团（The Sydney Mobile VASC）。这支训练有素的志愿者队伍由17～25岁的青年组

---

[1] LYONS M. Third sector: the contribution of non-profit and co-operative enterprise in Australia. London: Routledge, 2020.

成，能够随时提供应急救助。除了创新性的服务项目外，澳大利亚红十字会的传统业务依然保持良好的运转，如各地的红十字之家（Red Cross homes）持续为诸多社区组织提供人员和交通工具。

20世纪八九十年代，在澳大利亚，政府权力下放和市场化改革为志愿部门营造了广阔的舞台，许多原本属于政府职能的公共事务被转移或外包给了各类志愿组织。不过，"新公共管理"的结果导向对志愿组织的绩效提出了更高的要求，使得志愿服务渐渐显露出专业主义的倾向。此外，在职业健康和安全、保险、赔偿和风险评估等方面更加严格的立法也深刻影响着志愿组织及志愿者。

环境保护是该时期志愿服务的前沿领域，影响力较大的有"清洁澳大利亚"（Clean Up Australia）和"土地保育"（Landcare）。"清洁澳大利亚"运动最早由环球帆船运动员伊恩·基南（Ian Kiean）在1989年发起，约4万名志愿者一起清除了悉尼港的5 000多吨废弃物。"土地保育"运动关注土地退化、水土流失等生态问题，志愿组织和农民协助政府实施了"波特农田计划"（The Potter Farmland Plan）、"绿色澳大利亚"（Greening Australia）等工程。

澳大利亚志愿服务在20世纪末既拥有发展机遇，也面临两个严峻的挑战。首先，志愿服务概念在某种程度上被误用。例如，政府要求领取福利金的人必须参与志愿服务，但这种强制安排明显与自愿性相违背。其次，志愿者群体萎缩的趋势没有停止。如狮子会俱乐部在80年代中期达到顶峰时约有35 000个，到了1998年下降到29 500个左右。

由于年轻人对志愿服务的兴趣有所减弱，政府和志愿组织将老年人视为潜在的志愿者。尤其是在婴儿潮一代临近退休和人均预期寿命延长的背景下，志愿服务对于应对人口老龄化问题有着独特的价值。新南威尔士州老龄问题咨询委员会1996年发表的一份研究报告显示，老年人所参与的志愿服务比他们所接受的志愿服务多，而且志愿服务促进了老年人的社会互动以及成就感和归属感。

四、成熟阶段（21世纪初至今）

进入21世纪后，澳大利亚志愿服务日臻成熟。2000年悉尼奥运会继承和发扬了澳大利亚优良的体育志愿者传统，开启了志愿服务的新纪元。共有46 967名志愿者为本届赛事提供了服务，时任国际奥委会主席的萨马兰奇对这些志愿者给予了高度肯定，盛赞他们是"有史以来最敬业和最出色的志愿者"①。悉尼奥运会的巨大成功对澳大利亚志愿服务产生了深远影响，一方面志愿者受到了前所未有的媒体关注和公众赞誉，另一方面政府开始设立专门的志愿服务管理机构。

2001年是联合国国际志愿者年，澳大利亚联邦政府拨款约1 600万美元用于相关的庆祝活动和资助项目。而为了在国际志愿者年中增强来自社区的声音，全国社区咨询委员会（National Community Council of Advice）作为联合国志愿者项目在澳大利亚的代表机构于2000年成立。该委员会组织全国范围内的近百家志愿组织展开磋商，起草了一项名为"确保为志愿者和志愿服务留下遗产"（To ensure a legacy for volunteers and volunteering beyond）的国家志愿服务议程②。

对志愿者权利的保护近年来也愈发受到重视，在法律责任、职业健康和安全、风险管理、儿童和老年人保护等方面的变化为志愿者及其工作的志愿组织营造了全新的制度环境。

值得一提的是，基于宗教信仰的志愿服务在今天的澳大利亚仍然十分活跃，且有力促进了非宗教性的志愿服务③。此外，互联网的兴起还使新一代的志愿者能够在线完成工作，因此越来越多的非营利组织和大型企业开始使用互联网来组织志愿服务活动。

第二节　发展现状和特点

一、志愿服务规模

（一）志愿者

澳大利业统计局对志愿服务有狭义和广义两种统计口径，前者仅限于通过某一组织进行志愿服务，即所谓的正式志愿服务；后者泛指为非家庭成员提供无偿的工作或支持，即所谓的非正式志愿服务。根据澳大利亚统计局2019年综合社会调查（General Social Survey）的结果，在15岁及以

---

① LYNCH B. Lessons from the Olympics//NOBLE J，JOHNSTON F. Volunteering visions. Alexandria：Federation Press，2001：75.
② BATES K. The national community council of advice. Australian journal on volunteering，2001（1）.
③ LYONS M，NIVISON-SMITH I. The relationship between religion and volunteering in Australia. Australian journal on volunteering，2006（2）.

上人口中，此前12个月内曾从事正式志愿服务的人数为589.7万（29.5%），贡献的总时长为59 620万小时，人均贡献时长为101小时；此前4周内曾从事非正式志愿服务的人数为667.6万（33.4%）①。

由于澳大利亚统计局在2019年综合社会调查中才首次公布非正式志愿服务的相关数据，因此这里主要关注正式志愿服务的变化趋势。如无特别说明，以下所列出的志愿者比例均表示从事正式志愿服务的人口比例。在目前公开的2002年、2006年、2010年、2014年和2019年五次综合社会调查报告中，均包含18岁及以上人口的志愿者比例（见图8-1）。其中，2002年为34.4%，2006年为34.1%，2010年为36.2%，2014年为30.9%，2019年为28.8%。

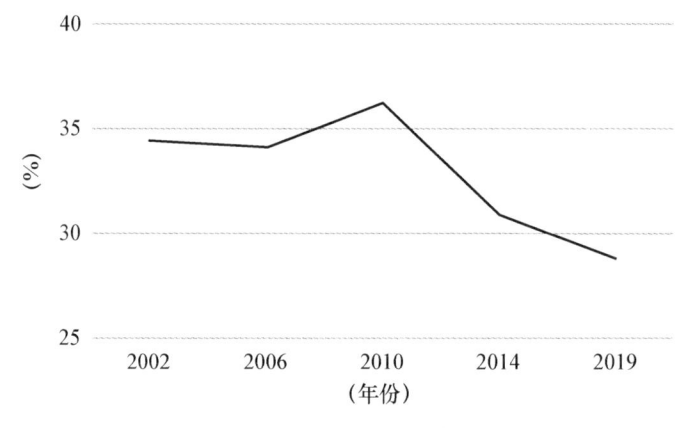

图8-1　18岁及以上人口的志愿者比例变化趋势

资料来源：根据2002年、2006年、2010年、2014年和2019年综合社会调查整理。https://www.abs.gov.au.

另外，澳大利亚统计局自2006年起将志愿服务纳入人口普查的范围内。根据已公开的2006年、2011年和2016年三次人口普查数据，15岁及以上人口的志愿者比例分别为17.9%、17.8%和19.0%，变动幅度很小。

(二) 志愿服务组织

截至2021年4月1日，在澳大利亚志愿服务协会"做志愿者"（Go-Volunteer）平台上注册的志愿服务组织共计10 604个。从地理分布来看，

---

① http://www.abs.gov.au/statistics/people/people-and-communities/general-social-survey-summary-results-australia/2019#voluntary-work-and-unpaid-work-support.

志愿服务组织多集中于维多利亚州、新南威尔士州和西澳大利亚州，数量分别为2 683个（25.3%）、2 353个（22.2%）和2 263个（21.3%）；塔斯马尼亚州、澳大利亚首都领地和北领地的志愿服务组织较少，数量分别为395个（3.7%）、228个（2.2%）和181个（1.7%）。

（三）志愿服务项目

通过查询"做志愿者"平台得知，截至2021年4月1日尚在进行中的志愿服务项目共计9 145个。这些项目涉及29种工作内容，其中最主要的有陪伴和社会支持、老年护理、零售、教育和培训、行政和办公室管理、辅导和训练等，涉及研究、政策和分析、笔译和口译、图书馆服务等内容的则比较少（见表8-1）①。

表8-1 志愿服务项目的工作内容

工作内容	数量	工作内容	数量
会计和金融	216	营销、媒体和传播	709
行政和办公室管理	1 039	调解和倡导	494
艺术、工艺和摄影	585	音乐和娱乐	235
儿童照顾	227	研究、政策和分析	176
陪伴和社会支持	2 574	零售	1 698
咨询和帮助热线	320	安全和应急服务	302
残疾人支持	807	老年护理	1 731
驾驶和运输	784	体育活动	598
教育和培训	1 165	导游、信息和文化遗产	285
食物准备	561	贸易	442
筹款	694	笔译和口译	152
园林养护	497	辅导和训练	1 004
治理、理事会和委员会	345	动物接触	243
信息技术和网络开发	239	写作和编辑	364
图书馆服务	97		

注：同一志愿服务项目可能包含多种工作内容，因此表中数字加总后要高于志愿服务项目的总数。

① https://govolunteer.com.au/volunteering.

二、志愿者特征与经历

如无特别说明,以下所使用的数据均来自 2019 年综合社会调查①。

(一) 人口统计学特征

按 15 岁及以上人口的性别分组来看,女性和男性的志愿服务参与情况差异不大(见图 8-2)。在参与正式志愿服务的比例上,女性组为 28.5%,男性组为 30.7%,女性组较男性组低 2.2%;在参与非正式志愿服务的比例上,女性组为 33.9%,男性组为 32.6%,女性组较男性组高 1.3%。另外,在参与正式志愿服务的总时长上,女性组为 30 040 万小时,男性组为 29 460 万小时,女性组较男性组多 580 万小时。

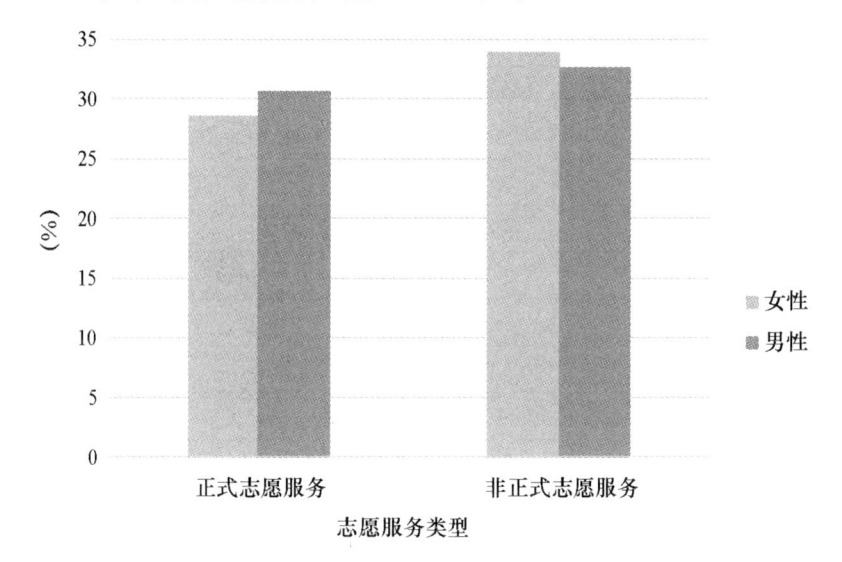

图 8-2 按 15 岁及以上人口的性别分组

按 15 岁及以上人口的年龄分组来看,不同年龄段的志愿服务参与情况差异较大(见图 8-3)。在参与正式志愿服务的比例上,40~54 岁组(36.2%)最高,之后依次是 55~69 岁组(29.0%)、15~24 岁组(28.8%)、25~39 岁组(25.7%)、70 岁及以上组(24.5%);在参与非正式志愿服务的比例上,25~39 岁组(38.8%)最高,之后依次是 15~24 岁组(36.5%)、40~54 岁组(34.0%)、55~69 岁组(27.3%)、70 岁及

---

① https://www.abs.gov.au/statistics/people/people-and-communities/general-social-survey-summary-results-australia/2019#voluntary-work-and-unpaid-work-support.

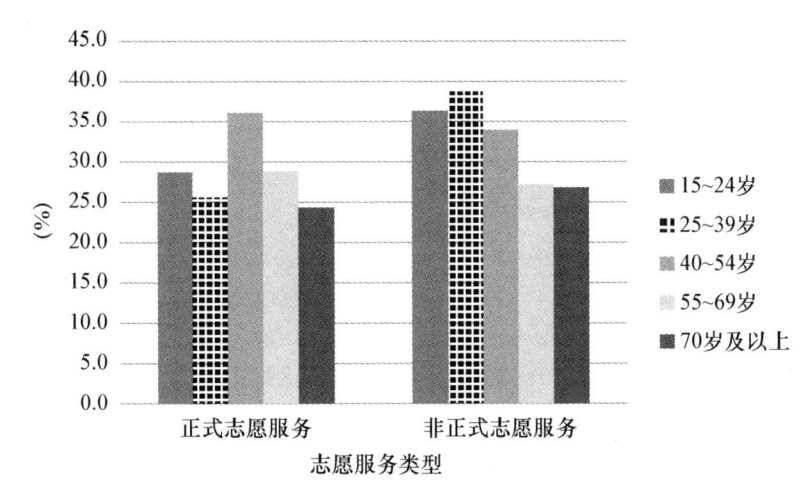

图 8-3 按 15 岁及以上人口的年龄分组

以上组（26.9%）。另外，在参与正式志愿服务的总时长上，40~54 岁组（18 960 万小时）最高，之后依次是 55~69 岁组（15 150 万小时）、70 岁及以上组（11 090 万小时）、25~39 岁组（10 740 万小时）、15~24 岁组（4 470 万小时）。

其他的人口统计学特征也从不同侧面反映了志愿者群体的内部差异，大致可以认为出生于本土、以英语为日常用语、在职、在学或高收入的群体更可能参与志愿服务。

从移民状况来看，本土出生组中参与正式和非正式志愿服务的比例分别为 30.9% 和 33.5%，移民组分别为 26.5% 和 32.8%，本土出生组较移民组分别高 4.4% 和 0.7%。

从日常使用语言来看，英语组中参与正式和非正式志愿服务的比例分别为 31.3% 和 34.5%，其他语言组分别为 18.9% 和 27.3%，英语组较其他语言组分别高 12.4% 和 7.2%。

从就业状况来看，在参与正式志愿服务的比例上，兼职工作组（34.4%）最高，之后依次是全职工作组（30.7%）、非劳动力组（25.4%）、未就业组（23.4%）；在参与非正式志愿服务的比例上，未就业组（40.1%）最高，之后依次是全职工作组（37.5%）、兼职工作组（36.6%）、非劳动力组（24.4%）。

从教育状况来看，在学组中参与正式和非正式志愿服务的比例分别为 33.4% 和 35.8%，非在学组分别为 28.6% 和 32.7%，在学组较非在学组分别高 4.8% 和 3.1%。

从家庭周收入五分位数来看，在参与非正式志愿服务的比例上，第三档收入组（33.4%）最高，之后依次是第四档收入组（32.8%）、第一档收入组（26.1%）、第五档收入组（30.0%）、第二档组收入（23.0%）；在参与非正式志愿服务的比例上，第五档收入组（38.6%）最高，之后依次是第四档收入组（36.8%）、第三档收入组（34.5%）、第二档收入组（30.0%）、第一档收入组（28.3%）。

（二）志愿服务经历

在志愿者参与的志愿服务组织类型上，位居前列的有体育娱乐（39.1%）、宗教（23.3%）、教育和培训（21.8%）等类型，较常见的还有父母、儿童和青年（12.3%）、社区/民族（11.6%）、健康/福利（11.6%）、其他（8.1%）、环境/动物（6.0%）、艺术/文化遗产（5.1%）、应急服务（4.7%）等类型，对商业/专业/工会（2.5%）、国际援助/发展（1.8%）、法律/司法/政治（1.0%）等类型的参与偏少①。

在志愿者参与的志愿服务组织数量上，参与1个志愿服务组织（61.3%）的最多，参加2个志愿服务组织（24.5%）的次之，参加3个及以上志愿服务组织（占14.7%）的最少。

在志愿者从首次参与志愿服务至今的时间上，10年及以上（38.1%）的最多，之后依次是1~5年（35.7%）、不足1年（15.4%）、6~9年（10.7%）。

在志愿者的年度志愿服务时长上，1~20小时的最多（41.6%），21~99小时的（30.0%）次之，100小时及以上（28.3%）的最少。

在选择成为志愿者的原因上，位居前列的有"帮助他人/社区"（73.0%）、"个人满足感/做一些有意义的事"（66.9%）、"个人/家庭参与"（41.2%）、"使用技能/经验"（38.4%）等原因，较常见的还有"社会交往"（35.7%）、"变得积极"（32.9%）、"学习新技能/获得工作经验"（20.8%）、"宗教信仰"（17.3%）等原因，"只是意外"（10.4%）、"感到有义务"（9.2%）和"其他"（2.7%）等原因则比较少见②。

三、其他细分领域

（一）企业志愿服务

根据伦敦标杆管理小组（London Benchmarking Group）和澳大利亚

---

① 同一志愿者可能参与多种类型的志愿服务组织，因此各类志愿服务组织的比例加总后要高于100%。

② 同一志愿者可能出于多种原因参与志愿服务，因此各类原因的比例加总后要高于100%。

志愿服务协会 2018 年发布的研究报告①,有 78% 的受访企业开展了志愿服务项目,超过一半的受访企业表示将继续提升志愿服务参与水平或增加对技能型志愿服务的关注,还有 10% 的受访企业计划开展志愿服务项目;有 15% 的企业雇员参与了志愿服务,相比于 2006 年的 3.7% 有了显著提高;企业志愿者贡献的总时长超过 100 万小时,人均贡献 27.5 小时。当前企业志愿服务面临的主要挑战包括:平衡工作量和志愿服务承诺、妥善管理技能型和非技能志愿服务、难以获得更广泛的接受度、使志愿服务项目与企业战略保持一致。

(二)移民志愿服务

根据澳大利亚志愿服务协会和澳大利亚定居委员会(The Settlement Council of Australia)2019 年发布的研究报告②,有 65% 的新移民在来到澳大利亚后的 18 个月内参与了志愿服务;31% 的新移民平均每周的志愿服务时长为 1~3 个小时,3~5 个小时的占 25%,5~10 个小时的占 13%,1 个小时以下和 10 个小时以上的各占 3%;新移民的志愿服务动机包括为社会作贡献、结交朋友、提高英语水平、获得工作经验等;志愿服务能够促进新移民融入社区、产生自我满足感和归属感,并使个人收获关键的就业技能,确保适当的生活水平和医疗等基本服务。

(三)青年志愿服务

根据澳大利亚儿童和青年研究联盟(The Australian Research Alliance for Children and Youth)2015 年发布的研究报告③,年轻人参与志愿服务的比例从 2011 年的 33.5% 上升到 2013 年的 55.6%;在学的年轻人较未完成十二年级学业的年轻人更可能成为志愿者;青年女性较青年男性更可能成为志愿者;青年男性更可能在体育组织中从事志愿服务,青年女性更可能参与社会服务;来自非大都市区的年轻人比来自大都市区的年轻人更可能成为志愿者;年轻人的志愿服务动机是复杂的、相互关联的;年轻人参

---

① London Benchmarking Group, Volunteering Australia. Corporate volunteering in Australia: a snapshot. https://www.volunteeringaustralia.org/wp-content/uploads/Corporate-Volunteering-Snapshot.pdf.

② Volunteering Australia, Settlement Council of Australia. Volunteering and settlement in Australia: a snapshot. https://www.volunteeringaustralia.org/wp-content/uploads/Volunteering-and-Settlement-in-Australia-May-2019.pdf.

③ WALSH L, BLACK R. Youth volunteering in Australia: an evidence review. https://www.aracy.org.au/publications-resources/command/download_file/id/275/filename/Youth-volunteering-in-Australia-evidence-review.pdf.

与志愿服务的障碍包括结构性障碍、态度障碍以及组织障碍。

(四) 新冠肺炎疫情与志愿服务

根据澳大利亚国立大学社会研究和方法中心（The Australian National University Centre for Social Research and Methods）2020年发布的调查报告[①]，有65.9%的志愿者在2020年2月到4月期间停止了志愿服务，每周减少的服务时长为1220万小时；65岁以上的志愿者比其他年龄段的志愿者更可能停止志愿服务；女性志愿者比男性志愿者更可能停止志愿服务；从事志愿服务能够减小生活满意度的下降幅度。

根据澳大利亚志愿服务协会2021年发布的调查报告[②]，有72%的受访组织减少或停止了志愿服务项目运作，但有58%的受访组织认为将在未来6个月内恢复到新冠肺炎疫情暴发之前的志愿活动水平；当前志愿服务组织最紧迫的任务是重新招募志愿者、同志愿者保持联系并确保志愿者的心理健康和福祉、处理不确定性或培训志愿者、保证组织的可持续性和资金等。

四、总体特点

(一) 参与规模大、范围广

澳大利亚常年有接近三分之一的人口参与到志愿服务中，志愿者（及其志愿服务时长）、志愿服务组织和志愿服务项目的规模庞大。并且志愿者的构成十分多元，涉及不同性别、年龄、受教育水平、文化背景和经济状况的群体，体现了全民性的广泛参与这一特点。

(二) 法制化和组织化水平高

澳大利亚在进入21世纪后制定了一系列专门针对（或部分涉及）志愿服务的联邦法律（具体参阅本章第三节），有助于明确志愿者和志愿服务行为的法律地位，促进志愿服务的法制化、制度化、规范化发展。各州（领地）也纷纷跟进，从联邦到地方的志愿服务法制建设已初见成效。同时，澳大利亚建立了囊括政府管理机构、全国性行业组织和地方性行业组织的志愿服务组织体系，有效实现政府与社会在志愿服务事业上的协同合作（具体参阅本章第四节）。

---

① Australian National University Centre for Social Research and Methods. The experience of volunteers during COVID-19. https://www.volunteeringaustralia.org/wp-content/uploads/20200515_ANU_ResearchBriefing.pdf.

② Volunteering Australia. Re-engaging volunteers and COVID-19. https://www.volunteeringaustralia.org/wp-content/uploads/2021.02.08-Re-engaging-Volunteers-and-COVID-19-Report.pdf.

(三)特色化和品牌化意识强

经过上百年的发展,澳大利亚形成了一批独具特色的志愿服务活动,如全国志愿者周、全国志愿服务会议、国际志愿服务管理者日等,以及一批具有良好品牌效应的志愿服务项目,如"飞行医生服务"、"研究生志愿者计划"(Volunteer Graduate Scheme)、"车轮上的食物"、"为澳大利亚而教"(Teach for Australia)等。通过这些品牌项目和特色活动,澳大利亚志愿服务在国内乃至国际上的影响力与日俱增。

第三节 法制建设

一、志愿服务立法

(一)联邦层面

为保护志愿者切身利益和规范志愿服务活动,澳大利亚在联邦层面制定了相应的法律和法律修正案,以及具有法律文件或呈报文件性质的公告等(见表8-2)。

表8-2 联邦层面的志愿服务立法(不完全统计)

效力	名称	时间
法律	《联邦志愿者保护法》	2003
	《工作场所关系法修正案(对应急管理志愿者的保护)》	2003
	《澳大利亚慈善和非营利委员会法》	2012
	《慈善法》	2013
	《公平工作法修正案(应急服务志愿者方面)》	2016
法律文件	《安全、康复和赔偿法(雇员定义——澳大利亚土著和托雷斯海峡岛民研究所志愿者)公告》	2014
	《安全、康复和赔偿法(雇员定义——联邦科学和产业研究组织志愿者)公告》	2014
	《安全、康复和赔偿法(雇员定义——二十国集团领导人峰会志愿者)公告》	2014
	《安全、康复和赔偿法(雇员定义——澳大利亚国家肖像美术馆志愿者)公告》	2015
呈报文件	《安全、康复和赔偿法(澳大利亚首都领地雇员定义——应急管理志愿者)公告》	2016

资料来源:https://www.legislation.gov.au。

2003 年颁布的《联邦志愿者保护法》(Commonwealth Volunteers Protection Act)，是澳大利亚志愿服务领域的首部重大立法。该法的主要内容包括志愿者身份的界定、志愿者免责保护的适用条件、联邦或联邦当局承担的责任等。依照第 4 条第 2 款对"志愿基础"(voluntary basis)的释义，可以将志愿者理解为：(a) 除补偿个人从事该工作所导致的合理开支外，不因从事该工作而获得任何报酬；或因从事该工作而获得的报酬少于条例规定的数额；(b) 并非在法院命令下从事该工作。第 6 条第 1 款规定，为联邦或联邦当局工作的志愿者受到免于民事责任的保护。但这种免责保护也存在若干不适用的情形，比如：涉及强制性第三方机动车保险所涵盖的责任，或诽谤责任（第 6 条第 2 款）；个人正确执行工作的能力受到消遣性毒品的严重损害（第 6 条第 3 款）；个人在联邦或联邦当局授权的活动范围之外行事，或违反联邦或联邦当局的指示（第 6 条第 4 款）。第 8 条规定，如果联邦或联邦当局请志愿者协助处理与民事责任有关的诉讼、索赔或需求，志愿者必须遵从。

2003 年还颁布了《工作场所关系法修正案（对应急管理志愿者的保护）》(Workplace Relations Amendment (Protection for Emergency Management Volunteers) Act)，作为对 1996 年《工作场所关系法》(Workplace Relations Act) 的补充。该法主要是关于"志愿应急管理活动"(voluntary emergency management activity) 等内容的修订说明。如第 4 条规定，在原《工作场所关系法》第 170CK（2）子款后增加"因进行志愿应急管理活动导致的暂时缺勤，在所有情形下都是合理的"。第 5 条规定，在第 170CK 款后增加两个子款。新增加的第 170CK（5）子款列举了雇员开展志愿应急管理活动需要满足的条件：(a) 雇员开展的活动涉及处理紧急情况或自然灾害；(b) 雇员在自愿的基础上开展活动；(c) 雇员是被认可的应急管理组织的成员；(d) 该组织或其代表要求雇员开展活动，或虽然组织未提出要求，但合理地预见组织将会提出。新增加的第 170CK（6）子款特别强调"即使雇员直接或间接地收取报酬用于开展活动，依然属于以志愿为基础的行为"。

2012 年颁布的《澳大利亚慈善和非营利委员会法》(Australian Charities and Not-for-profits Commission Act) 和 2013 年颁布的《慈善法》(Charities Act)，是包括志愿服务在内的整个非营利部门法制建设的里程碑。虽然这两部法律更聚焦于"慈善"，条文中没有直接出现"志愿"的字眼，但事实上绝大部分慈善组织都会开展志愿服务项目或招募志愿者，因此慈善相关的法律也对志愿服务领域产生了一定影响。

2016年颁布的《公平工作法修正案（应急服务志愿者方面）》（Fair Work Amendment (Respect for Emergency Services Volunteers) Act），是对2009年《公平工作法》（Fair Work Act）的一次修订。该法主要是关于"指定应急管理组织"（designated emergency management body）及"指定应急管理组织所属志愿者"（volunteer of a designated emergency management body）等内容的修订说明。如在原《公平工作法》中插入第195A（6）子款，界定了指定应急管理组织所属志愿者的含义：（a）个人在志愿的基础上参与组织的活动，无论是否直接或间接地接受或同意接受参与活动的报酬；（b）个人是组织的成员。新插入的第254A款和第281AA款，则规定了志愿组织提交意见的权利。

此外，基于1988年《安全、康复和赔偿法》（Safety, Rehabilitation and Compensation Act）第5条的一些公告文件专门定义了几类特殊的志愿者，包括：2014年《安全、康复和赔偿法（雇员定义——澳大利亚土著和托雷斯海峡岛民研究所志愿者）公告》（Safety, Rehabilitation and Compensation (Definition of Employee-AIATSIS Volunteers) Notice）、2014年《安全、康复和赔偿法（雇员定义——联邦科学和产业研究组织志愿者）公告》（Safety, Rehabilitation and Compensation (Definition of Employee-CSIRO Volunteers) Notice）、2014年《安全、康复和赔偿法（雇员定义——二十国集团领导人峰会志愿者）公告》（Safety, Rehabilitation and Compensation (Definition of Employee-G20 Volunteers) Notice）、2015年《安全、康复和赔偿法（雇员定义——澳大利亚国家肖像美术馆志愿者）公告》（Safety, Rehabilitation and Compensation (Definition of Employee-National Portrait Gallery of Australia Volunteers) Notice）、2016年《安全、康复和赔偿法（澳大利亚首都领地雇员定义——应急管理志愿者）公告》(Safety, Rehabilitation and Compensation (Definition of ACT Employee-Emergency Management Volunteers) Declaration)。

（二）州层面

部分州（领地）依据联邦法律体系和自身情况，在本行政区域内围绕志愿服务进行立法，立法性质涵盖法律、条例、法案等（见表8-3）。州层面立法的核心思想与联邦层面立法一致，重点都落在对志愿者的保护上，比如：西澳大利亚州颁布了2002年《志愿者（免责保护）法》（Volunteers (Protection from Liability) Act）、2002年《志愿者、食品和其他捐赠者（免责保护）法》(Volunteers and Food and Other Donors (Protection from Liability) Act) 和2005年《志愿者（免责保护）条例》（Volunteers（Protection from Liability）Regulations）；维多利亚州颁布了 2002 年《志愿者保护法案》（Volunteer Protection Bill）；南澳大利亚州颁布了 2001 年《志愿者保护法》（Volunteers Protection Act）和 2019 年《志愿者保护条例》（Volunteers Protection Regulations）；北领地颁布了 2002 年《志愿者保护法案》（Volunteers Protection Bill）。

表 8-3 州层面的志愿服务立法（不完全统计）

行政区域	效力	名称	时间
新南威尔士州	法律	《志愿工作者（士兵财产）法》	1917
	法案	《国家公园和野生动物法修正案（国家公园志愿者服务）法案》	2006
		《州应急服务法修正案（志愿者咨询委员会）法案》	2010
西澳大利亚州	法律	《志愿者（免责保护）法》	2002
		《志愿者、食品和其他捐赠者（免责保护）法》	2002
	条例	《志愿者（免责保护）条例》	2005
维多利亚州	法律	《乡村消防局（志愿者保护和社区安全）法》	2003
		《乡村消防局法修正案（志愿者章程）》	2011
	法案	《志愿者保护法案》	2002
		《乡村消防局法修正案（保护志愿消防员）法案》	2016
南澳大利亚州	法律	《志愿者保护法》	2001
	条例	《志愿者保护条例》	2019
北领地	条例	《林火管理（志愿者林火消防队）条例》	2006
	法案	《志愿者保护法案》	2002

资料来源：https://legislation.nsw.gov.au.

其余立法通常针对某一特定领域，比如：新南威尔士州 1917 年颁布的《志愿工作者（士兵财产）法》（Voluntary Workers（Soldiers' Holdings）Act），目的是协助志愿工作者协会为残疾军人及死亡军人家属提供房屋；2006 年颁布的《国家公园和野生动物法修正案（国家公园志愿者服务）法案》（National Parks and Wildlife Amendment（National Parks Volunteer Service）Bill），在原 1974 年《国家公园和野生动物法》（National Parks and Wildlife Act）中插入了国家公园志愿者的服务范围和法律地位等内容；2010 年颁布的《州应急服务法修正案（志愿者咨询委员会）法案》（State Emergency Service Amendment（Volunteer Consultative Council）Bill），在原 1989 年《州应急服务法》（State Emergency Service Act）中插入了州应急服务志愿者联合咨询委员会的成员资格、程序和功能等内容。

维多利亚州针对乡村消防志愿者出台了两部法律和一部法案，包括：2003 年《乡村消防局（志愿者保护和社区安全）法》(Country Fire Authority (Volunteer Protection and Community Safety) Act)，在原 1958 年《乡村消防局法》(Country Fire Authority Act) 中插入了改善志愿者保护和增强社区安全等内容；2011 年《乡村消防局法修正案（志愿者章程）》(Country Fire Authority Amendment (Volunteer Charter) Act)，在原 1958 年《乡村消防局法》中插入了对乡村消防局志愿者组织性质和志愿者章程的确认等内容；2016 年《乡村消防局法修正案（保护志愿消防员）法案》(Country Fire Authority Amendment (Protecting Volunteer Firefighters) Bill)，在原 1958 年《乡村消防局法》中插入了对消防志愿者的保护等内容。

北领地也在消防志愿者领域进行立法，2006 年颁布的《林火管理（志愿者林火消防队）条例》(Bushfires Management (Volunteer Bushfire Brigades) Regulations) 对志愿者林火消防队的整合与章程变更、消防物资再分配以及同消防管理官员的关系等作了规定。

二、志愿服务适用的其他法律

（一）联邦层面

在上述的专项立法以外，志愿服务适用的其他法律主要涉及工作健康和安全（work health and safety）与过失侵权（negligence）两部分（见表 8-4）。首先是 2011 年颁布的《工作健康和安全法》(Work Health and Safety Act)，其中明确规定志愿者是指基于志愿基础行事的个人（无论是否接受实付费用），志愿者协会是指一群志愿者为一个或多个社区目标一起工作并且没有雇用任何人的组织。由于该法将志愿者纳入"工作者"(worker) 的范畴，因此绝大部分条款都适用于志愿者及志愿服务组织。

其次是与过失侵权行为相关的法律，涉及性骚扰（sexual harassment）、歧视（discrimination）、欺凌（bullying）等主题。除了前文提到的 2009 年《公平工作法》外，已实施的此类法律还有 1975 年《反种族歧视法》(Racial Discrimination Act)、1984 年《性别歧视法》(Sex Discrimination Act)、1992 年《残疾歧视法》(Disability Discrimination Act) 和 2004 年《年龄歧视法》(Age Discrimination Act) 等。这些法律共同构筑了一道保护网，有利于减少志愿者在工作场所受到不当行为侵害的风险。

表 8-4 联邦层面涉及工作健康和安全以及过失侵权的法律

名称	时间
《反种族歧视法》	1975
《性别歧视法》	1984
《残疾歧视法》	1992
《年龄歧视法》	2004
《公平工作法》	2009
《工作健康和安全法》	2011

资料来源：https://www.legislation.gov.au.

(二) 州层面

在工作健康和安全以及过失侵权方面，各州（领地）均制定了本行政区域的相关法律（见表 8-5）。比如：新南威尔士州颁布了 1997 年《反歧视法》（Anti-Discrimination Act）和 2011 年《工作健康和安全法》（Work Health and Safety Act），维多利亚州颁布了 2004 年《职业健康和安全法》（Occupational Health and Safety Act）和 2010 年《平等机会法》（Equal Opportunity Act），昆士兰州颁布了 1991 年《反歧视法》（Anti-Discrimination Act）和 2011 年《工作健康和安全法》（Work Health and Safety Act），南澳大利亚州颁布了 1984 年《平等机会法》（Equal Opportunity Act）和 2012 年《工作健康和安全法》（Work Health and Safety Act），西澳大利亚州颁布了 1984 年《平等机会法》（Equal Opportunity Act）和《职业安全和健康法》（Occupational Safety and Health Act），塔斯马尼亚州颁布了 1998 年《反歧视法》（Anti-Discrimination Act）和 2012 年《工作健康和安全法》（Work Health and Safety Act），北领地颁布了 1992 年《反歧视法》（Anti-Discrimination Act）和 2011 年《工作健康和安全法（全国统一立法)》（Work Health and Safety (National Uniform Legislation) Act），澳大利亚首都领地颁布了 1991 年《歧视法》（Discrimination Act）和 2011 年《工作健康和安全法》（Work Health and Safety Act）。

表 8-5 各行政区域涉及工作健康和安全以及过失侵权的法律

行政区域	名称	时间
新南威尔士州	《反歧视法》	1997
	《工作健康和安全法》	2011

续表

行政区域	名称	时间
维多利亚州	《职业健康和安全法》	2004
	《平等机会法》	2010
昆士兰州	《反歧视法》	1991
	《工作健康和安全法》	2011
南澳大利亚州	《平等机会法》	1984
	《工作健康和安全法》	2012
西澳大利亚州	《平等机会法》	1984
	《职业安全和健康法》	1984
塔斯马尼亚州	《反歧视法》	1998
	《工作健康和安全法》	2012
北领地	《反歧视法》	1992
	《工作健康和安全法（全国统一立法）》	2011
澳大利亚首都领地	《歧视法》	1991
	《工作健康和安全法》	2011

资料来源：https://legislation.nsw.gov.au.

第四节 组织体系

一、政府管理机构

在澳大利亚联邦政府中，主管非营利和志愿部门事务的机构主要下设于财政部和社会服务部，民政部、卫生部、外交和贸易部等也有少量职能涉及志愿服务。

（一）财政部

澳大利亚慈善和非营利委员会（Australian Charities and Not-for-Profits Commission）、澳大利亚慈善和非营利委员会顾问理事会（Australian Charities and Not-for-Profits Commission Advisory Board）和非营利管理小组（Not-for-Profit Stewardship Group）等机构，均归财政部下属的澳大利亚税务局（Australian Taxation Office）管辖。

澳大利亚慈善和非营利委员会依据2012年《澳大利亚慈善和非营利委员会法》设立，是全国性的慈善监管机构。其下设六个理事会，分别为：咨询服务、教育和公共事务（Advice Services, Education and Public Affairs），合规（Compliance），信息技术（Information Technology），法律和政策（Legal and Policy），报告、减少繁文缛节和企业服务（Reporting, Red Tape Reduction and Corporate Services），登记（Registration）。值得一提的是，委员会的现任长官加里·约翰斯（Gary Johns）博士同时也是澳大利亚志愿服务协会的创始理事（截至2022年5月）。

澳大利亚慈善和非营利委员会顾问理事会由八名"普通成员"（来自非营利部门、法律、税收或会计等领域的专家及政府官员）和一名"当然成员"（担任特定职务）构成，负责向委员会长官提供支持和建议。

非营利管理小组由政府官员、非营利组织代表、学者等组成，旨在改善客户体验及税收和养老金管理制度。

此外，财政部中央办公厅税收小组（Revenue Group）个人和非直接税分部（Individuals and Indirect Tax Division）还下设非营利和税务管理处（Not-for-profits and Tax Administration Branch）。

（二）社会服务部

社会服务部的使命是提高个人、家庭和社区福祉，这与志愿服务的出发点十分吻合。从组织结构来看，社会服务部下设的养老金、住房和流浪者司、社区司、家庭司、社区资助中心小组、残疾人就业服务特别工作组等机构与非营利和志愿部门存在一定业务交集。而根据澳大利亚志愿服务协会的公开信息可以看出，社会服务部是其最重要的资助者之一。

（三）其他部门

其他涉及非营利和志愿部门的机构主要有：民政部下设的社会凝聚和公民意识小组（Social Cohesion and Citizenship Group）、应急管理和协调小组（Emergency Management and Coordination Group）、移民和定居服务小组（Immigration & Settlement Services Group）等；卫生部下设的老龄化和老年护理司、初级和社区护理司等；外交和贸易部中央办公厅下设的人类发展和治理分部（Human Development and Governance Division）、人道主义、非营利组织和伙伴关系分部（Humanitarian, NGOs and Partnerships Division）等。

二、全国性行业组织

作为全国性行业组织的澳大利亚志愿服务协会，其前身是1993年由原澳大利亚志愿服务协会（The Australian Association for Volunteering）和全国志愿者转介机构协会（The National Association of Volunteer Referral Agencies）合并而来的澳大利亚志愿服务委员会（The Australian Council for Volunteering）。澳大利亚志愿服务委员会在1997年接受了联邦政府的资助，并改组为如今的澳大利亚志愿服务协会。自2012年起，澳大利亚志愿服务协会的办公地点从墨尔本搬迁到了堪培拉。在2019—2020年度，澳大利亚志愿服务协会共有7个基础成员组织和1726个非正式成员组织[①]。

从运作情况来看，澳大利亚志愿服务协会定期或不定期地举办大型活动，如全国志愿者周、全国学生志愿者周、全国志愿服务会议、国际志愿者日、国际志愿服务管理者日、"慈善星期二"等。

从人员情况来看，截至2022年5月，澳大利亚志愿服务协会共有理事会成员九人，包括一名主席、两名副主席、一名财务主管、一名秘书和其他四名理事；全职员工六人，包括一名首席执行官、一名政策总监、一名行政主管、一名财务经理和两名通信协调员；以及若干研究和政策分析志愿者、案例研究管理员志愿者、行政助理志愿者。

从合作伙伴和支持者来看，澳大利亚志愿服务协会主要受澳大利亚社会服务部、澳大利亚怡安集团（Aon Australia）、澳大利亚儿童救助协会（Save the Children Australia）和澳大利亚体育协会（Sport Australia）等方面的支持。

三、地方性行业组织及志愿服务中心

澳大利亚志愿服务协会的七个基础成员组织同时也是州一级的行业组织，包括：新南威尔士州志愿服务中心、维多利亚州志愿服务协会、昆士兰州志愿服务协会、南澳大利亚州和北领地志愿服务协会、西澳大利亚州志愿服务协会、塔斯马尼亚州志愿服务协会和澳大利亚首都领地志愿服务协会。

在地方性行业组织之下，各地还分布着一些志愿服务中心。其中，新南威尔士州有25个，维多利亚州有27个，昆士兰州有10个，南澳大利亚州有9个，西澳大利亚州有27个，塔斯马尼亚州有1个，北领地有2个。

---

① Annual report 2019-20.［2022-05-13］. https://www.volunteering australia.org/wp-content/uploads/2019-2020-Annual-Report-FINAL.pdf.

第五节　品牌项目和特色活动

一、特色活动

（一）全国志愿者周

全国志愿者周是澳大利亚最大的志愿者年度庆祝活动，由澳大利亚志愿服务协会牵头举办。2021年5月17日至23日举办了一次全国志愿者周，主题包括："认可"（recognise）——感谢志愿者在干旱、森林大火、洪水、全球性流行病暴发等危急时刻发挥的重要作用；"重新联结"（reconnect）——通过志愿服务把自己与社区中的其他人联系在一起，从而改善心理健康、增加就业潜力；"重新思考"（reimagine）——如何在高度不确定的环境下更好地支持志愿者及其所帮助的社区[1]。

为了提高活动的社会影响力，澳大利亚志愿服务协会专门为全国志愿者周设计了一系列物料，包括宣传标志、电子奖励证书、海报、活动邀请函、电子邮件签名等。澳大利亚志愿服务协会的线上商店还推出了种类丰富的志愿者礼品，并为参与志愿服务达特定年数的志愿者提供代表澳大利亚志愿服务的红色V形纪念胸针。

（二）全国志愿服务会议

全国志愿服务会议的主办方是澳大利亚志愿服务协会，会议的目的是规划志愿服务行业下一步的发展战略。由于受新冠肺炎疫情的影响，原定于2020年3月18日至20日在西澳大利亚州珀斯市举行的2020年全国志愿服务会议被迫取消。上一次的2018年全国志愿服务会议则是在悉尼举行，主题聚焦"点燃"（ignite）、"振奋"（invigorate）和"鼓舞"（inspire）。会议的主要议程包括主旨演讲、专家平行论坛、小组讨论、政府官员报告、志愿者分享等，在3天会期内有超过650名代表参与其中[2]。

（三）国际志愿服务管理者日

国际志愿服务管理者日创设于1999年，起先同国际志愿者日一样在每年的12月5日举办，后来改到每年的11月5日。国际志愿服务管理者日

---

[1] National volunteer week 2021. [2022-05-13]. https://www.volunteeringaustralia.org/wp-content/uploads/NVW2021_ThemePosterSeries.pdf.

[2] National volunteering conference 2018. [2022-05-13]. https://www.volunteeringaustralia.org/get-involved/events/nvc2018/.

旨在表彰志愿服务管理者在确保志愿服务安全、有效开展上所作的贡献，主办方同样是澳大利亚志愿服务协会。以最近一次的2021年国际志愿服务管理者日为例，主题为"什么是卓越？——让我们超越平凡"（What Is Excellence? —Pushing Us Beyond the Ordinary），围绕该主题掀起了关于"志愿者领导力""志愿者管理认证和学习""多样性和公平""有意义的参与""拥抱技术和系统"等话题的讨论①。澳大利亚志愿服务协会还借助国际志愿服务管理者日的契机，同步推进"持续性专业发展"（The Continuous Professional Development）等面向志愿服务管理者的能力建设计划。

二、品牌项目

（一）飞行医生服务

由于澳大利亚地广人稀，早期居住在远离城市的地方的人们几乎得不到医疗救助。如果他们患有严重疾病，必须乘坐马车、骑马或骑骆驼穿越几百公里才能找到医生，但经常在到达目的地之前就不幸去世了。有感于此，基督教长老会牧师约翰·弗林（John Flynn）在1928年带领澳大利亚中部传教团启动了"飞行医生服务"，利用从澳大利亚快达航空公司（QANTAS）租来的一架飞机送医生出诊或接病人到医院就医。在成立的第一年，"飞行医生服务"就出诊50次，救治了225位病人，累计航程32 200公里。1955年经英国女王批准，"飞行医生服务"的名称前面增加了"皇家"字样，从此正式定名为"澳大利亚皇家飞行医生服务"（The Royal Flying Doctor Service of Australia）。

时至今日"飞行医生服务"的覆盖范围已超过700万平方公里，拥有23个基地、79架医疗飞机、180辆公路车辆和450名工作人员，提供航空急救、全科门诊、电话咨询、移动药房、健康教育、医疗信息统计等全方位服务，可以在2小时内将医生送到病人的身边。其中的大部分服务都是免费的，而资金主要来源于社会公众捐款和联邦及州政府拨款。仅在2019年，"飞行医生服务"通过医疗飞机转运了37 666例患者，通过地面车辆转运了62 895例患者②。为了纪念约翰·弗林的杰出贡献，他的形象被印在了20澳元纸币上。

---

① Volunteering Autralia. [2022-05-13]. https://www.volunteering autralia.org/ivvnday21/#/.

② https://www.163.com/dy/article/G0PE1C6P05503O4L.html.

(二) 研究生志愿者计划

澳大利亚的第一个国际志愿服务项目"研究生志愿者计划"缘于20世纪50年代前后对印度尼西亚的人道主义援助,由当时义务担任印度尼西亚新闻部长翻译员的墨尔本大学研究生赫伯·费思(Herb Feith)和几位同伴在1951年建立。随后,澳大利亚海外服务局在1961年接管了"研究生志愿者计划",鼓励本国公民前往亚洲、非洲和太平洋地区从事志愿服务。澳大利亚政府从1963年开始对国际志愿服务给予大力支持,为海外服务局新发起的"澳大利亚海外志愿者"(Australian Volunteers Abroad)项目提供资金,首批被选中的14名志愿者于次年前往巴布亚新几内亚、所罗门群岛、坦桑尼亚和尼日利亚。到20世纪八九十年代,澳大利亚国际志愿服务已扩展到亚洲、非洲、拉丁美洲、中东的大部分发展中国家及欠发达国家和地区。

著名的澳大利亚国际志愿者组织的前身正是"研究生志愿者计划"。它在2018年启动了由外交和贸易部支持的"新澳大利亚志愿者"(New Australian Volunteers)项目,以取代原来的"澳大利亚国际发展志愿者"(The Australian Volunteers for International Development)项目。在2019—2020年度,澳大利亚国际志愿者组织共派出853名志愿者到28个国家(如菲律宾、柬埔寨、东帝汶、蒙古、肯尼亚、斯威士兰、莱索托等)开展服务,具体服务类型包括"发展志愿服务"(volunteering for development)、"学生移动服务"(student mobility services)、"技术顾问和导师"(technical advisors & mentors)、"能力建设"(capacity building)等[①]。

(三) 车轮上的食物

"车轮上的食物"顾名思义就是为有需要的人提供送餐上门服务,这一想法最初来源于英国皇家妇女志愿服务(The British Women's Royal Voluntary)组织在第二次世界大战期间为被轰炸的平民送餐的经历。从20世纪50年代起,以"车轮上的食物"为核心项目的志愿服务组织开始在澳大利亚出现。南澳大利亚州"车轮上的食物"协会是历史最为悠久的组织之一,它由多丽丝·泰勒(Doris Taylor)在1954年建立,迄今已为南澳大利亚州民众提供超过5 000万份餐食。仅在2019—2020年度,就有10 025人接受服务,志愿者协助供应的餐食总计970 862份[②]。任何无法独

---

① Financial report 2019−20. [2022−05−13]. https://www.avi.org.au/wp-content/uploads/2021/02/Financial-Report-2020_AVI.pdf.

② Annual report 2020. [2022−05−13]. https://cdn.mealsonwheelssa.org.au/wp-content/uploads/media/2020/11/cr1-84mowannualreport_22.pdf.

立购物和做饭的人（如老年人、康复患者、残疾人、贫困者等），都可以享受志愿者的送餐服务。南澳大利亚州"车轮上的食物"组织的日常菜单既包含汤、主菜和甜点，也可以满足部分人的特殊膳食需求。

澳大利亚"车轮上的食物"协会（Australian Meals on Wheels Association）是各州（领地）"车轮上的食物"协会的联合体，秘书处设在南澳大利亚州，代表了全国592个独立服务机构。这些机构合计每年为超过75 000人提供了上千万份餐食，参与服务的志愿者约有76 000人。"车轮上的食物"致力于社区的健康和福祉，集食物（营养）、安全和健康检查（生理和心理健康监测）以及社会凝聚（加强人际互助）等服务内容于一体。虽然各州（领地）"车轮上的食物"协会在内部治理结构上有所差别，但都共享基本的志愿和利他精神。

（四）为澳大利亚而教

"为澳大利亚而教"是2010年澳大利亚政府推动的一项教育公平改革计划，旨在缓解偏远地区优质师资匮乏、教育水平低下和教育不平等的状况。效法美国1990年启动的"为美国而教"（Teach for America）项目和英国2002年启动的"教学优先"（Teach First）项目。"为澳大利亚而教"面向全社会招募志愿教师，对象包括应届毕业生和从业人士。为了提高志愿教师的专业能力，"为澳大利亚而教"与墨尔本大学教育学院合作开展培训。志愿教师的岗前集中培训为期六周，包括理论学习和教学实践；分配到实习学校后还将接受校内资深教师的指导，从而帮助他们尽快适应学校环境、有效开展课堂教学；在年中和年末学校放假期间也有约一周的集中培训。

"为澳大利亚而教"具有三个层次的目标：短期目标是吸引优秀志愿教师到教育相对落后的地区任教，提高学生的学习成绩；长期目标是形成一个志愿教师网络，帮助他们成为各个领域的杰出领导者；最终目标是通过志愿教师网络成员来动员社会力量，促进教育公平。在项目实施的第一年，就有45名志愿教师被分派到维多利亚州的13所学校。经过10多年的发展，截至2021年，"为澳大利亚而教"已累计收到超过13 800份志愿者申请，从中选拔培养了1 120名志愿教师，在6个州（领地）的229个合作学校为超过37 000名学生提供了教学服务[①]。尽管"为澳大利亚而教"项目曾引发过一些争议，但不可否认它起到了很好的示范效应，有利于激

[①] Teach for Australia. [2022-05-13]. https://teachforaustralia.org/our-impact/educational-inequity/.

励更多的志愿者投身教育事业。

第六节 重要机构和网站

一、政府机构网站

此处主要介绍财政部下属的澳大利亚慈善和非营利委员会、澳大利亚慈善和非营利委员会顾问理事会、非营利管理小组、非营利和税务管理处等机构的官方网站或主页，详细网址见表8-6。

表8-6 政府机构网站

名称	网址
澳大利亚慈善和非营利委员会	https://www.acnc.gov.au/
澳大利亚慈善和非营利委员会顾问理事会	https://www.directory.gov.au/portfolios/treasury/australian-taxation-office/australian-charities-and-not-profits-commission-advisory-board
非营利管理小组	https://www.ato.gov.au/General/Consultation/Consultation-groups/Stewardship-groups/Not-for-profit-Stewardship-Group/
非营利和税务管理处	https://www.directory.gov.au/portfolios/treasury/department-treasury/central-office/revenue-group/individuals-and-indirect-tax-division/not-profits-and-tax-administration-branch

澳大利亚慈善和非营利委员会网站共有五个栏目："面向慈善组织"（For charities），涉及慈善组织的注册、管理、年度信息申报、税收减免等；"面向公众"（For the public），涉及慈善捐赠、慈善组织介绍、慈善部门研究等；"寻找慈善组织"（Search for a charity），提供慈善组织的查询渠道；"引起关注"（Raise a concern），涉及慈善组织规制；"指南和工具"（Guidance and tools），涉及与慈善相关的资源。

澳大利亚慈善和非营利委员会顾问理事会、非营利管理小组和非营利和税务管理处都没有独立网站。只在澳大利亚政府网的主页上简单介绍了机构的性质、成立依据、成立日期、组成人员、联系方式等信息。

二、志愿服务组织网站

此处主要介绍全国性和地方性行业组织以及若干重要志愿服务组织的

官方网站,详细网址见表8-7。

表8-7 澳大利亚志愿服务组织网站

名称	网址
澳大利亚志愿服务协会	https://www.volunteeringaustralia.org/#/
新南威尔士州志愿服务中心	http://www.volunteering.com.au/#/
维多利亚州志愿服务协会	https://www.volunteeringvictoria.org.au/
昆士兰州志愿服务协会	https://www.volunteeringqld.org.au/
南澳大利亚州和北领地志愿服务协会	https://www.volunteeringsa-nt.org.au/
西澳大利亚州志愿服务协会	https://wwa.volunteeringwa.org.au/#/
塔斯马尼亚州志愿服务协会	https://www.volunteeringtas.org.au/
澳大利亚首都领地志愿服务协会	https://www.volunteeringact.org.au/
澳大利亚红十字会	https://www.redcross.org.au/
澳大利亚国际志愿者组织	https://www.avi.org.au/

澳大利亚志愿服务协会网站共有九个栏目:"关于"(About),涉及组织的历史、赞助者、理事会、雇员、年度报告、志愿者职位等;"志愿服务与新冠肺炎"(Volunteering and COVID-19),为志愿服务组织和志愿者提供有关新冠肺炎的信息;"政策"(Policy),涉及政策倡导、可持续发展目标等;"研究"(Research),涉及各类志愿服务研究报告;"资源"(Resource),涉及各类与志愿服务相关的实用资源和工具;"参与其中"(Get involved),涉及会员资格、志愿者招募和各类志愿服务活动;"新闻"(News),涉及新闻报道、社交媒体等;"商店"(Shop),出售各类志愿者纪念品;"联系我们"(Contact us),涉及组织的地址、办公时间、电子邮箱等。

其余包括新南威尔士州志愿服务中心、维多利亚州志愿服务协会、昆士兰州志愿服务协会、南澳大利亚州和北领地志愿服务协会、西澳大利亚州志愿服务协会、塔斯马尼亚州志愿服务协会和澳大利亚首都领地志愿服务协会等在内的地方性行业组织,其网站的栏目设置与澳大利亚志愿服务协会大体相似,这里便不再赘述。

澳大利亚红十字会网站共有八个栏目:"我的红十字会"(My redcross),涉及用户登录和注册;"急救"(First aid),涉及系统的急救和心理健康培训课程;"商店"(Shop),涉及商品销售;"联系我们"(Contact us),涉及组织的联系方式、地址、办公时间等;"获得帮助"(Get help),涉及社区服务、应急援助、移民援助等;"为人类而行动"(Act for humanity),涉及参与组织、行动构想和如何提供帮助等;"捐赠方式"

（Ways to donate），涉及线上捐款、支持、合作、其他捐款方式等；"故事"（Stories）则主要讲述了志愿服务过程中令人印象深刻的故事。

澳大利亚国际志愿者组织网站共有七个栏目："关于"（About），涉及成员、历史、年报、声明以及联系方式等；"志愿服务"（Volunteering）主要介绍了三个志愿服务项目；"学生项目"（Student programs），涉及学生移动性、大师班系列和虚拟程序等；"AVI太平洋人"（AVI pacific people）提供点对点的招聘服务；"AVI咨询"（AVI advisory）则是澳大利亚和国际层面的志愿服务咨询；"参与其中"（Get involved），主要涉及捐款、遗产捐赠和在澳大利亚国际志愿者组织的职业生涯等；"新闻"（News）则主要介绍志愿服务活动中的故事以及执行官致辞等。

三、研究机构网站

此处主要介绍关注非营利和志愿服务研究的学术机构以及非营利组织的官方网站，详细网址见表8-8。

表8-8 澳大利亚志愿服务研究机构网站

名称	网址
"非营利法律"	https://www.nfplaw.org.au/
伦敦标杆管理小组	https://b4si.net/
澳大利亚儿童和青年研究联盟	https://www.aracy.org.au/

"非营利法律"（Not-for-profit Law）网站共有七个栏目："新闻"（News），涉及各类新闻消息；"法律改革"（Law reform），介绍了关于募捐等领域的法律改革；"关于我们"（About us），涉及顾客、合作伙伴、雇员等；"免费资源"（Free resources），涉及各类实用资源和工具；"网络研讨会"（Webinars），涉及一些网络研讨会信息；"培训"（Training），涉及各类培训教程；"获得律师的帮助"（Get help from a lawyer），涉及法律介绍、法律咨询等。

伦敦标杆管理小组网站共有六个栏目："关于"（About），涉及组织的历史、战略合作伙伴、网络等；"框架"（Framework），涉及社区投资、商业投资等；"网络"（Network），涉及加入途径、附加服务等；"新闻"（News），涉及各类新闻消息；"活动"（Events），涉及组织的各项重大活动；"联系"（Contact），涉及组织的地址、联系方式、消息订阅等。

澳大利亚儿童和青年研究联盟网站共有五个栏目："关于我们"

(About us)，涉及组织的联系方式等；"网络在行动"（The nest in action），涉及组织的行动网络；"加入我们"（Join us），涉及捐赠、成员吸收等；"新闻和活动"（News & events），涉及各类新闻消息及订阅；"出版物和资源"（Publications & resources），涉及各类公开出版物。

思考与讨论

1. 澳大利亚的志愿服务发展有哪些特点？
2. 澳大利亚的志愿服务如何实现法制化？
3. 澳大利亚的志愿服务如何实现组织化？
4. 澳大利亚的志愿服务如何实现品牌化？
5. 澳大利亚经验对于中国志愿服务事业发展有何可借鉴之处？

第九章
德国的志愿服务

第一节　发展阶段

德国的志愿服务源于宗教，历史悠久。第一次世界大战期间，德国卷入战争，产生大批伤员。为了照顾他们，教会带领民众无偿参与救助，教友间也互相帮助、相互关爱，这便是德国早期志愿服务的体现。第二次世界大战后，德国出现了大量的空缺岗位，尤其是对病患、残障人士、老人的照顾和护理岗位。为了重建德国，推进社会发展，德国志愿服务开始扩大成一种由政府或社会组织提供的广泛性、社会性服务。为了推动形成志愿服务这一良好的社会风气，德国联邦议会陆续颁布了几部法律，法律的生效使得德国志愿服务系统比以前更加完整[1]。以下将从萌芽、建设、创新三个阶段介绍德国志愿服务的历史发展。

一、萌芽阶段（18世纪中后期至19世纪初）

德国的志愿服务组织起源于18世纪中后期，最早的扶贫体系出现于汉堡，旨在帮助劳工解决生活问题。该扶贫体系将汉堡分成60个行政区，且每个行政区都设有志愿机构对穷人进行帮助。19世纪初，普鲁士的城市法规规定公民可以在承担公共责任的同时不求报酬。此举标志着德国在法律层次上赋予公民进行自我管理和参与城市管理的权力，但公民必须以志愿

---

[1] 丁元竹，江迅清. 志愿活动研究：类型、评价与管理. 天津：天津人民出版社，2001：2.

第九章　德国的志愿服务

者身份参与，且在城市管理中承担责任①。

二、建设阶段（19 世纪中期至 20 世纪中后期）

在 20 世纪 60 年代，联邦德国的女政治家黎泽罗特·冯克（Liselotte Funcke）倡导为年轻女性设立一个志愿服务年。而在民主德国，早在 20 世纪 50 年代就已经有了国家性质的群众性倡举——国家建设工作（Das Nationale Aufbauwerk），以期清除第二次世界大战遗留的废墟。到了 60 年代，这一倡举则被"一起行动运动"（Mach-mit-Bewegung）②和"民族经济群众倡举"（Volkswirtschaftlichen Masseninitiative）所取代。

三、创新阶段（20 世纪 90 年代以来）

到了 20 世纪 90 年代末，受到青年志愿服务岗位的需求量不断提升等因素的影响，联邦家庭、老人、妇女与青年部（以下简称联邦家庭部）在 2003 年召开了"为了文明社会的未来"专家委员会，相关社会协会和环境协会的代表以及相关部长共同制定了一个对促进各个年龄层人群的志愿服务事业的资助计划。两个相应的试点项目于 2004 年开始运行，但规定每周工作时长不得超过 20 小时，自 2009 年至 2011 年底推出的后续项目"全世代志愿服务项目"就只提供兼职的志愿服务机会，也就是每周工作 8 小时。

随着时间的推移，德国志愿服务范围越来越广，不再仅限于护理和救助行业，现在的志愿服务主要涉及社会、文化、生态和体育这四个领域，根据不同领域，志愿者会被分派到相应的工作单位，如幼儿园、博物馆、农场或足球俱乐部开展工作，发挥着积极的作用。

第二节　发展现状和特点

一、服务现状

早在 18 世纪，德国汉堡就出现了旨在解决劳工生活问题的志愿服务组

---

① 敖带芽，李萍. 德国应急管理中的志愿者体系//中国科学社会主义学会当代世界社会主义专业委员会."后国际金融危机时代的世界社会主义"学术研讨会暨当代世界社会主义专业委员会 2010 年年会论文集，2010：484—487.

② "一起行动运动"的口号为"为了我们更美的城市和乡镇，一起行动起来！"（Schöner unsere Städte und Gemeinden-Mach mit！）。

织。1808年,德国法律允许公民可以无偿参与自我管理和城市管理。至此,越来越多的公民以志愿者的身份参与社会事业管理。当下,德国的志愿服务仍在不断发展,组织形式也在不断完善,相比之前,志愿服务活动更为广泛与活跃,服务范围也大为扩展。

根据2014年的数据,在德国,14周岁以上的居民有43.6%的人参与了志愿服务,但是不同人群的参与度差异很大。其中女性的参与率为41.5%,和男性的参与率45.7%相比略低。据研究统计,14~29岁和30~49岁的年龄段的志愿者参与率最高,而65岁以上的年龄段的志愿者参与率最低。受教育程度高的人相较受教育程度低的人参与志愿服务比例更高[1]。

二、服务特点

具体而言,德国志愿服务主要具有以下特征:

(一)德国公民的志愿服务参与度高,基金会重要性提升

随着德国公民的志愿服务参与度的提高,各个基金会的影响力也在不断增强。

德国联邦政府针对志愿服务的一项调查显示,近六成受访者,每周从事志愿服务工作的时间达到2小时。来自各志愿者协会的总计超过60万名的个体成员与慈善联合会、教会、协作社团、援助组织、公益企业和私人倡议行动,一起构成了"第三部门"的中流砥柱。根据德国2009年第三次志愿服务调查的结果,14岁以上的人中仅有29%的人局限于个人义务和职业承诺,大多数人活跃在各种团体、协会或社团,以及组织和公共机构中。此外,还有36%的人将志愿服务作为本职工作。这个比例自1999年以来基本保持稳定[2]。由此可见,德国公民的志愿服务参与度很高。

德国拥有众多具有法定资格的民法基金会(基金会典型的法律形式),仅在2018年和2019年就有1000多家新的基金会成立。全国平均每10万个居民就拥有28家基金会。其中超过一半的基金会主要追求社会效益,并且教育和培训以及艺术和文化领域也经常得到扶持。

方兴未艾的是市民基金会,这是由部分市民和企业共同发起的,旨在资助本地或者地区计划的基金会。第一批此类基金会出现在1996

---

[1] 耿长娟. 德国的非营利组织与志愿服务//中国志愿服务联合会. 中国志愿服务发展报告(2017). 北京:社会科学文献出版社,2017:340-357.

[2] 郑春荣. 德国志愿服务:特点、趋势与促进措施. 中国青年研究,2010(10).

年。2020年，获得德国基金会联邦联合会承认的市民基金会已经有272家。

但是，目前公民的志愿服务参与更多地从大型联合会转向小型的、自发组织的团体和不固定的项目。尤其是在2015—2016年大量难民涌入期间，许多德国人自发参与到本地援助难民倡议行动的志愿服务中。在当下，新冠肺炎疫情带来了新的任务和新形式的志愿服务工作，例如为高风险人群提供购物帮助。人们正在根据形势的变化，自发参与志愿服务。与大型联合会相比，这种小型的不固定的项目更具有灵活性，从而使得志愿服务的效率得到很大的提高。

（二）参与志愿服务的人数增加，参与比例有所不同

德国的法律制度鼓励人们积极参加志愿服务，对从事志愿服务的人给予很高的社会评价，如设立荣誉职位等。另外，德国的中学教育对学生从事志愿服务的时数有明确要求；符合服兵役条件的人如果不愿服兵役，可以通过做全职志愿者来替代服兵役。因此，越来越多的德国人投身到志愿服务工作中。从2018年至2022年，德国志愿服务参与的人数分别为1 487万、1 598万、1 711万、1 624万和1 572万。特别是在2018年至2020年期间，增长率上升幅度超过了以往的上升幅度[①]。这种参与率的上升可以归因于社会的变化，例如教育的扩展和在政治和公共生活中对志愿服务的关注度的日益增加。

在德国，全社会的志愿服务参与度都有所提升，但不同人群提升的比例相差较大。1999年至2014年，从事志愿工作的女性人数的增幅比男性的高，因此志愿服务中的性别差异在缩小。在这15年中，年轻人和老年人两大人群的志愿服务参与度已超过中年人群。受教育程度不同的群体之间志愿服务参与度提升的差距在扩大，1999年至2014年，受教育程度高的人群，其志愿服务参与度的提升比例明显高于受教育程度低的人群。

志愿服务的服务领域多种多样，主要包括体育俱乐部、教会机构和援助组织。在体育和运动领域，志愿者参与的比例最高，为16.3%；其次是在学校或幼儿园的志愿服务，参与率为9.1%，文化和音乐领域为9.0%。根据2018年统计数据显示，德国男性和女性志愿者工作的分布情况也不相同。德国大多数男性在体育俱乐部做志愿者，占8.9%；而大多数女性倾

---

① https://de.statista.com/statistik/daten/studie/173632/umfrage/verbreitusang-ehrenamtlicher-arbeit/.

向于在教会社区和组织做志愿者,所占比例为 5.8%①。

志愿服务是社会参与的一种形式。但是,参与志愿服务的机会却是不均衡的。如果想要志愿服务工作在将来能够不断得到促进和发展,那么就必须考虑到志愿服务工作的人力和社会资源的储备问题,以及志愿服务工作与生活其他领域的义务和工作是否协调的问题,例如志愿服务工作和家庭的协调。

(三) 参与志愿服务的时间、地区以及意愿发生变化

据统计,2014 年人们在志愿服务上投入的时间与 1999 年相比有所减少。1999 年至 2014 年,每周工作六小时或以上的人所占比例有所下降。每周最多工作两个小时的志愿者比例则上升至 58.1%。这表明志愿服务在时间上的约束性正在发生改变。志愿服务相关研究表明,年轻人对所谓受约束的志愿服务形式持保留态度,即在协会和俱乐部持续和有计划的志愿服务中表现得并不积极。当下,人们越来越多地基于自身的生活方式寻求不同的方法将职业工作、家庭工作和志愿服务进行结合。这进一步导致志愿服务的动态化,因为上述情况存在多种可能性,包括参与、退出和重新参与志愿服务②。从事非管理或董事会工作的志愿者人数在迅速增加。

参与志愿服务也有地区方面的差异。与德国东部相比,德国西部的人参与志愿服务更多。16 个联邦州之间在志愿服务方面也存在明显差异。相较于城市居民,生活在农村地区的人更倾向于参与志愿服务。

以前未参与志愿服务的人群,今后参与志愿服务的意愿更强烈、可能性很大。如今,在还未参与过志愿服务的人群中,超过 50%的人愿意在未来参与志愿服务。女性和男性在这个方面上的意愿差别很小。与年轻人和中年人相比,老年人参与志愿服务的意愿不是非常明显。受教育程度高的人比受教育程度较低的人参与志愿服务的意愿更强烈。根据调查,没有移民背景的人比具有移民背景的人更多参与志愿服务。没有移民背景的人比拥有移民背景的人做志愿者的频率更高,尤其是比没有德国国籍并且具有移民经历的人更常参与志愿服务。换言之,具有移民背景的人较少参与志愿服务,因此,相比之下,具有移民背景的未参与过志愿服务的人比没有移民背景的人参与志愿服务的意愿更强烈。总体而言,德国未来的志愿服

---

① https://de.statista.com/statistik/daten/studie/173632/umfrage/verbreitusang-ehrenamtlicher-arbeit/.

② 郑春荣. 德国志愿服务:特点、趋势与促进措施. 中国青年研究,2010 (10).

务事业发展潜力很大①。

第三节 法制建设

德国有一整套较为全面且完善的志愿服务法律体系。从古至今，德国联邦议会为保证志愿服务工作良好发展，制定了《促进志愿社会年法》、《促进志愿生态年法》和《奖励国际志愿者年法》等多部法律。2002年，《促进志愿社会年法》和《促进志愿生态年法》得到全面修订，此举进一步扩大了志愿服务的范围。该举措还鼓励16～27岁的年轻人暂时离开学校，投身社会或环境活动的社会教育中。并且，参与者在获得教育指导，扩大该领域的知识范围的同时，仍可获得租金、交通和社会保障方面的补贴奖励。最后，此举不仅规定志愿服务支出的费用免税与交通、社会保险等多方面的优惠待遇，还确定了志愿者意外事故的伤害保险和赔偿责任，以确保志愿者权益在服务过程中得到保障。德国联邦议会于2011年7月修改了法律规定，允许公民在进行一定程度的志愿服务后免除民役与兵役，进而有效缓解了志愿服务、家庭生活和职业生涯之间的冲突。

一、德国《促进青年志愿服务法》的颁布

（一）《促进青年志愿服务法》依法管理志愿服务

1954年，巴伐利亚州大主教迪茨费尔宾格（Hermann Dietzfelbinger）呼吁以女性青年为代表的青年教友，在日常工作之余走出家门积极参与社会服务活动。作为报酬，可获得少量零花钱，这也就是志愿社会年的前身。随后，其他州也纷纷效仿。1962年，主教惠克特（Gertrund Rückert）提出，高中生毕业后，在就读大学前，应该先参与一年的社会志愿服务，通过对服务岗位的体验来为自己的人生发展和职业规划进行初步定位。为了形成推崇志愿者服务这一良好的社会风气，以及让更多的德国青年在社会实践中得到锻炼，最终，联邦议院于1964年通过《促进志愿社会年法》，该法案为年轻人参与志愿服务奠定了法律基础。前述两位主教与时任联邦家庭部部长黑克（Heck）在法案起草、修改等环节中起到重要

---

① 更加具体的德国志愿服务数据可参见 https://de.statista.com/statistik/daten/studie/173632/umfrage/verbreitung-ehrenamtlicher-arbeit/（德国统计局官网，各年份数据详细，包括各年份志愿者的人数、数据分布、性别对比、年龄对比等）。

作用。

在人们环保意识增强和社会对环境保护不断重视的背景下,志愿服务组织开始参与到生态与环保的公益活动中。1993年,联邦议会颁布了《促进志愿生态年法》,将志愿生态年以法律形式正式确定下来。

因为上述两部法律在内容上存在重合,所以在2008年,德国联邦议会通过颁布《促进青年志愿服务法》对前两部法律的内容进行了优化与调整。志愿社会年和志愿生态年的框架条件是由《促进青年志愿服务法》规定的。其志愿参与时间灵活,该法第5条规定,社会志愿年和生态志愿年的服务期限通常为连续的12个月,且最短期限为6个月,最长期限不得超过24个月。年轻人可以根据个人的人生规划来选择参与志愿服务。

德国的志愿者从事志愿服务时,除了服务机构支付食宿、培训、日常管理等费用外,每名志愿者还能得到一部分属于自己的零花钱,志愿者有一定的物质收入和权益保障。

参与志愿社会年和志愿生态年的志愿者们原则上有社会保险的法律保障。其中养老保险、失业保险、意外保险、医疗保险和护理保险均由赞助者或机构提供。此外,原则上志愿者在年满25岁前都可以申请子女补贴费以及所有相关的政府提供的后续服务。在志愿服务期间,志愿者们一般会获得一份零花钱。志愿者的住宿费用、护理费用和工作服可以由机构提供或者先由志愿者自己垫付,后期统一报销,报销后的资金为现金可以抵扣志愿者的日常开销。自2012年4月11日起,联邦家庭部在青年志愿服务资助方针的基础上还为志愿者的教育培养提供每月不超过200欧元的固定资助,机构不同,具体金额会有所不同。

《促进青年志愿服务法》对志愿服务零花钱的额度也有相应的限制,即不应超过普遍养老保险的保险金上限的6%。在法律层面,志愿者无权要求获得护理费用或者住宿费用的赔偿或退款。《促进青年志愿服务法》中规定赞助者需要对志愿者进行教育指导。除了对志愿者的个人指导以外,志愿者们还会参加研讨课。这种研讨课分为初期、中期和末期三个阶段。会有一次入门研讨课、一次或两次的志愿服务期间的研讨课以及最后的结业研讨课,每五天至少会有一次研讨课并且算入义务受教育天数。青年志愿服务为年龄在27周岁及以下的对志愿活动感兴趣的青年人提供各种各样的参与志愿服务的机会。一般来说,青年志愿服务时间为12个月。对年轻人来说,参加青年志愿服务是提高教育素养和职业能力的好机会。在整个志愿服务期间,志愿者们受到全程的教育培训辅导。志愿者可以在这个过程中获得重要的社会、个人经验和能力。从某种程度上来说,志愿者在参与志愿服务的过程中同时实现了利他与利己。

（二）《促进青年志愿服务法》与相关法律的对接

自 2011 年 7 月 1 日起，德国正式取消实行了 60 年的义务兵役制，并通过联邦议会立法确定了志愿服务可代替兵役和民役。由于不再"强制入伍"，适龄青年从事志愿服务的人数大为增多，虽然参与志愿者服务项目的每月所得（不超过 348 欧元）与每月 1 146 欧元的志愿兵工资相差很远，但仍然有大批德国青年参与社会志愿服务。

参加志愿服务的志愿者只能得到有限数额的报酬，除此之外，在志愿服务期间他们没有任何收入来源。所以在志愿服务期间，根据《联邦家庭津贴法》的规定，未满 25 周岁的志愿者可以申请子女补贴。和民事服役或服兵役等不同，子女补贴不可以根据参与志愿社会年的志愿时长来相应提高补贴额度，年满 25 周岁即不再享有子女补贴的优惠。

《社会保险法》也面对特殊情况做出相关规定，若志愿者系该法意义上的孤儿，那么在其参加志愿服务期间可以依据不同情况领取半额或者全额的救助金至 27 岁。

综合来看，《促进青年志愿服务法》与取消义务兵役制以及《联邦家庭津贴法》《社会保险法》等有关法条的衔接，旨在进一步激发人民参与志愿服务的热情，并且更好地保护志愿者的利益，使其在没有收入或收入较少的情况下，依旧可以享受基本的医疗保险以及其他福利。

二、德国《联邦志愿服务法》的颁布与修订

德国取消义务兵役制后，相关代替服兵役的民事服役也相应被取消。德国政府希望在未来能够吸引更多的人参与社会服务，特制定《联邦志愿服务法》。

《联邦志愿服务法》由德国联邦政府进行监督，其具体措施则由隶属于德国联邦家庭部的联邦家庭和公民社会事务管理局[1]执行。这一机构与市民、社团、协会及基金会等共同合作，促进志愿服务事业的发展。

《联邦志愿服务法》的启用，意在通过志愿联邦年全面推进志愿服务计划。根据该法规定，志愿者必须符合下述条件之一：其一为未满 27 周岁并已完成全日制义务教育，无报酬目的，不处于职业教育阶段或从事类似的全职工作。其二为年满 27 周岁且每周有 20 个小时以上的时间可进行全

---

[1] 联邦家庭和公民社会事务管理局是德国联邦家庭部的下属机构，主要负责联邦志愿服务和志愿参与活动的相关工作。

职或兼职工作的人。不同于《促进青年志愿服务法》，该法规定志愿者享有管理参与权。根据该法第10条规定，志愿者可以通过选举代表的方式，将部分权力赋予代表，并通过代表与志愿服务接受者、组织者、中心办公室和具有管辖权的联邦机构进行沟通①。

此外，对《联邦志愿服务法》和《促进青年志愿服务法》的相应修订，为年轻人在27岁之前完成非全时青年志愿服务或非全时联邦志愿服务创造了法律先决条件。这将有助于那些只能非全时参加志愿服务的年轻人获得参与志愿服务的机会。

第四节 组织体系

一、整体概况

在德国的志愿服务体系中，有三个被明确定义的角色：德国志愿服务机构、工作单位和志愿者。德国联邦家庭部授权一些机构组织对各类社会组织进行认证，一般三年一次，定期抽检。只有那些通过认证的单位才能开展志愿服务。在法律的规范下，各方均具有相应的权利和义务，为整个志愿服务体系提供全方位的保障。

德国的志愿者机构（约有400个）是一个令人印象深刻的用以实现民众参与的基础场所；其中，200多个志愿者机构是联邦志愿服务机构共同体协会的成员，约360个志愿者机构通过州志愿者机构工作组（Lagfas）组织起来②。

志愿者机构是志愿者和想与志愿者合作的组织的联络点，是确保志愿者良好参与的框架条件，并为各个机构的参与创建合作网络。不管志愿者是青年人还是老年人，不问性别，不问出处，也不在意其是否有特殊才能，志愿者机构都一视同仁，激励、建议人们以其不同的技能、经验和兴趣参与志愿服务。

志愿者机构时刻关注社区的情况和需求。它们观察社会的变化，了解当前的问题，与当地合作伙伴一起，不断反省志愿服务在塑造社会方面能发挥什么作用。在此基础上，它们会制订解决方案，以求能够切实

---

① 王漠. 德国志愿服务立法的特点. 新疆人大（汉文），2016 (1).
② https://bagfa.de/ueber-die-bagfa/freiwilligenagenturen/.

有效地解决问题。志愿者机构的形式是丰富多样的，如有不同规模的，有不同的赞助商的，所处情况也各有差异，而这都取决于当地对它们的重视程度。

志愿者机构的职责包括：鼓励、建议和陪伴志愿者；向感兴趣的有关机构提供信息并使其具备相关资格；提供能使志愿者很好地共同工作的提示，并开展宣传活动，使公民参与和参与者得到更多的认可；与他者一起启动志愿工作项目；组织志愿者交流和志愿者日等活动，为有意愿参与的市民和公益组织搭建了桥梁。

志愿服务机构主要负责项目筹备、服务岗位信息收集整理以及志愿者研讨培训；工作单位主要负责志愿者食宿、保险和日常管理工作；志愿者则需在通过志愿服务的审核后，在特定工作单位参加志愿服务。这种角色定位不仅保证了有专门人员负责满足志愿者的需求，也确保了志愿服务的合理有效运行。

二、组织管理

奥斯本和萨拉蒙对志愿组织做出广义定义，认为只要是正式建立的、独立于政府且具有非营利性和自我管理能力，同时拥有实质性志愿内容的组织都可以视作志愿组织。志愿服务组织的社会功能随着时代的发展不断变化。在德国，志愿服务组织在经济、政治、文化等多个方面扮演着关键的角色，对经济社会的发展产生日益重要的影响。

德国的志愿服务的组织管理目前是由各个层面共同推动的。联邦家庭部及其下属的家庭和公民社会事务管理局与其他各联邦州、各种社会机构，如教会、社团、公益企业、公民倡议、各大基金会等共同合作，推动志愿服务事业的发展。

德国志愿服务组织体系有两种建立方式。其中一种是建立分支机构。如德国志愿服务平台建设项目受欧盟和德国联邦的委托，在欧洲33个国家建立了协调处，在各联邦州与地方设立了900个办事处，与当地的信息传播机构、职业机构进行联系，提供志愿服务岗位信息，同时将项目信息向社会广泛传播。另一种是建立合作伙伴关系。德国志愿服务组织非常重视建立合作伙伴关系，但所有的合作伙伴必须得到项目发起组织的认证才有可能与后者长期合作。

具体而言，德国的志愿服务的组织管理主要由以下几个机构共同推动：

（一）联邦家庭和公民社会事务管理局

联邦家庭和公民社会事务管理局是德国联邦家庭部的一个下属机构，主要负责联邦志愿服务和志愿参与活动的相关工作。正如前文所言，《联邦志愿服务法》的执行由德国联邦政府进行监督，其具体的措施则由隶属于德国联邦家庭部的联邦家庭和公民社会事务管理局执行。这一机构与市民、社团、协会及基金会等共同合作，促进志愿服务事业的发展。

（二）非营利组织

非营利组织是介于国家和市场之间的一种组织形式。是基于公共部门（以社会公共利益为目标，通过国家授予的公共权力对各项社会事务进行管理，并向社会成员提供法定服务）和私人部门（以追求利润为目标，由私人拥有，并通过在市场上销售产品或提供服务以获取利润）而提出的一个概念。

德国的非营利组织大约有 50 万个。非营利组织的登记手续相对简单，满足以下基本条件即可获得法律登记：成员人数不少于 7 人、符合宪法规定、拥有合法章程、明确解散后财产的归属。在德国，政府审查非营利组织的合法性时，主要注重公益性组织解散后财产的去向，并要求非营利组织在组织章程中明确规定是上缴给政府还是转移至同类非营利组织。

德国非营利组织的内在驱动力是基于志愿精神的利他主义与互助主义，而不是利润动机与权力原则。

德国非营利组织的资金主要来源于会费、组织活动收入、企业和个人捐款以及政府补贴。不同类型的非营利组织，其资金来源具有差异性。例如，德国社会福利服务组织的资金主要来自政府拨款，其获拨款项占德国非营利组织总收入的 2/3 左右；而私人基金会等慈善组织则更依赖于非政府拨款。其他社会团体，如职业协会、工会、环境协会和文化协会等，则主要通过会员缴纳会费、房屋出租和售票等方式获取收入。

在德国，非营利组织在获得广泛的税收优惠之余，还可以接受社会捐款。在向公益性机构捐款时，公司和个人可以获得所得税的扣除。

（三）基金会

德国的基金会，可以由私人创立、机构创立，也可由政府创立，大致分为公立基金会和私立基金会两类。公立基金会和私立基金会都必须保持公益性。一般情况下，公立基金会主要替政府向社会提供公共服务产品。私立基金会筹集资金相对来说比较容易，也容易满足该机构的公益意愿。

当地议会批准设立的公立基金会，主要负责政府的分配任务。其经费预算为两年制，本金可动用。董事会中须至少有一名以监督政府利益的落实情况为任且来自政府部门的代表。监事会成员由政府相关人员和金融家组成。公立基金会的投资受到政府的严格管理，并规定基金会80%的投资应购买政府发行的债券，其中20%购买二级市场的债券，因为政府债券风险较小且收益比其他债券高2%。州政府有权批准基金会的投资计划，在基金会的日常工作中则由财政部门对其进行监督。

私立基金会设董事会和监事会，负责人由自己选出，政府不指派。一般情况下，私立基金会在进行项目筹资时，自己要承担约三分之一的资金，这使私立基金会在项目实施时更具有公益性的特点。

（四）行业协会和商会

在德国各类非营利组织中，尤其以经济领域里的各种管理性组织——行业协会和商会——最为活跃，其组织和管理体制特点比较突出。虽然德国是市场经济比较发达的国家之一，但政府没有专门从事工业管理的机构。与此同时，德国政府不允许商业机构介入志愿服务。因此，在德国整个市场经济的运行机制中，从中央到地方，从整体到部分，存在着许多行业协会和商会。志愿服务的资金主要来源于政府，志愿服务总资金的90%都为政府出资。政府资助资金分布严格按照三方的权利和义务，从而充分保证各种机构的正常运行及志愿者各项活动的顺利进行。

就组织形式而言，行业协会主要聚焦于行业内的联合，并由志愿加入该行业的人组成；商会则注重本地企业的联合，不论从事何种行业，均可加入。法律规定企业必须参加商会，并在各地区和各州分别建立商会后，最终在联邦一级形成最高级别的组织，这样就在全国范围内形成了既有分工又能相互协调的组织网络。

支撑德国市场经济运行的重要组成部分是德国的行业协会和商会。德国的行业协会和商会制度最早可以追溯到16世纪。这种制度的产生和发展与其社会背景息息相关，学者普遍认为其产生与发展基于法律制度、行政制度以及公民合作精神。在德国工商自由政策和工业化进程的影响下，19世纪初期，德国已初步形成少数相对统一的行业协会组织。此后，各种企业一直秉持着加入行业协会和商会的传统。第二次世界大战后，德国经济之所以能够快速恢复与发展，很大程度上要归功于这些高度统一、自治性强和具有组织能力的社会中介组织。这些组织在多个领域，如经济、社会、政治、文化和科学等发挥着重要作用。

德国行业协会和商会的能力建设历程是一个由弱到强的过程。早期的职能仅局限于为本会成员争夺最大的市场份额和最佳的利润，之后逐渐扩大，开始面向国家、公众和其他利益团体，在更大的范围内谋求其成员政治、经济和社会各方面的利益，进而成为国家发展机器的一个主要组成部分。

(五) 社会团体

社会团体属于非营利组织。德国的非营利组织采用以下几种主要法律组织形式，包括社会团体、有限责任公司、股份公司和基金会。每一种形式的社会组织都可以是具有营利性的或是非营利性的。

结社权是一项宪法权利，在所有法律形式之中，社会团体是目前为止慈善机构采用最多的一种组织形式。社会团体是会员制组织，并根据法律规定在内部实行民主程序。其在法院进行登记，需要提交章程和法定代表人的姓名，但不必要提交年度报告。法律登记后，社会团体获得了法人资格，根据责任和合同义务开展活动。不登记社会团体将由社会团体的全体人员承担完全责任。

三、制度设计

(一) 重视运行结构与运行程序的合理性

德国的志愿服务具有科学的运作体系。负责志愿服务的德国政府主管部门非常注重研究基本规律，其主要职责是提供服务模式，且并不限制服务领域。在实践和理论方面，德国政府积极地研究和检验了志愿服务运行的各个要素，这有效保障了志愿服务的可持续发展。在志愿服务的运营管理方面，德国政府主管部门具有以下三个特点：

1. 规范的认证制度

德国的志愿服务认证制度包括三个方面：一是机构认证。德国联邦家庭部授权特定机构对各种社会组织进行认证，通常每三年一次，并进行定期抽检。志愿机构只有认证通过后才能进行志愿服务。二是志愿者认证。志愿者只有在一家社会福利机构中从事全职志愿服务且达到一定时限后，才能被认证为一名志愿者，并获得志愿者证书。三是认证一视同仁。无论规模大小，只要符合条件，机构和组织都有权承办联邦项目。

2. 明确的角色定位

德国志愿服务运行中有三个明确的角色，即派遣方、接收方和协调方，各方均具有相应的权利和义务，为志愿者提供全方位的保障。在志愿服务运行中，派遣方主要负责项目筹备、收集整理服务岗位信息以及志愿者培训等工作；接收方主要负责提供志愿者食宿、保险以及进行日常管理工作；协调方则负责项目申请、中期评估、总结督导等相关工作。这种角色定位保障了项目运行的合理有效,保证了志愿者的所有需求都有人负责。同时,志愿者的角色也有明确的定位,即志愿服务不允许代替正常授薪岗位的工作。例如,志愿者到养老院服务,只能够利用业余时间陪老人聊天、读书、散步等,严禁从事应由专业护工从事的工作。这一原则在各领域均得到严格执行。

3. 独立的运行机制

德国志愿服务的独立运行可分为三个方面。一是每个项目都是独立的,各项目在规划时就被设计得不与其他项目形成交叉,从而不影响其他项目运行,尽量将人力、物力、财力效益最大化,这样也便于评估服务效果。二是在一定的期限内,一名志愿者只能与一个服务项目相匹配,而不能同时参与多个服务项目。这样可以使志愿者关于一个领域的专业性知识和经验更具有实践性,从而实现人力资源的最优化[1]。三是鼓励长期参与。鼓励志愿者长期参与可以保障德国志愿服务的稳定运行,进而有利于维护其机制的独立性。调查结果显示,德国志愿者从事志愿服务的平均时长达10年左右(其中有32%的人甚至超过了10年),上述数据表明志愿服务越来越注重中长期发展的持续性。

(二)重视教育学对志愿服务的支持

以教育学知识支持志愿服务是德国志愿服务的一个重要特征,主要包含两项内容:一是重视培训。德国建立了完善的志愿服务培训体系,德国的志愿服务教育是和素质教育结合在一起的。据调查,在德国中小学内,每个学生每周平均约有半天时间参与志愿培训活动。根据时间段的不同,学习的内容也会有所不同,学校除了专业老师外,还专门聘请了校外辅导员。通过学校的志愿服务课程学习和完成考核者,被允许加入志愿者服务团队,小志愿者年满15周岁,便可参加成人志愿者组织队伍[2]。德国的志愿服务通常持续6~24个月。在志愿服务期间,志愿者需完成25天的事前培训(包括5天的政治培训),培训内容主要是由教育专家传授各种知识与技能,并向年轻人提供合理化建议,以帮助他们实现自己的想法。二是为志愿者提供教育学方面的指导。每名志愿者都会得到1~2名导师的全程指导,导师将协助志愿者合理解决在服务期间遇到的困难。这有利于志愿者提升内涵,拓展外延,从而推动志愿服务的可持续发展。德国志愿服务的一个独特之处,就是把志愿者工作与其家庭和职业生涯相统一,这样能很

---

[1] 刘露. 论政府培育志愿组织发展的路径研究. 南京:南京工业大学,2012.
[2] 张湘涛. 中外志愿服务比较研究. 长沙:湖南人民出版社,2015:154-156.

好地处理志愿服务标准化、职业化过程中潜在的一系列后续问题。

除了完成志愿服务的实际工作外，德国志愿者还参加教育日活动与政治教育研讨会。

（三）志愿服务数字化程度稳步提升

信息收集与新技术的运用在德国的志愿服务中得到良好体现。联邦家庭部会经常组织权威机构对志愿服务的规模、结构、工作等内容进行调查评估，并在评估前后收集各方信息，以解决志愿服务实践中存在的问题，注重激发年轻志愿者的热情与潜力。同时，德国的志愿服务组织有完备的信息管理系统，在志愿服务各个方面提供即时信息服务[①]。

2015 年启动的"志愿社会服务年数字化"项目，让志愿者有机会在社会机构中应用这方面的技能。目前，该示范项目正在逐步推广到其他所有法律规定的志愿服务机构，包括志愿生态年、联邦志愿服务机构和国际志愿服务机构等，也推广到中老年群体中。这样一来，志愿服务机构今后的定位就会更加宽泛。

自 2015 年以来，"志愿社会服务年数字化"项目一直支持志愿服务机构及其志愿者工作场所实施数字化项目。年轻人的数字知识对于非营利机构来说是非常宝贵的，因为他们往往可以为网站编程、会编辑视频并且能够熟练使用社交媒体。

第五节 品牌项目和特色活动

德国有丰富的志愿项目和特色活动，本节将重点介绍德国红十字会、德国儿童救助会、"伊拉斯谟＋青年行动"在德国的具体实施、面向国外的"走向世界"志愿服务，以及为促进正义、和平所展开的和解信号和平服务。

一、德国红十字会

作为一个全球性的慈善救援组织，红十字会致力于推动"红十字与红新月运动"（或称"红十字运动"），是全世界最庞大、最有影响力的组织之一。除了许多国家立法保障其特殊地位外，战时红十字会也常与政府、

[①] 袁慧. 我国志愿服务发展中的政府责任研究. 武汉：湖北大学，2018.

军队紧密合作，成了一个人尽皆知的慈善组织。

德国红十字会于1864年成立，其运营模式分为纯公益、半公益和市场化三种。首先，纯公益模式是指通过承接政府购买服务、参与政策咨询、社会筹资和志愿服务等方式提供相关服务；其次，半公益模式是指红十字会在得到保险公司的资金支持后，统一购置救护车并配发给相关社会组织且共同提供应急救护服务；最后，市场化模式是指在市场上经营公交车站、幼儿园、儿童托管中心、老人院和护士学校等。德国红十字会在全国经营着50多家医院和1 000多家幼儿园，通过市场化的运作模式为人道主义事业的发展提供支持和帮助。该组织采用多元化的管理运行模式，最大限度地发挥了应急救援和应急救护作用，最终拥有了强大的整体实力[①]。

在德国红十字会中，有超过57万名志愿者和全职员工活跃在德国各地的福利机构和社会工作的各个领域，特别是针对弱势群体及其需求提供相应的帮助。例如，发放衣服和食物等维持生计的福利、建设各种基础生活设施，或就怀孕或私人破产等各种问题提供相关咨询等。

二、德国儿童救助会

早在19世纪末，伴随着德国在全球率先建立社会保险制度，德国成为第一个正式介入以往由社会力量主导的儿童福利事业的责任主体。德国儿童救助会与世界各国进行合作，可持续地改善儿童的生活。为了长期改善尽可能多的儿童的生活，德国儿童救助会与所有有关部门，特别是与私营部门保持着强有力的伙伴关系。

德国儿童救助会在与企业合作时，首要任务是始终以儿童的利益为重，维护自身的独立性。因此，德国儿童救助会的指导原则是："在可能的情况下进行合作，在必要的情况下进行对抗"。为了确保所有的企业合作关系与组织目标和价值观相一致，德国儿童救助会制定了全面的指导方针，用于指导每一个单独合作关系的建立，以及明确接受捐赠的准则。在这个过程中，系统地衡量合作的风险和机会，以精确地规避风险、抓住机会，从而提高德国儿童救助会的工作效率。企业伙伴与德国儿童救助会合作，不仅能够在资金上支持德国儿童救助会的工作，也可以用自己的专业知识在核心业务中加强儿童权利从而改变儿童的生活。

[①] 戴晨曦. 制约中国红十字会自然灾害救助功能的因素分析：以X市红十字会为例. 南京：南京师范大学，2012.

三、伊拉斯谟+青年行动

"伊拉斯谟+青年行动"是一个旨在为青年项目提供资助机会的项目。它是欧盟2014—2020年教育、培训、青年和体育等领域的交换计划"伊拉斯谟+"中的重要组成部分。"伊拉斯谟+"计划为整个欧洲提供了147亿欧元的资金,其中约14亿欧元专门用于支持青少年领域发展。

在德国,这个项目由位于波恩的欧洲青年办事处实施。其委托人是欧盟委员会和德国联邦家庭部。德国的政府部门会提供资助款项,协调诸如欧洲志愿服务或国际青年交流之类的计划行动,为青年项目提供建议,在教育和青年工作领域培训专业人才,并向公众介绍欧洲层面的青年政策的发展状况。

该机构希望能够让德国年轻人获得在欧洲他国参与志愿服务的经验,并且通过资助专门的项目来鼓励年轻人积极参与民主活动。青年志愿者可以通过"青年通票"(Youth Pass)在全欧洲证明已获得的专业技能,这对其在劳务市场上求职时会有所帮助。

四、和解信号和平服务

和解信号和平服务是德国最大的志愿服务组织之一。它主要与纳粹恐怖受害国家的组织合作,但也在德国提供志愿服务,目标是促进不同文化与宗教之间的和解与理解。和解信号和平服务也为非德国籍志愿者提供志愿服务。和解信号和平服务一直为实现和解与和平而努力,为促进正义、和平和捍卫人权而增进理解和团结。

目前,该组织在德国有20名国际志愿者。此外,还有180名志愿者在白俄罗斯、比利时、法国、英国、以色列、荷兰、挪威、波兰、俄罗斯、捷克、乌克兰和美国参与了协会的工作。除了在英国和波兰的项目外,和解信号和平服务只从德国派遣志愿者到这些纳粹恐怖受害国家。大多数志愿者的年龄在18~27岁之间,当然也欢迎年龄较大的人参加活动。和解信号和平服务寻找的是对政治和历史感兴趣的志愿者。

第六节 重要机构和网站

本节主要介绍德国与志愿服务相关的政府机构网站、志愿服务组织网站和研究机构网站,详细网址见表9-1。

表 9-1 德国志愿服务机构网站

名称	网址
联邦家庭和公民社会事务管理局	https://www.bafza.de/
欧洲志愿服务	https://europa.eu/youth/volunteering/organisations_en
国际青年志愿服务机构	https://www.ijfd-info.de/ijfd.html
联邦志愿服务机构共同体协会	https://bagfa.de/ueber-die-bagfa/profil-und-agenda/
帕利特提施自由福利协会	http://www.der-paritaetische.de/verband/ueber-uns/

一、联邦家庭和公民社会事务管理局

联邦家庭和公民社会事务管理局致力于建立一个宽容和开放的社会，促进社会项目，切实满足公民的需求。前文已经介绍，联邦家庭和公民社会事务管理局负责《联邦志愿法》具体措施的执行。这一机构与市民、社团、协会及基金会等合作，共同促进志愿服务事业的发展。

二、欧洲志愿服务

欧盟委员会鼓励人们在欧洲的公益机构中从事志愿服务，来自欧盟各国和"伊拉斯谟+"计划的伙伴国家的17~30岁青年都可参与。在招聘网站上有很多德国的项目。

三、国际青年志愿服务机构

国际青年志愿服务机构是由联邦家庭部于2011年设立的志愿服务机构，它帮助年轻人在国外进行志愿服务，从而使他们获得在不同文化环境中的跨文化、社会政治和个人的经历体验。一般来说，国际青年志愿服务的时长是12个月，最短可以进行6个月的志愿服务，最长可以延期到18个月。志愿服务的起止时间需要与赞助机构商定。国际青年志愿服务机构是一个为人们提供服务的机构，同时也可以使志愿者的个性得到发展和丰富。

四、联邦志愿服务机构共同体协会

联邦志愿服务机构共同体协会是德国全国性的志愿服务机构的专家协会。目前已经有200多个志愿服务机构成员。此协会是被正式承认的非党派和非宗教的非营利组织。

联邦志愿服务机构共同体协会主要有以下五大职责：

第一，通过大量的进修、交流活动以及年会活动等，在内容和设计的发展方面为志愿服务机构提供扶持和帮助。

第二，通过专门的品质管理系统来促进志愿服务机构服务质量的提升，对于高质量的服务还会用专门的联邦志愿服务机构共同体协会印章来进行标识。

第三，和协会的其他成员一起发展自身的志愿服务项目，或者参与到全国的试点项目中，共同面对社会发展中的种种难题和挑战。

第四，重视创新，通过设立创新奖来激发志愿服务机构成员的创新能力，并且进行持续的宣传工作，出版大量的实践类的媒体资料。

第五，代表联邦层面的志愿服务机构成员的利益，通过与政治、企业、学术界、各基金会以及其他的机构组织开展对话，把志愿服务机构在实践中获得的各种经验与社会大众进行分享讨论。

五、帕利特提施自由福利协会

帕利特提施自由福利协会是联邦德国自由福利事业的六个主要协会之一，是一个在社会和卫生领域拥有超过 10 000 个独立组织、机构和小组的独立法人协会。

该协会是在第一次世界大战后成立的，是一个由免费医院经营者组成的有特殊目的的联盟，现在已经发展成为一个被认可的公益伞式组织，有超过 10 000 个社会工作领域的组织和协会。因此，它被认为是卫生和社会部门最大的自助倡议伞状组织。协会为全职和志愿工作人员提供有关培训和进修的各种课程与研讨会。

协会坚持人人平等的原则：将自己视为不同倡议者、机构的共济会，认为民主态度、宽容和开放是社会工作不可或缺的基础。现在比以往任何时候都需要为社会弱势群体和面临被排挤的群体提供支持和援助。协会的产生也可以被视为一场社会运动。和其他机构成员一样，协会以维护公平正义为主旨：维持社会上的机会平等，维护人权，使人们可以有尊严地生活、自由地发展个性等。

思考与讨论

1. 德国的志愿服务发展有哪些特点?
2. 德国的志愿服务如何实现法制化?
3. 德国的志愿服务如何实现组织化?
4. 德国的志愿服务如何实现品牌化?
5. 德国经验对于中国志愿服务事业发展有何可借鉴之处?

第十章
日本的志愿服务

第一节 发展阶段

日本志愿服务自第二次世界大战后萌芽,主要集中在儿童和青少年志愿服务领域。在发展过程中,日本志愿活动得到了政府的大力推动与扶持,并在社会期望的影响下实现了从"服务劳动力"向"志愿者"的转型。而在阪神大地震这一重大事件的催化下,日本志愿服务进入快速发展的新阶段。

一、自发萌芽期(20世纪40年代至60年代)

第二次世界大战后,为保护孤儿和促进青少年的健康成长,日本开展了青少年国际志愿活动与保障儿童健全发展的志愿活动。1947年,京都的大学生发起了"大兄弟姐妹"(Big Brothers and Sisters)活动。这项活动始于1904年的美国,是一项大学生帮助和教育孤儿和街头流浪儿童的活动[1]。始于1952年的"志愿青年社会工作者"(Voluntary Youth Social Workers)也是一项由青年志愿者主导的活动,主要通过与儿童玩耍来促进儿童的健康成长。1968年,"志愿青年社会工作者"活动发展成为一个全国性组织。

20世纪60年代后期,日本开始正式使用"志愿者"这一专业术语。大阪志愿者协会在其创刊发行的《志愿者》月刊中对志愿者的概念进行了

---

[1] 今田忠. 日本的NPO史. 东京:日本行政出版社,2006:113.

阐释，进一步增进了社会对志愿者的理解。日本部分地区如大分县等原设的"善意银行"逐步转型为志愿者活动中心。除大阪志愿者协会以外，日本青年奉献协会、兵库县志愿者协会在60年代后期相继成立。大阪和兵库现已成为日本志愿活动的中心地区①。

二、政府推动扶持期（20 世纪 70 年代至 80 年代）

日本志愿服务领域的第一个重要发展时期是20世纪70年代，当时志愿活动的主要承担者从大学生扩展到家庭主妇。在此期间，在经济高速发展和家庭收入增长之后，大量女性在婚后辞去工作，进入家庭成为家庭主妇。她们有相对充足的时间和精力，不仅可以在社会福利机构，而且也可以在她们居住的社区开展活动。同时，20世纪70年代是日本政府开始大力推动社会福利事业发展的时期。1970年，"社会福利设施建设五年计划"正式启动。1973年，政府大力增加对社会福利保障的投资。在此期间，政府从倡导"奉献社会福利"的角度推动志愿活动，因此志愿活动的"奉献"色彩非常浓厚。

20世纪70年代成为志愿服务领域的第一个重要发展时期，不仅是因为这一时期志愿活动数量增加，还在于志愿服务领域的有识之士开始认真思考志愿活动的性质和概念，包括志愿活动和奉献活动的区别、志愿服务领域与政府的关系等基本问题，使志愿活动的理论和思想开始走向成熟。有识之士和实践者之间一直存在着志愿者是否应该变成政府手足，是否应该与政府保持距离的争议②。这些争论为志愿服务领域提供了更好地了解自身社会取向和活动特点的机会。此外，经济发展带来的各种负面问题，如污染、噪声和垃圾处理，引发了许多抗议活动。虽然这些运动不同于福利志愿活动，但它们的存在为日本志愿服务领域的发展提供了另一个基础。换句话说，志愿服务领域的社会意义不仅在于提供免费的福利服务，还在于揭露各种社会问题和追求社会正义。

三、多元发展期（20 世纪 90 年代至今）

在20世纪90年代初期，日本出现了一种新的社会期望，即从"服务劳动力"向"志愿者"的社会转型，这些组织被称为非营利组织。日语中

---

① 今田忠. 日本的 NPO 史. 东京：日本行政出版社，2006：138—141.
② 比如"志愿者不应该只是替政府白干活的人"的主张（青木润一），"志愿者的作用不是做政府的下属"的主张（高岛严），等等。

的"borantia"（来自英语"volunteer"）实际上取代了日本人日常使用的服务术语"hoshi"（service labor，意为"服务"），说明了这种转变。"borantia"的含义是个人决定和公民行动。这种转变是在新的"社会期望"的推动下发生的，正是这种新的"社会期望"引导人们参与广泛的志愿活动，并对志愿服务及非营利组织的成长产生"啦啦队效应"。日本志愿者和非营利组织数量的增加，既不是一个自然而然出现的现象，即充满活力的志愿者涌现出来帮助有需要的人，也不是日本政府操纵公民取向的结果。

日本志愿活动在此阶段呈现多样化和稳定增长趋势，志愿活动不再停留在政府倡导的福利服务活动阶段，而是根据社会需求不断探索新的领域。除了社区志愿服务组织外，在全市、全县、全国乃至世界范围内开展活动的志愿服务组织也呈现出可持续发展趋势。

1995年1月17日上午5时46分，日本发生了震级为7.3级的阪神大地震，震中在兵库县南部的淡路岛，最终伤亡5万余人[①]。当时情况异常惨烈，但政府的救援活动一直被推迟。地震发生几分钟后，日本自卫队就准备好进行救援。然而，根据《自卫队法》的相关规定，自卫队必须在接到灾区行政长官的救援请求后才能进入灾区，因此只能在现场待命。兵库县县长未能尽快向自卫队提出救援要求，因为县警察局未能及时报告灾情。此后，虽然收到了救援请求，但由于交通堵塞和信息混乱，3天后，自卫队在灾区的大规模救援活动才正式启动[②]。

地震发生后一周内，兵库县避难所超过1 200处，避难人数达30万。然而，这些庇护所的管理人员远远不够。现场记录写道："庇护所内没有沐浴设备，卫生间数量也不够。再加上冬天气温寒冷，问题层出不穷，纠纷不断。尤其是老年人和残疾人为了减少上厕所的次数，不给他人添麻烦而减少饮食，导致脱水症状和虚弱，他们中的许多人因感染流感和肺炎而丧生。"[③]

与应对迟缓和僵化的政府相比，各种民间志愿者组织派遣人员奔赴灾

---

① 原测得震级为M7.2，日本气象厅改变震级计算方法后，震级修正为M7.3。
② 根据JNN（Japan News Network）特别报道《消失的街区：阪神大地震一个月》（1995年2月17日播放），地震发生4小时后，县消防交通安全课的职员偶然与自卫队通上了电话，这个职员马上向自卫队发出了救援要求，之后向县知事汇报才得到了批准。鉴于这一教训，阪神大地震后不光是行政长官，各市、区的首长以及警察署长官都有权利向自卫队提出救援要求。
③ 李妍焱. 日本志愿领域发展的契机：以阪神大地震对民间志愿组织起到的作用为中心. 中国非营利评论，2008（2）.

区，展开了迅速有效的救援工作。地震发生3个月后，共有117万志愿者活跃在灾区。这个数字可以说是日本社会志愿服务领域的一个里程碑。阪神地震的救援活动和灾后恢复活动给人们留下了非常深刻的印象，即比政府和军队更可靠的是来自全国各地具有丰富救援经验的救灾志愿者组织，它们往往是当地非政府组织成立的志愿者协调中心，此外还有大量志愿者在与协调中心合作，利用互联网传递信息并采取积极行动。

地震后，报纸上关于志愿者和志愿活动的文章数量急剧增加。在社会的高度关注下，中央和地方政府开始实施一系列措施来支持志愿服务领域的发展，这促进了志愿服务和非营利组织这些新概念在日本的广泛传播。1995年后，日本的志愿服务进入了一个新阶段。

阪神大地震后，志愿者数量快速增加，人员构成也愈加多元化。志愿者不仅在发生灾难时提供帮助，而且也为日常活动提供帮助。志愿者结构也日趋多元化，过去志愿者主要是家庭主妇和大学生，现在对志愿服务感兴趣的30～40岁的人，人数有所增加，他们通过志愿服务来增强技能、扩大人脉，并在志愿服务中获得满足感。此外，老年人、外国人在日本参与志愿服务的比例也有所提高。

第二节　发展现状和特点

在日本，关于志愿者活动的定义有很多。但总的来说它指的是一种自愿对他人和社会作出贡献的行为及活动。活动具有自发性、公共性、无偿性、开拓性。

截至2017年3月，日本志愿者人数为7 107 554，约占日本总人口数的6%。在他们所参与的志愿者活动中，按照活动内容分类，排在前五位的分别是："健康、医疗、福祉"（27.3%）、"城市建设"（26.6%）、"儿童、青少年培养"（23.2%）、"自然、环境保护"（20.3%）及"艺术、文化、体育"（19.2%）[1]。

在日本，志愿者的活动方式不拘泥于初始期的互助活动，不断向多元化、持续化、全民化扩展。活动领域由小范围的福祉领域内的活动，例如初始阶段的残疾人之间的互助活动、街道清洁等社区服务活动，逐渐扩展

---

[1] 魏娜. 志愿服务概论. 北京：中国人民大学出版社，2018：267.

到与生活、城市规划及建设相关的更为广阔的领域。其中包括通过社区商业（community business）实现产业化等有偿非营利活动、自我能力开发与专业技术经验活用等专业化志愿者活动。通过参加这样的志愿者活动来促进自身成长，不断实现自我生存价值的志愿者们活跃在实现社区及社会可持续性发展的不同领域。

2014年日本内阁府公布的《公民社会贡献实况调查》数据显示，东日本大地震后，58.5%的人表示对志愿者活动感兴趣。其中，32.4%的人表示对东日本大地震后的志愿者活动感兴趣。在东日本大地震之前就对志愿者活动很感兴趣的人占总数的39.5%，其中57.4%的人在地震前有志愿者经历[1]。根据2019年发布的《公民社会贡献实况调查》，54.5%的日本志愿者的动机是"想为社会作贡献"，32%的动机是"自我激励和对社会的贡献"。26.4%的动机是"支持与自己和亲人有关的志愿活动"，以上三类是志愿参与的前三大理由[2]。

此外，作为日本志愿活动载体的非营利组织实现了快速增长。日本政府通过制定《非营利组织法》（The NPO Law）为志愿服务提供了制度保障，建立了"NPO法人"和"认定NPO法人"制度，并给予税收优惠等扶持政策，探索属于NPO的良性运营模式。也就是说，日本将符合非营利、领薪职员比例等条件的团体确定为"NPO法人"，在"NPO法人"的基础上，如果还满足捐赠比例、委托业务收入等更严格的条件，可以进一步认证为"认定NPO法人"。"NPO法人"和"认定NPO法人"都可以在税收、补贴等方面享受一定的优惠待遇，并且由于有政府背书，它们更容易得到民众和社会的信任[3]。2000年之初，日本仅有3 800家"NPO法人"。截至2020年8月，获得"NPO法人"认证的组织已增至51 047家，约为20年前的13.4倍；"认定NPO法人"组织达到1 173家，实现了快速增长[4]。

日本的志愿服务活动表现出以下特点：

---

[1] 平成25年度市民の社会貢献に関する実態調査.［2022-05-12］. https://www.npo-homepage.go.jp/toukei/shiminkouken-chousa/2013shiminkouken-chousa.
[2] 令和元年度市民の社会貢献に関する実態調査.［2022-05-12］. https://www.npo-homepage.go.jp/toukei/shiminkouken-chousa/2019shiminkouken-chousa.
[3] 李勇. NPO管理的生命在于改革：评日本NPO法律制度及其革新. 中国非营利评论，2007（1）.
[4] 李浩东，刘川菡. 日本志愿服务的现状、问题及展望. 中国志愿服务研究，2020（2）.

一、志愿服务理念具有深厚的文化基础

日本的志愿精神的概念源自由佛教和儒家所带来的慈善理念以及地区共同体相互扶助的理念。日本传统上就有互助的习俗，通过这种习俗，村庄社区的成员聚集在一起，在农业和其他任务上互相帮助。这些理念在明治维新后，与慈爱、博爱等西方精神理念相结合，对许多开展社会福利事业的人产生了影响。

20世纪七八十年代，"志愿者"这个词在日本广为流传。在日本，日语中的"hoshi"有时被用作英语"volunteer"的替代词，但日语中的"hoshi"一词意味着为国家、社会或老年人服务，有时不一定是出于自愿。因此，在大多数情况下仍使用"volunteer"。20世纪70年代，随着帮助减少家务劳动的家用电器的普及，人们开始有更多的闲暇时间，为社会作贡献的兴趣也随之增加。认识到志愿工作的价值，政府开始通过地方市政的社会福利委员会向志愿中心发放补贴。20世纪80年代，日本首次参加了联合国的志愿者项目，对国际志愿者工作的兴趣逐渐上升。

20世纪90年代，企业志愿服务同样也成为日本志愿服务的重要组成部分。企业开始参与有助于改善社会的项目。一些企业开始给员工放假去进行志愿服务，日本经济团体联合会成立了"1%俱乐部"（1 Percent Club），其成员同意将1%的利润用于社会服务。企业志愿服务源于美国企业，日本企业很快效仿了这一做法。企业把志愿服务作为其文化的一部分，提供研讨会和培训，还会在周末为员工举办家庭活动。企业认为员工可以通过志愿服务学习企业公民意识，学习如何与不同的人沟通，并获得领导和团队合作技能。

1995年的阪神大地震进一步推动了"志愿服务"概念的发展。7.3级地震造成的严重破坏使政府部门陷入瘫痪，人们清楚地意识到，他们可以帮助自己，也可以帮助他人。从那时起，当火山爆发、地震、台风、洪水或其他自然灾害来袭时，志愿者将迅速聚集到现场开展志愿服务，这已成为救援活动的重要组成部分。

随着人口老龄化和出生率下降、环境问题恶化、当地社区人口减少以及外国居民数量增加，日本的社会环境发生了巨大变化，产生了新的多样化需求，而政府无法独自满足这些需求。这时，志愿者可以发挥的作用和社会对他们的期望都大大提高了。社会不仅把志愿者当作政府服务的补充或对抗的对象，而且更加关注其对人权的思考、与他人关系的建立等方面的特点。

二、志愿服务类型广泛

日本的志愿者活动类型多种多样，首先可以分为主题型及地区型两种类型。主题型多是围绕一个主题，更接近于专业志愿者活动（例如，医院志愿者活动、震灾志愿者活动、自然环境保护活动、青少年国际志愿者活动等）。地区型多是在社区或是市区范围内开展的活动，更具有地区服务性。

日本志愿者活动还可从志愿服务对象和服务内容来分类，具体包括：

以老年人和残疾人为对象的活动：在福利设施里开展娱乐活动、盲文翻译、手语、朗读等。以儿童和青少年为对象的活动：陪儿童玩耍、帮助孩子学习、对不良青少年进行心理辅导等。保护自然环境的活动：森林保护、海边清扫、可再生垃圾回收、动物关爱等。艺术和文化活动：美术馆或博物馆的讲解、指路向导等。兴趣及特技的活动：在养老院演奏或表演，园艺、电脑等技术的应用。支援受灾群众的活动：帮受灾家庭整理房屋、与灾民交流安抚其情绪、物资分类与组织募捐活动等。安心、安全的城市建设活动：以居民交流为目的的茶会和沙龙、防灾活动、巡逻、交通指挥等。社区互帮互助活动：老人交流沙龙、育儿沙龙、为老人提供送餐服务等。还有国际交流合作活动、募捐活动等。

三、志愿活动与政府合作密切

在日本，志愿者活动起点的"自发性"被认为是离法律制度最远的存在。如果想要充实的社会福利和解决社会课题，就必须要同时具有"法律条例等制度的保障"和"居民参与"两个条件。也就是说，志愿服务和制度是缺一不可的。因此，在政府与志愿服务组织之间建立怎样的关系是极其重要的。比起政府主导民间追随型的志愿者活动，民间主导政府支援型的志愿者活动更为理想。近年，日本各地开始不断尝试在政府与志愿服务组织之间建立合作关系。

日本的志愿活动可以分为民间和政府两个主要层面。在民间层面，日本的志愿活动是由非营利组织团体主导的，活动的主要内容是救灾救援和医疗福利，这既符合日本灾害多发的自然特征，也符合日本建立福利国家的发展方向。在政府层面，地方各级政府对志愿者活动的宣传推广、情报信息网络的整备、人才培养等方面的综合体制建设进行全面的支援。就志愿服务工作的培训而言，日本政府参与性较强，具体表现为各级政府不仅自身组织开展相关培训讲座，同时还将部分培训业务委托给非营利组织团体,积极地推动对志愿者培养和教育。

资金问题是世界各地志愿活动的共同问题,日本同样也存在这一问题。虽然政府和基金公司提供了一定的补贴,但仍不足以满足日本的志愿活动发展需要。为了解决这一问题,日本政府正在探讨如何在发展产业的同时解决非营利组织团体融资的问题。

第三节 法制建设

日本政府在不同时期通过颁布法律和支持措施促进志愿服务发展。

一、全国性法律

日本《非营利组织法》于1998年3月颁布,并于同年12月生效。这项法律和以前的法律之间的一个主要区别是,它是普通民众超越派系与国会议员进行对话的结果。在此过程中,民众在全国各地举行学习会和集会,他们的目的是确认"公民的公共利益活动",并据此立法[①]。

在《非营利组织法》颁布之前,政府为公众服务,而普通百姓只能从事符合自己利益的营利性活动。根据19世纪末颁布的日本民法典下的公共服务公司制度,未从事某些政府指定活动领域或不符合政府批准标准的组织无法获得法人资格,并且它们的活动受主管当局的管理。这给未成立公司的组织带来了许多问题,例如,缺乏社会公信力、无法作为组织来管理其资产,而那些从事海外工作的组织则无法正式参加国际会议。有些人为从事非营利活动,必须先获得营利性公司身份。

20世纪90年代,民间社会团体开始认真讨论是否需要一个让社会活动合并变得更容易的系统。阪神大地震加速了志愿活动的发展,许多从未参加过志愿活动的人参加了救援工作。政府官员和普通民众对志愿服务重要性的认识迅速增强。

1995年1月,日本发生阪神大地震。同年7月政府对《防灾基本计划》进行了修订,补充了"防灾志愿者活动的环境准备""接受志愿者"等条目。同年12月,"志愿者"一词正式写入修订后的《灾害对策基本法》。

---

① https://www.jnpoc.ne.jp/en/nonprofits-in-japan/about-npo-law/.

灾难发生后，对志愿服务问题感兴趣的政府机构试图建立一项支持志愿人员活动的公司制度。但是，社会需求超出了这一范围，公众呼吁建立一项法律制度，以在更大范围内促进民间社会的活动。许多民间社会组织呼吁为非营利组织制定新的制度，因此在1995年4月成立了一个联络委员会。执政党和反对党都向国会提交了关于鼓励民间社会活动的法案草案。联络委员会与日本民主党一起采取了要求修改执政党草案的战略。经过政府与人民之间的多次对话，《非营利组织法》于1998年3月颁布，并于同年12月生效。

《非营利组织法》允许某些志愿服务组织作为非营利组织，特别是为非政治、经济或宗教目的工作的团体提供法律依据。这项法律的目的是通过向从事特定非营利活动的组织提供法人资格之类的措施，促进特定非营利活动组织的健康发展，包括公民自愿开展的志愿活动和其他有益于社会的活动（以及建立制度，对有助于推进公益事业、管理制度和活动合理的特定非营利组织进行表彰）[1]，从而为推进公益事业作出贡献。

《非营利组织法》对于非营利组织的要求是：其目的不是产生利润（即使有利润，也不能分配给组织成员，解散后，任何资产都要捐赠给政府等）；需要制定合理的规则规定组织成员资格的认定和取缔（组织成员拥有表决权）；至少有十名成员；有三名或三名以上董事和一名或多名审计师；领取报酬的职员人数不超过职员总数的三分之一；其主要目的不是进行宗教或政治活动；其目的不是推荐、支持或反对公职候选人（包括潜在候选人）、公职人员或政党；不是暴力犯罪组织，也不受暴力犯罪组织的控制。

《非营利组织法》规定的税收制度是：公司成立为非营利组织时，就产生了缴纳某些税款的义务。根据日本的法人税（corporate income tax）相关规定，非营利组织从营利活动中获得的任何收入应根据其利润缴纳税款，但可以根据情况享受减免税待遇，比如收入用于非营利活动或资助另一个公益组织等。非营利组织必须向税务局提交所需的公司税务文件。如果个人或公司向非营利组织捐款，则没有特定的税收优惠。以下税收优惠适用于向认证非营利组织捐款的情况：就个人而言，与捐赠金额相对应的免税或减税，但也有一定的限制；就公司而言，包括在与捐赠金额相对应的费用中，但也有一定的限制。如果个人捐赠遗产，则该捐赠可免税。如

---

[1] 括号中的部分是在2012年4月修订期间添加的。

果相关认证非营利组织将营利活动的收入用于非营利活动（视为捐赠），则该收入将被计算为与捐赠金额相对应的损失，但有一定的限制。

二、不同时期实施的政策措施

日本在不同时期实施了不同的政策措施，主要包括：1968年全国社会福祉协议会"志愿者培养基本项目"，1973年社会服务活动支出被列入厚生省的财政预算之中，1977年厚生省"学童、学生志愿者活动普及计划"，1977年全国社会福祉协议会设立"志愿者保险制度"，1985年文部省"青年志愿者参加促进计划"，1990年日本政府颁布了《志愿服务振兴法》，1991年文部省"生涯学习志愿者活动综合推广项目"，1993年厚生省"促进国民参与社会福祉相关活动的基本项目"，2001年全国社会福祉协议会"第二次志愿者、市民活动推进五年计划"及"加强和推进社会福祉协议会志愿者、市民活动中心的方针"。

在促进政策与措施中，以下三方面措施是比较具有代表性的：

第一，志愿者活动经验的评估。在学校的教学指导和入学考试、企业的招聘和晋升等方面，增加志愿者活动的参与程度作为评价指标之一。

第二，志愿者休假、停职制度。该措施是企业支持员工参加志愿者活动的制度之一。休假制度是指向参加志愿服务的员工提供每年5天至1周的带薪假期。停职制度是指在员工参加长达6个月到2年的志愿者活动后，保证其复职。

第三，志愿者基金。志愿者基金是以支持志愿者活动为目的的基金。包括当地政府的捐赠、公众及社区组织的捐赠、企业的捐赠、志愿者活动相关业务获得的收益等。基金产生的利息用于培养志愿者及志愿者团体、提供学习和培训机会、改善工作环境、提供志愿者活动信息等方面。

第四节 组织体系

日本志愿服务组织完备、管理科学，可以从组织形态、活动类型、资金来源、人员招募与培养四个方面来把握。

一、组织形态

从组织形态来看，日本志愿者活动以非营利社会团体为主要实施主体。1998年，日本设立了《特定非营利活动促进法》（《NPO法》），规范了非营利组织的设立条件、活动领域、组织形式等。该法事实上极大降低了成为非营利组织法人的门槛，使得大量非营利组织法人得以出现。NPO法人通过政府的资格审查与认证后，可以获得税收优惠等政策支持。同时，地方政府在宣传推广、信息提供、人才培养等方面对其进行全面支持。

此外，日本全国社会福祉协议会的作用也不可忽视。作为社会福利法人，该组织根据社会福利制度，以提高国民福利为核心目标，在日本各地设置非营利组织，但具有浓厚的行政色彩。其组织架构如图10-1所示。日本全国社会福祉协议会旨在通过其在全国范围设立的分支组织，为社会福利相关活动提供支持，推动制度进一步完善，以提高日本全国的福利水平。

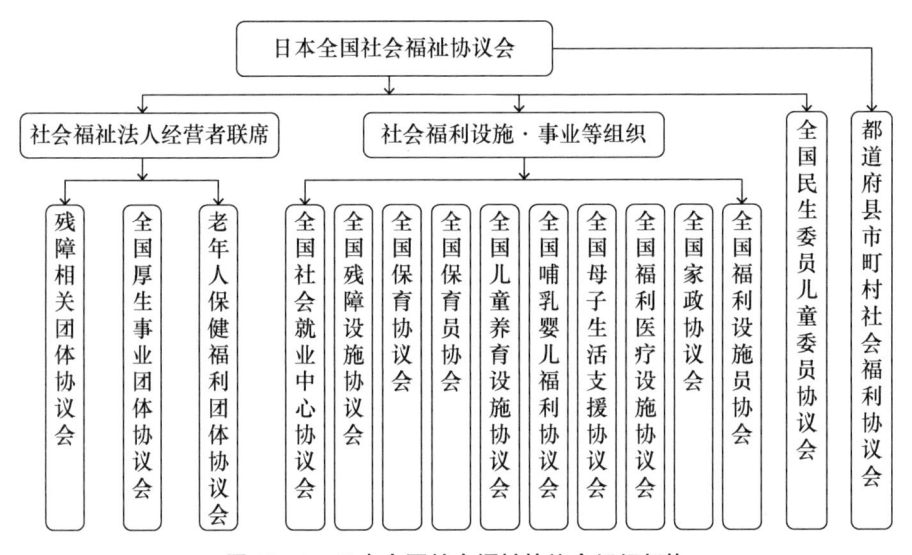

图 10-1　日本全国社会福祉协议会组织架构

资料来源：胡伯项，刘雨青. 日本志愿服务的工作机制及其借鉴. 国家行政学院学报，2015（5）.

日本的志愿者中心从20世纪60年代后期开始建立，数量日益增多。志愿者中心是支持志愿者活动的机关和组织。志愿者活动早期研究者高森敬久指出，志愿者中心是非常多样化的，各个中心的规模和功能多少有所不同。但是所有中心都包括与志愿者活动相关的咨询、教育、活动援助、开发等内容，这加快形成了供求有序的志愿者服务培训及援助体系。志愿者中心大多以开展与社会福利相关的活动为中心，直到1998年《非营利组织法》的颁布，NPO中心的设立逐渐成为潮流。志愿者中心与NPO中心的对比如表10-1所示。

表10-1 志愿者中心与NPO中心的对比

	志愿者中心	NPO中心
目的使命	支援志愿者参与活动 社会的活性化	强化组织 社会的活性化
主要对象	公民个人（活动申请者） 志愿者团体 接受志愿者援助的个人 接受志愿者的组织 企业（员工志愿者活动支援的负责人） 政府（社会福祉、生涯学习负责人）	NPO（NPO法人、公益集团、志愿者团体等） 有偿服务组织 企业（NPO合作负责人） 政府（NPO负责人）
对象需求	针对志愿者及团体： ● 培训、研修 ● 活动介绍 ● 活动支持（咨询、场地、资金等） 针对接受志愿者的个人及组织： ● 活动介绍、接受负责人的培训 针对企业： ● 员工志愿者活动支持 针对政府： ● 市民的社会参与支援等	针对NPO： ● 培训、研修 ● 支持组织建立 ● 支持组织活动的维持（志愿者等人才、基金等） ● 与企业及政府间的调停 针对企业和政府： ● 信息提供 ● 信用保证 ● 关于创立NPO的咨询
成果判定	想参加的公民是否找到了适合的活动 是否促进了公民的成长	是否推进NPO成为成效性高的组织 "投资"（支持）非营利组织的人是否满意
功能	活动介绍（协调业务） 志愿者培训及研修 活动者（团体）支援 信息收集整理 信息传播（宣传、出版）	组织经营相关的咨询支援 面向专家的培训 与其他非营利组织、企业、政府调解（协调业务） 信息收集整理 信息传播（宣传、出版）
对志愿者的态度	促进志愿者自我成长，实现自我价值	NPO的顺利运营 选择符合组织目标的志愿者并给予培训指导
对NPO的态度	作为志愿者的接收方进行联络支援 抑制对志愿者的任意利用	对NPO自立的支持

资料来源：日本全国社会福祉协议会第46回全国大会日本龙谷大学筒井教授研究发表的资料，由作者翻译。

二、活动类型

志愿者活动的类型，广义上可主要分为社会福利型、灾害支援救助型以及国际交流援助型三种。根据日本全国社会福祉协议会的《全国志愿者活动现状调查》，社会福祉型志愿者活动占比高达60%以上，灾害支援救助型约占15%，国际交流援助型约占10%，环保等其他类型共约占15%。究其原因，可以归结为三点：日本构建福祉国家的战略目标、灾害多发的自然特征以及谋求国际社会认同的强烈意愿。

三、资金来源

资金来源呈明显的多样化趋势。其主要包括会费、募捐、补助金等。一是会费收入。据日本全国社会福祉协议会的统计数据，其会费标准分别为，个人会员年会费平均折合150~300元人民币，而团体会员年会费则平均折合1 500元人民币。二是社会募捐收入。根据日本内阁府于2013年进行的NPO法人经营情况的调查数据，各NPO法人在2012年度的平均受捐件数为79件，金额折合约83万人民币。三是补助金收入。补助金主要可分为政府补助与民间企业财团补助两种。

四、人员招募与培养

从人员的招募与培养来看，NPO团体一般根据具体志愿活动的特点和实际需要，自行公开招募和培养。但是其中比如防灾救灾等社会关联性较强的志愿活动，政府的参与程度较高，具体表现为：各级政府亲自组织开展相关培训讲座，积极推动相关志愿者活动的人才培养工作，另外将部分培训业务以委托的形式交给NPO团体负责。

在组织中，负责志愿者活动相关协调业务的职员被称为志愿者协调员。其作用是使志愿者能在其实际活动中发挥志愿者独特的力量。志愿者协调员的业务主要有以下七项：接受和推广志愿者活动的相关方针；志愿者活动相关信息的提供与咨询；对志愿者、寻求志愿者帮助的个人以及组织进行面谈、选配；由志愿者开发服务及活动项目，并展开相关项目的培训；向志愿者提供建议和各种有关学习和交流的项目；组织内部的各个岗位的协调与合作；与相关机关之间的协调、合作和资源开发。

第五节　品牌项目和特色活动

一、"拓宽志愿者之环"联络会

1993年，在人口老龄化、家庭形态变化、生活质量和精神文明逐渐得到重视的背景下，为建设一个全民参与志愿服务的社会，中央社会福利委员向国家提出条件改善等意见，并发布国家指导方针，将推进志愿服务的发展作为一项重要课题。

在这样的历史背景下，1994年6月，"拓宽志愿者之环"联络会（National Network of Organizations Promoting Volunteering）作为一个联络网性质的社会组织被创办起来，旨在创造一种新环境、新气象，使每个公民无论何时、何地、以何种身份都能够愉快轻松地参与志愿活动。联络会目前包括55个团体，主要类型为全国性的志愿和公民活动推动团体、学校教育与社会教育相关团体、青少年团体、合作社、劳动团体与大众媒体行业相关社会事业团体等。秘书处由全国社会福祉协议会负责。联络会通过交流会、研讨会、论坛以及献言活动的启发与报道，就如何构建理想的志愿活动这一目标建言献策，并希望借此呼吁全国民众积极参与志愿活动。

在该组织创办的第二年（1995年），日本遭遇了阪神大地震，受灾严重。为支援日本灾后城市复建，志愿活动在日本迅速扩展开来。

2001年，为促进对志愿活动的理解，推动适合志愿服务发展的环境的建设，联合国依据日本在联合国大会的提案，将2001年设为国际志愿者年。"拓宽志愿者之环"联络会在尊重每个参与组织的理念和活动的基础上，与其携手合作，共同创造出一个使每个公民都能够参与志愿者活动的环境，同时大力宣传，增进公民对志愿服务的认识和了解。目前"拓宽志愿者之环"联络会正在日本全国各地开展灾害支援志愿者活动，并在促进社区发展、社区振兴和宜居社区建设等方面均有所贡献。

"拓宽志愿者之环"联络会的活动主要包括：

（1）收集关于志愿服务和公民活动的建议，并举办专题研讨会。

自成立以来，"拓宽志愿者之环"联络会每年都会就志愿服务和公民活动设定主题，收集对当前志愿活动发展情况的分析，以及对志愿活动未来发展的建议。为了加深对建议内容的理解，"拓宽志愿者之环"联络会每年面向公民开办研讨会。

(2) 共同主办全国志愿论坛。

"拓宽志愿者之环"联络会 1995 年作为赞助组织参与"全国志愿者节",2009 年作为主办方参与了"全国志愿者节"的策划与管理,在全国范围内推广志愿服务和公民活动,向社会宣传志愿服务。

在过去的"全国志愿者节"的基础上,"拓宽志愿者之环"联络会自 2016 年以来一直作为主办单位,举办全国志愿者论坛。通过全国志愿者论坛,各地的志愿者和公民活动促进团体得以进行经验分享与话题研究。

(3) 举行部委会议。

"拓宽志愿者之环"联络会的各构成团体以及志愿和公民活动相关政策实施部门自 2002 年起,每年夏天举行会议,交流信息。

(4) "Make a CHANGE Day"全国一日志愿活动。

"拓宽志愿者之环"联络会每年会选择一天,发起全民志愿服务和公民活动。

二、青年海外协力队

青年海外协力队(JOCV)是日本国际协力机构根据日本政府的官方开发援助项目预算开办的项目,其目标是对发展中国家在经济、社会发展与复兴方面作出贡献,深化跨文化社会间的相互理解以及促进志愿经验在社会生活中的应用。青年海外协力队根据发展中国家的要求与需要,派遣具有一定技术、知识和经验的志愿者为其提供援助。志愿者年龄在 20~69 岁之间,并拥有日本国籍。活动领域包括农林渔业、卫生保健、教育文化、体育、规划和行政等方面。

青年海外协力队的主要项目包括:

(1) 青年海外协力队。

该项目于 1965 年 4 月作为日本政府官方项目启动。1974 年 8 月,日本国际协力机构作为日本政府开展国际合作的执行机构成立,青年海外协力队作为其重要项目之一被传承下来,"青年海外协力队"这一名称也延续至今。

截至 2018 年 3 月 31 日,青年海外协力队项目自开展以来,已向亚洲、非洲、拉丁美洲、大洋洲的 91 个国家派遣了共 43 748 名成员。

(2) 年长志愿者。

近年来,志愿活动在日本引起了广泛关注,从事各种志愿活动的人也在不断增加。此外,随着社会老龄化加深,为了使人生更有意义,越来越多的高龄者对志愿服务产生了兴趣。

年长志愿者项目是日本政府发起的官方发展援助项目的一部分,为海外志愿者活动提供援助。从1990年起，作为由日本国际协力机构和外务省负责的"高龄协作专家"开展活动，1996年更名为"年长志愿者"。截至2018年3月31日，累计向75个国家派遣了6 362人。

（3）日裔社会青年志愿者和日裔社会高龄志愿者。

日裔社会青年志愿者项目成立于1996年，截至2018年3月30日，已向拉丁美洲9个国家派遣了1 417名青年，为日裔社会及周边地区的发展积极开展活动。此外，日裔社会高龄志愿者项目同样成立于1996年，截至2018年3月31日，向北美洲、拉丁美洲共10个国家派遣了518人。

三、日本国际志愿者中心

日本国际志愿者中心（Japan International Volunteer Center）是一个国际合作非政府组织。该组织以支援印度难民为契机，成立于1980年2月27日。目前在亚洲、非洲、中东提供援助。该组织的活动领域主要包括三个方面：地区开发、人道支援和政府建言。

日本国际志愿者中心的主要活动包括：

（1）地区开发。在柬埔寨、老挝、南非、泰国等地开展援助，为受援地的农民提供知识与技术培训，以帮助他们充分开发利用当地的资源进行农村建设，发展环保型农业，促进农村地区发展，改善当地农民生活状况。

（2）人道援助、推动和平。为生活在战争冲突不断等困境中的人们提供医疗、生活等方面援助。此外，该组织还通过向日本社会传播受援地人民的声音以及日本政府与国际社会的合作，试图阻止新的冲突、维护该地区的和平。

（3）在日本受灾地区开展援助活动。曾组织为东日本大地震和熊本地震灾区提供援助活动。

（4）政府建言。在加强与国内外非政府组织合作的同时，日本国际志愿者中心还积极向政府建言，开展宣传活动。此外，为了改善日本的官方开发援助项目，日本国际志愿者中心与外务省和其他机构合作，与日本国际志愿者中心的援助国家合作，开展实地调查活动。

第六节　重要机构和网站

一、研究机构

日本国际志愿者研究学会（The International Society of Volunteer

Studies in Japan)于1999年设立,研究方向偏向于日本灾后复兴、国际环境、难民问题等,旨在通过跨学科复合型研究构建"志愿学"。

日本国际志愿者研究学会的主要活动包括:每年一度的学会大会;创办杂志《志愿学研究》,每年发行一期;发布学会大会简讯;在每年的学会大会上颁发"隅谷三喜男奖"和"村井吉敬奖"。

日本国际志愿者研究学会设立"隅谷三喜男奖"和"村井吉敬奖",以嘉奖对志愿者研究和实践活动作出突出贡献的个人或组织。学会会员们可以通过包括实践活动在内的各种形式为志愿者研究作出贡献。

二、主要网站

表10-2 日本志愿服务主要网站及研究机构

名称	网址
日本全国社会福祉协议会	https://www.zcwvc.net/
"拓宽志愿者之环"联络会	https://www.hirogare.net/
日本国际协力机构	https://www.jica.go.jp/index.html
日本红十字会	http://www.jrc.or.jp/
日本志愿者协调员协会	https://jvca2001.org/

(一)日本全国社会福祉协议会

日本全国社会福祉协议会是一个在全国范围内促进志愿服务和公民活动的组织,通过各种倡议和研究,广泛促进志愿服务和公民活动。主要工作包括:支持县、指定城市和市社会福祉委员会义工或公民活动中心的工作,培训和输送志愿者协调员、顾问等,促进与志愿服务和公民活动有关的研究,出版月刊《志愿者信息》,提供或推荐补贴信息,就"全国志愿者节"与"拓宽志愿者之环"联络会议秘书处合作,与相关部委和组织合作开展各种项目,等等。

(二)拓宽志愿者之环联络会

"拓宽志愿者之环"联络会是日本各类志愿服务促进团体及相关团体组成的联盟,主要通过组织研讨会、志愿者节等活动推进志愿服务并就如何更好地呼吁人们参与志愿服务这一问题建言献策。

(三)日本国际协力机构

日本国际协力机构是成立于2003年的法人公司,其目的是促进发展中国家和地区的经济和社会的发展或重建,为促进国际经济和社会的健康发展作出贡献。主要业务内容包括:技术合作、接收学员、专家派遣、设备供应、发展计划基础研究、贷款援助、促进公民的合作活动、对海外移民的支持、培训和确保技术合作所需的人力资源、调查研究、储存和提供紧急援助所需的物资、日本救灾队派遣等工作。其下设的青年海外协力事务局是志愿者活动的主要实施部门，主要负责志愿者活动的招募、选拔、培训、派遣等相关工作。

（四）日本红十字会

日本红十字会是根据1952年《日本红十字法》成立的一家特殊公司。其最高管理机构是代表委员会，由理事会成员中的223名委员选出，任期三年。代表委员会每年开两次会，对年度预算、运营计划和章程修改等重要事项作出决策。理事会的主要职责是认真考虑重要活动的管理和执行，并根据章程批准提交给代表委员会的事项。它通常每年仅召开一次完整的会议。

（五）日本志愿者协调员协会

随着志愿活动发展为各种形式的公民活动，在各个组织和领域中，志愿人员的数量在稳步增加，日本志愿者协调员协会使用"志愿者协调员"一词作为这些人的总称。日本志愿者协调员协会表示，志愿者协调员"支持公民的志愿活动，将公民与公民或组织联系起来，并在组织内进行协调，以便他们在实际活动中展现自己的独特优势并开展工作"。

思考与讨论

1. 日本的志愿服务发展有哪些特点？
2. 日本的志愿服务如何实现法制化？
3. 日本的志愿服务如何实现组织化？
4. 日本的志愿服务如何实现品牌化？
5. 日本经验对于中国志愿服务事业发展有何可借鉴之处？

第十一章
新加坡的志愿服务

第一节 发展阶段

回顾新加坡过去百余年的志愿服务的发展历程,可以看出志愿服务发展与新加坡经济和社会发展紧密相连。新加坡的志愿性福利组织在第二次世界大战后纷纷建立,以应对战争所引起的社会不安和失调,为战争灾民和弱势群体提供保障①。由于在缩小社会贫富差距、应对人口老龄化等问题方面发挥了重要的补充作用,这类提供社会福利服务的组织较快地获得了政府的重视和支持。后来,人民行动党执政后也继续为这些组织提供政策和资源支持。李光耀认为,政府必须在财政和行政上向更多的社区福利团体提供支持,也需要让更多的志愿者加入社区的福利事业中,发挥参与和监督的作用②。总体来看,在新加坡历史发展过程中,殖民地文化、宗教信仰以及建国后执政党和政府的支持都是促成新加坡志愿服务持续发展的重要原因。

一、萌芽阶段(19世纪20年代到20世纪50年代)

从新加坡的早期历史发展来看,殖民地文化是其志愿服务萌芽的重要推动力。1819年1月28日,英国东印度公司的斯坦福·莱佛士(Stamford Raffles)发现了当时仅是一个渔村的海岛新加坡,由于它优越的地理位置对英国贸易具有潜在的重要性,东印度公司随后将其强行设为自己的

---

① 黄子庭. 新加坡志愿性福利组织和政府公部门之间的互动关系探讨. 社区发展季刊,2004(3).

② 李光耀. 经济腾飞路:李光耀回忆录:1965—2000. 北京:外文出版社,2001:116.

贸易据点。于是，1867年新加坡正式成为受英国直接统治的殖民地[①]。英国人在新加坡站稳脚跟后，实施"自由贸易"政策，吸引了大批的东西方商人来新加坡进行转口贸易。贸易的发展和发达的橡胶业和锡矿业，使新加坡成为东方著名的商业城市，大量的华人、马来人、印度人相继移入。1821年新加坡人口只有4 724人，1850年增加到52 886人，1941年则达到764 216人，人口数量增长迅猛[②]。随着大量人口的迁入，殖民者和移民们也将志愿精神的种子带到了新加坡。

西方殖民者不仅依靠其经济、政治和军事制度进行统治，也把西方文化价值观念传播到了新加坡。其中，宗教文化对新加坡志愿服务的萌芽尤为重要。移民们自愿成立慈善组织，设立了儿童援助协会和同济医院，发扬宗教团体的互助精神，相互救济，携手渡过难关。这些具有自愿和慈善性质的互助组织便是新加坡最早的志愿性福利组织（voluntary welfare organization，志愿服务组织是其中的一类组织）的雏形。

第二次世界大战爆发后到新加坡建国前的这个时期，人们自愿成立慈善团体，自发组织志愿服务，缓解战争、殖民和贫穷带来的各种社会问题。1942年，日军占领新加坡，对其实行法西斯统治。直到1945年9月5日，英军才收复新加坡。日本的残暴统治，对新加坡造成了极大的破坏。在此期间，大批新加坡居民被迫前往泰国、缅甸修筑铁路，从事各种奴役劳动。此外，战争期间大量人员死亡，使新加坡出现劳动力短缺、粮食危机、教育落后、疾病肆虐等社会问题。

面对诸多严重的社会问题，英国殖民政府开始对志愿性福利组织和志愿服务采取相当宽松的政策，甚至在某些福利领域里寻求与志愿性福利组织合作，这其中以家庭计划协会最具有代表性。第二次世界大战结束后，新加坡的社会福利部设立了很多食物中心来救济饥饿的人，尤其是儿童。为了解决新加坡当时面临的粮食短缺问题，一群医生和社会工作者也组成了志愿团体，并取名为家庭计划协会。协会成员有一个共同的理念，那就是仅仅帮助饥饿儿童并不能从根本上解决问题，帮助家长量力而行规划家庭规模才是更好的解决办法。对此，市政议会也给予了积极回应。然而由于当时的家庭计划协会只是规模较小的志愿团体，面临着资金和场所缺乏等难题，其生存遇到了巨大危机。在这种情况下，市政议会和政府积极采取了合作的方式，为志愿团体提供支持和服务，政府还特别提供了一定的

[①] 萧宜美，马志刚，陈尤文. 新加坡公共行政. 北京：时事出版社，1995：17.
[②] 李一平，周宁. 新加坡研究. 北京：国际文化出版公司，1996：15.

资金和服务支持有需求的大部分诊所。而后家庭计划协会迅速发展，在1949—1965年间，诊所数量就由7家增加到了34家。同时，一批批志愿性慈善组织和团体也纷纷成立，为孤儿、贫苦老人和病人提供粮食、医药以及教育和殡葬服务。这些自发的志愿服务弥补了政府在民生问题中的缺位，也因此得到了政府的鼓励和支持。

在志愿服务萌芽阶段，新加坡社会经济发展水平落后、人民生活水平较低，所以这一时期的志愿性福利组织主要集中在食物救济、疾病治疗、孤儿收养、残疾人救助等领域，服务领域相对较少。尤其是第二次世界大战后，志愿服务主要以恢复战后秩序和解决贫困为目标，多数行动都具有扶贫性质。志愿性福利组织在战争结束后蓬勃发展，发挥着政府在社会福利方面所无法顾及的功能。到20世纪五六十年代，许多具有代表性的志愿性福利组织渐渐成立，包括社会福利基金组织、老人福利组织、儿童慈善组织、慈善服务团体、残疾救助团体和国际慈善团体。

二、缓慢发展阶段（20世纪60年代至80年代）

1965年8月9日，新加坡建国。新加坡建国初期的志愿性福利组织的福利方向还集中于贫困、残疾、疾病、老人、小孩等特殊群体，主要通过提供直接的现金救济和免费的服务来帮助这部分弱势群体。到20世纪七八十年代，新加坡的经济经历了迅速发展，新加坡社会形成了新的生活方式和新思想。这一时期，新加坡的志愿服务不仅针对特殊群体的基本需求，而且渐渐将注意力转向城市化和经济现代化所带来的新生活方式、新社会问题和新思想背景下的新需求，同时也更加重视服务意识。

在新加坡的诸多社会问题中，人口老龄化问题尤其突出，这直接导致贫穷老人收容所数量的快速增加。此外，新加坡还增加了多家日间安康老人中心（Day Health Activities Centre for Elders）和乐龄俱乐部（Senior Citizens' Clubs），面向老人提供的志愿服务也越来越多。

在这一阶段，新加坡执政党的政治理念对志愿服务的发展起到了关键作用。人民行动党的领导人多数具有英国的留学经历，在很大程度上受到了英国福利思想的影响，这使他们在制定新加坡政策时急于效仿英国。第二次世界大战后，英国工党上台，在英国推行了一系列福利措施，囊括了各阶层人士"从摇篮到坟墓"的生活保障[1]。但新加坡没有领土和资源优

---

① 刘成. 理想与现实：英国工党与公有制. 南京：江苏人民出版社，2003：38.

势，经济发展在于人力资源优势，而福利政策将不利于人力资源的使用。于是，人民行动党执政后逐渐拒绝了"从摇篮到坟墓"的福利计划，以务实的态度制定社会福利政策。新加坡放弃国家福利主义政策之后，只对一部分特殊贫困和弱势群体实施公共援助计划，重点在教育、经济、就业等公共领域实施高投入政策，这导致社会福利出现很多空白。在这种情况下，政府采取了与志愿性福利组织的合作主义政策。

志愿性福利组织面临着资金短缺、场地缺乏、专业性不强等问题，这些问题也驱使它不断加强与政府的合作。20世纪七八十年代，新加坡民众参与志愿性社会工作的意愿不高。后来经政府大力提倡后，例如举办志愿服务月等活动，参与志愿服务的人数才缓慢增长。志愿性福利组织依靠与政府的合作开始加强和宣扬志愿主义。由于放弃了国家福利主义，新加坡政府选择与志愿性福利组织合作，支持后者提供福利服务满足社会福利需求，这也造就了政府与志愿性福利组织高度依赖的局面，两者之间的相互依赖具体体现在筹款时的具体职能、资源配置、财务制度、组织运作、宣传等方面。

这一阶段还发生了新加坡志愿服务发展历程中的里程碑事件——1971年人民协会青年运动（People's Association Youth Movement）的兴起。它由1960年成立的人民协会发起，人民协会以促进种族和谐和增强社会凝聚力、为国家建设奠定基础为使命。50多年来，人民协会青年运动一直提供广泛有趣和有意义的项目，激发和授权青年创建一个个充满活力的青年社区。人民协会青年运动网络由位于新加坡的107个青年俱乐部组成。这些青年俱乐部由102个青年社团管理，其中包括年轻的基层领袖，由他们负责创新项目和活动①。目前人民协会青年运动已成为新加坡最大的青年志愿组织。人民协会青年运动通过组织大量志愿服务活动，实现了调和种族关系、增强社会凝聚力、保持社会稳定并促进经济发展的目标。新加坡首任总理李光耀曾长期担任人民协会的主席，新加坡政府部门官员也曾分别在有关社会团体或志愿组织中担任董事，对志愿服务工作进行指导，带动了全国的志愿服务发展。

三、稳健发展阶段（20世纪80年代至21世纪初）

20世纪八九十年代以后，新加坡进入快速而持续的经济增长阶段，人

---

① 2002 survey on volunteerism in Singapore. ［2022－04－25］. https://cityofgood.sg/wp-content/uploads/2020/10/Survey-on-Volunteerism-2002.pdf.

民生活水平大幅度提升。但是，经济的迅速增长和物质的富裕同样带来了工作压力和激烈竞争，由此出现了新的难题，包括人口老龄化问题、社会不平等问题等。针对这些难题，志愿性福利组织所涉及的福利领域和服务内容也在发生变化。在志愿服务发展逐步深入全面的同时，政府也开始关注对志愿服务组织的治理和监管。

在这一阶段，志愿性福利组织的公益活动逐渐从以物资捐赠为主、个人社会服务为辅，转变为以个人社会服务为主、物资捐赠为辅，并且服务的人群从特定民族或群体转变为全社会需要帮助的人。对于老年人和残疾人，志愿性福利组织也从早期单纯提供住宿转变为主要提供护理等关爱服务；针对弱势贫困家庭，则从提供现金救助转变为提供心理咨询服务，而现金救助主要交给政府；儿童方面，志愿性福利组织则从孤残儿童的收养和教育，发展为提供儿童监护和心理辅导等专业服务；开始关注边缘群体的需求，例如为吸毒者提供治疗和康复服务。

在20世纪80年代中期，新加坡志愿性福利组织发生了一个重要转折——新加坡政府设立社会发展、青年和体育部。社会发展、青年和体育部的主要功能是向志愿性福利组织提供资源以及对这些组织进行调整和控制。它的建立标志着志愿性福利组织归并到国家的管理和控制模式当中。鉴于志愿性福利组织在社会福利领域的重要作用，政府除了为其提供必要的资金等资源支持外，还会定期派出政府专业人士对这些组织的服务质量和运营情况等进行指导和监督，不符合要求的将会受到撤资或撤销该机构的处分。市民也会通过纳税和社会捐助来支持志愿性福利组织救济和帮助弱势群体，传承助人美德。

除了相关组织机构的设立外，1985年新加坡还颁布了《慈善法》，志愿服务由此被纳入公益慈善法律框架，得到了政策资源和制度支持。全国志愿者和慈善中心（National Volunteer and Philanthropy Center，NVPC）的官方数据显示，新加坡的志愿者参与率2000年为9.3%，2002年为14.9%[①]。

总体来看，在稳健发展阶段，新加坡陆续成立志愿性福利组织是其志愿服务发展的体现，同时也是满足民众自下而上的社会福利需求的体现。新加坡的志愿性福利组织积极投身于老人、儿童、妇女、贫困群体、残疾人群体等诸多传统福利领域。而且随着时代的发展，这些组织增添了新的

---

① NVPC 2002 survey of voluntarism. [2022-03-22]. https://cityofgood.sg/resources/survey-on-volunteerism-2002-findings/.

志愿服务精神内涵，不仅扩大了传统福利服务的范围，还开辟了新的服务类型；不仅提供直接的物质救济，还注重服务意识。此外，在经济发展和物质逐渐丰富的背景下，志愿性福利组织也从关注人们的基本需求转变为关注人们的发展需求，例如注重消除因不合理消费而产生的不良习惯；除了关心人的福利，也开始注重对自然界的保护。

四、多元发展阶段（21世纪初至今）

进入21世纪后，新加坡人口老龄化速度加快，更多年长者需要社会援助，经济全球化和新科技则为低薪家庭带来了新的生活压力。为了应对这些新趋势和新挑战，新加坡政府对如何推进公益慈善事业进行了战略性调整，对志愿服务团体的支持模式由主导型转变为推动型，将民间社会组织作为合作伙伴，开拓了社会援助的新路径。其中，民间社会组织包括新加坡华社自助理事会，由新加坡宗乡会馆联合总会与中华总商会于1992年联合成立，注册为公共担保有限责任公司，具有公益机构资质，下设义工联系与发展委员会。这一阶段，社会团体和企业等多元主体在社会福利和公益领域发挥的作用逐渐凸显[1]。

2011年11月，新加坡承办第21届世界志愿者协会大会。大会的主题是"志愿服务——改变世界的力量"，探讨的课题包括志愿者管理、领导人培训和志愿者未来趋势等。会议旨在为世界各地志愿者和工作组织者提供一个交流经验、提高技能的平台。来自世界50多个国家和地区的近200名志愿者界知名人士与参会者分享经验[2]。大会的筹备组织工作交给新加坡全国志愿者和慈善中心负责。新加坡前总统以民间人士的身份作为主宾出席此次大会开幕式，这标志着志愿服务已经完成由政府主导型到推动型的转变。

对于特殊群体的福利服务事业，政府更加突出志愿服务的作用，并且与志愿性福利组织通力合作，共同负责为志愿性福利组织提供资源，同时加强监控，以此来应对新加坡发展过程中出现的各种福利需求。截至2014年底，新加坡共有2 180个慈善团体，来自社会的慈善捐款总额高达11亿新元（1新元约合4.8元人民币），同比增长12%[3]。

---

[1] 李义勤. 新加坡的志愿服务制度. 中国社会组织，2017（8）.
[2] 志愿者协会世界大会将举行. [2022-07-26]. http://zgzyz.cyol.com/content/2011-11/09/content_5150831.htm.
[3] 在新加坡做慈善 你不得不知的那些事儿. [2022-07-26]. http://www.rmzxb.com.cn/c/2016-03-16/739322.shtml.

此外，为顺应互联网时代的潮流推广志愿服务，新加坡文化、社区及青年部①在 2019 年 3 月推出一站式网络平台②，公共机构可以在该平台提供志愿服务机会，以此鼓励国人踊跃参与志愿服务活动。公众可根据自己的兴趣和技能搜寻机会，并上社交媒体与朋友和家人分享。

此后，志愿服务扮演着越来越重要的角色，新加坡政府也在不断完善志愿服务制度，使其在社会保障体系中的地位逐步凸显，为构建和谐包容的社会关系提供了有力支撑，并逐渐探索出了一条创新社会治理的良好途径。

第二节　发展现状和特点

在新加坡，志愿服务已成为公民行为。新加坡全国志愿者和慈善中心 2012 年的调查数据显示，32.3% 的新加坡人参与了志愿服务，全国志愿服务总时长达到 9 100 万小时，很多新加坡人自费乘车或自驾做志愿服务，不索取报酬，或将报酬捐给志愿组织。其中年轻人（15～24 岁）的志愿服务参与率最高，达到了 43%。此外，新加坡 60 岁以上的长者也有强烈的志愿服务参与意愿，他们表示，只要身体条件允许，愿意为其他老人提供力所能及的帮助。

2018 年，新加坡全国志愿者和慈善中心对 2 100 名 15 岁以上的新加坡人进行调查。调查结果显示，79% 的新加坡人自发地在日常生活中行小善，如让路给他人、在公共交通上让座等。不过调查也发现，虽然有新加坡人有意捐赠、七成国人有意做义工，但多数人因实际考量而没这么做。除了行小善，也有新加坡人开始注意购买的物品是否来自非营利机构或社会企业（29%），会倡导某个议题（17%），以及捐血或骨髓等（7%）。此外，大多数新加坡人也仍会捐款（79%）、捐赠旧物品（63%）和做义工（29%）。

具体而言，新加坡志愿服务体现了以下特点：

一、国家领导人、公务员带头参与志愿服务

在新加坡，政府内阁成员、国家公务员参与志愿服务等公益慈善活动

---

① 2012 年 11 月 1 日，新加坡社会发展、青年和体育部分离出新加坡社会和家庭发展部以及新加坡文化、社区及青年部。新加坡文化、社区及青年部的主要目标是建设一个优雅和谐的社会，并且加强国人的身份认同与归属感。

② 该平台网址为 http://www.volunteer.gov.sg。

已经常态化和制度化。各级官员几乎都在志愿服务和慈善团体任职,但这不代表官方干预慈善组织的内部事务。

2012年,新加坡总统陈庆炎首次倡导实施"总统挑战义工行动",强调公益慈善活动不只是筹得善款,也要吸引更多人抽出时间当义工,结果当年有120个志愿服务和慈善团体响应总统号召,招募6500人参加了300场义工活动,并由此形成惯例①。

2015年10月,新加坡副总理张志贤宣布:自2016年起,14万名国家公职人员每年可申请一天"志愿服务事假",16个政府部门、50多家法定机构必须帮助至少50个志愿服务和慈善团体,每一个政府部门委任一名副常务秘书负责推动公益慈善工作。当地媒体发表题为"体恤民情从当义工做起"的社论称,国家公职人员"不能只是坐在冷气房里办公,要和千千万万义工一样,加入志愿服务的行列"。新加坡政府对志愿服务谨慎地使用强制性法令,强调志愿服务必须是自发性的,即便是号召国家公职人员做义工,也不作硬性规定,而是使用引导、激励的办法,努力在营造行善风气上下功夫②。

二、政府积极推动志愿服务工作

新加坡政府对优质高效的志愿服务和慈善项目给予了配套资金支持。其中以"关怀分享计划"为代表,新加坡政府从2014年1月开始以1元对1元的方式捐款,补足志愿服务和慈善团体筹款不足部分。这一计划的目标是"志愿福利团体募捐2.5亿新元,政府对等资助2.5亿新元"。截至2016年3月,共有241个志愿服务和慈善团体加入该基金的筹款活动,共筹款13亿新元,其中8亿新元由志愿服务和慈善团体募集,政府配对资助5亿新元,超过预期1倍③。

为了推动志愿服务的可持续发展,新加坡建立了以政府、志愿性福利组织为主导的志愿服务激励机制。新加坡特别注重公民的平等权利,但政府在政策上给予志愿者一定的"特权"。例如,为其提供优先的社会福利和服务,在申请购买政府低价提供的住房时会优先获得批准,还可以享受免费停车服务,子女入学会有优先选择权。新加坡政府将志愿服务与公民切身利益结合起来,具有很强吸引力,得到民众的积极响应和普

---

① 李义勤. 新加坡的志愿服务制度. 中国社会组织,2017(8).
② 新加坡的志愿服务制度. [2022-07-26]. https://www.shicheng.news/v/RApwM.
③ 同①.

遍支持①。

除了在物质方面的奖励外，新加坡政府还非常重视精神奖励。在每年的国庆日，新加坡政府会根据志愿者服务时间、绩效的不同，授予志愿者不同等级的勋章。最高奖励为人民协会颁发的社会服务奖。该奖分为三级，每年由人民协会的基层组织联络推荐候选人，根据从事志愿服务的时长和业绩分别授予"公共服务奖状"、"公共服务勋章"和"公共服务星条勋章"。最高级别的志愿者可得到由总统亲自颁发的公共服务勋章（Pingat Bakti Masyarakat The Public Service Medal）和公共服务星条勋章（Bintang Bakti Masyarakat The Public Service Star）②。这些荣誉已经成为志愿者社会地位的象征，也是国家对志愿者所做出的社会贡献给予认可的重要标志，因此受到新加坡人民的高度重视。除此之外，各级有关机构也会根据自身活动的实际情况给志愿者颁发奖章、奖状和证书。志愿组织与政府合作建立的物质与精神相结合的激励机制，在很大程度上调动了公民参与志愿服务的积极性，并提升了志愿服务绩效。

此外，为了营造提倡志愿服务的社会氛围，新加坡规定每年7月为"志愿服务月"、每年4月为"关怀分享月"，其公益基金会由总统作为总赞助人，由社会发展部部长作为赞助人，向社会募捐，帮助生活贫困者、老人及残疾人等群体③。

三、志愿组织重视培训志愿者

新加坡志愿组织非常重视对志愿者信念、技能的培训。它们会根据志愿者来自不同行业、不同阶层的这一特点开展一系列有针对性的关于价值观和服务技能的培训。例如，新加坡人民协会设立的全国社区领袖训练学院，就是为了让志愿者和民众俱乐部员工能够适应不同环境，提升志愿服务技能和综合素质，同时也可以优化民众俱乐部等基层组织的治理效果。为了提升志愿者的领导力，吸引更多志愿者加入，许多志愿组织还对志愿者提出了每年参与特定课程培训的具体要求。

为了更好地指导志愿者的行动，各类志愿组织制定了服务宗旨和服务口号，以培育和增强志愿者的奉献意识。企业还可以将职工借调给志愿组

---

① 陈秀红. 发展慈善公益事业的国际经验. [2022-07-26]. https://m.gmw.cn/baijia/2022-04/22/35678894.html.
② 岳金柱，宋珊，何桦. 新加坡志愿服务主要经验做法及其启示. 社团管理研究，2012（12）.
③ 李义勤. 新加坡的志愿服务制度. 中国社会组织，2017（8）.

织,从而更深入地开展志愿工作。具体来看,志愿组织会向企业员工分发小册子,教他们如何宣传志愿组织的工作,还配以图画,通俗易懂、便于操作。这些企业员工回到企业后,往往会成为志愿服务的积极推进者和热心宣传者。

四、社区组织、居民广泛参与志愿服务

新加坡全国有500多个政府组屋①社区,容纳了约83%的常住人口。这些社区里的居委会、学校、医院、律师馆承担了为弱势群体提供志愿服务的主要功能。

新加坡社区的居民委员会制度源自中国。经过吸纳创新后,新加坡政府将其功能进行调整,让居委会在邻里婚丧嫁娶、照顾孤寡老人、关爱残障人士、衔接志愿服务项目等领域大显身手。居委会作为新加坡基层组织之一,其主席通常由本社区选举的国会议员推荐产生并且与居委会委员都不领取薪酬。相反,他们在居委会的岗位上既出力,又出钱,还要搭上时间,堪称新加坡优秀义工。新加坡全国500多个组屋区对应500多个居委会,也是500多个充满爱心的义工团。

新加坡教育部还将志愿服务和慈善的理念引入学校课堂,推行学校社区服务计划。以新加坡德景中学为例,该校除了安排志愿服务和慈善课程外,还规定学生每年须完成6个小时的志愿服务课时。周末在乌节路等繁华地段,礼貌募捐的中学生随处可见,也会不时看到年轻妈妈指导孩子将硬币投入捐款箱的举动②。

新加坡全国志愿者和慈善中心2013年调查数据显示,曾参与学校社区服务计划的受访者中,85%感到满意或非常满意,认为从这类社会实践课程中获得了行善经验。该中心认为,学校社区服务计划促使学生关注社会,也能鼓励年轻人在未来继续参与志愿服务③。

五、社团、宗教组织积极组织志愿服务

在新加坡,每4个常住居民中就有3个是华人。新加坡现有地缘、血

---

① 组屋是指政府为解决"居者有其屋"问题而向普通居民提供的廉价房屋,由于这些房屋都是组合式的,因此俗称"组屋"。
② 李义勤.新加坡的志愿服务制度.中国社会组织,2017(8).
③ Subjective Wellbeing Survey 2013 Findings. [2022-07-26]. https://cityofgood.sg/resources/subjective-wellbeing-survey-2013-findings-2/.

缘、业缘类的华人社团 1 000 余家，一批百年会馆仍保持生机与活力，秉持乐善好施、扶贫济困的中华民族优良传统。这些华人社团中，约有五分之一设有义工团或青年团（通常义工团与青年团合二为一）。凡政府推出某项举措需要社会提供志愿服务时，常常会首先联系和鼓励华人社团组派义工发挥引导和示范作用。华人社团的义工精神在社会各界享有很高声誉。

人民行动党在新加坡长期执政，该党是一个特殊的、华人占多数的政治团体，自成立之日起就倡导志愿服务。该党的支部活动、党代表大会等许多会务工作，甚至组织参加历届国会大选，一直都有义工们忙碌的身影，义工精神已注入新加坡人民行动党的执政理念中。在新加坡，人们看不到执政党的办公场所，唯一能够看到有执政党标志的建筑物就是人民行动党社区基金会在许多组屋区开设的幼儿园，幼儿园外墙上有该基金会的标志，酷似人民行动党党徽。里面的工作人员大都是社区基金会属下的义工团成员，其入园费远比私人幼儿园低，深受民众欢迎。截至 2016 年 5 月，该基金会已成为新加坡最大的学前教育机构，设有 375 家幼儿园和托儿中心，占新加坡幼儿园总数的 70%，每年为 5 万名儿童提供学前教育①。

新加坡还是个宗教多元化的国家。新加坡统计局公布的 2020 年全国人口普查的数据显示：2010—2020 年，新加坡维持多元宗教的色彩，有宗教信仰的人口占总居民人口的 80%；佛教仍是新加坡第一大宗教，佛教徒占 15 岁及以上总居民人口的 31.1%；第二和第三大宗教依次为基督教（18.9%）和回教（15.6%）②。新加坡政府重视宗教活动的法制建设，对宗教的社会功能有着清晰的认识，通过各种手段使宗教之间平等相处，促进宗教与社会的和谐。如某家寺庙只限于本民族人士参与，就不可以成为公益机构。公益机构必须不分民族，所有活动要向各族群人士开放。下面以两个宗教公益机构为例：

第一个，新加坡佛教居士林是新加坡著名宗教会所之一，长期致力于筹善款、做善事，促进宗教、民族和社会和谐，备受各界尊敬。该公益机构常年为大众提供免费素食。自 2002 年起，新加坡佛教居士林每年向中国云南贫困地区捐款 10 万新元。2008 年四川汶川地震、2014 年云南鲁甸地

---

① 李义勤. 新加坡的志愿服务制度. 中国社会组织，2017（8）.
② The Singapore Department of Statistics：Singapore census of population 2020. [2022-07-26]. https://www.singstat.gov.sg/publications/reference/cop2020/cop2020-sr1.

震等灾害发生时，该公益机构都有募捐。

第二个，新加坡佛教福利协会是新加坡佛教界的公益机构之一，于1981年正式注册为社团，是社会服务全国委员会（the National Council of Social Service，NCSS）的成员机构。它的宗旨之一是开创与组织义工计划、服务和活动，通过辅导、经济援助、培训、教育或本会所认为适当的其他援助方式，协助减轻社会人士（不限岁数、性别、种族、国籍或宗教）的贫穷困苦，以及生理或心理上的病苦[1]。

新加坡全国志愿者和慈善中心2014年调查数据显示，无论是慈善捐款或是志愿服务，宗教组织都是积极的推动者和参与者，受访者中有60%的人捐钱给宗教会所，有27%的人到宗教会所做义工。由此可见，宗教组织在志愿服务体系中扮演着十分活跃且重要的角色[2]。

六、企业及员工积极参与志愿服务

新加坡对企业参与公益慈善事业的方式的界定为：以企业名义捐钱、捐物、免费借出公司资产或资源、向公益慈善组织购买产品或服务、免费提供公司服务以及员工参与志愿服务，但不包括企业赞助和员工以个人名义捐款。

为鼓励企业参与公益慈善事业，新加坡政府和全国性社会组织实施了多项鼓励性举措。例如，新加坡政府规定，捐款给公益机构的企业可获得2.5倍的扣税优惠。2006年，新加坡政府成立了社会企业委员会，2009年成立了社会企业协会和社会企业发展中心，同时还设立了社区关怀企业基金计划，为80余家社会企业提供种子基金，帮助它们创业。为加快企业行善的前进步伐，新加坡政府于2013年2月成立了"企业行善理事会"。该会定期举办企业和公益机构的社交活动，为义工举办管理培训工作坊，通过各种渠道提高公司企业对参与慈善活动的认识，同时吸引更多公司成为理事会成员。新加坡人民协会也在长期推行企业社会责任计划项目。2015年，该协会与200多家企业合作，派送1320万新元的食品券，帮助约2万个家庭，其下属1800个基层组织、3万多名基层领袖、无数义工参与了项目活动[3]。2016年，全国志愿者和慈善中心同新加坡工商联合总会基金

---

[1] https://sbws.org.sg/zh/关于我们/我们的理念/.

[2] Individual giving survey 2014 findings. [2022-07-26]. https://cityofgood.sg/resources/individual-giving-survey-2014-findings-2/.

[3] 新加坡的志愿服务制度. [2022-07-26]. https://www.shicheng.news/v/RApwM.

会（SBF Foundation）合作推出了"乐善公司"计划，旨在协助企业筹划公益活动项目，指导它们筹划公益项目，回馈社会。"乐善公司"过去几年也通过行善倡导者框架，表扬具有影响力的善心企业，2016—2018年已有97家公司获表扬。

下面有两组数据可以说明新加坡企业及其员工参与慈善和志愿服务的总体情况。2015年统计数据表明，新加坡每4家企业中有3家参与了志愿服务或慈善捐款，其中54%的企业通过现金捐款，38%为活动赞助，49%为实物捐赠。志愿服务中位数的小时数为10小时，有44%的企业加入了义工行列，受惠对象分别为儿童（44%）、年长者（40%）、困难家庭（34%）。许多企业的员工每年享有两天做义工的带薪假期。2015年，企业捐款总额达9.1亿新元，个人捐款总额达4.5亿新元，破历史纪录[1]。可以看出，越来越多的企业加入行善队伍。2018年，全国志愿者和慈善中心针对700多个本地中小企业和大型企业的行善调查报告中指出，大约52%的企业行善，其中定期行善的有24%，76%的企业只在一些节日或在被要求的情况下行善。调查也显示，64%的行善企业已把行善融入核心业务，比如向非营利机构采购货品、把支持慈善活动作为一种提升自身品牌的营销手段，还有鼓励员工做义工。不过，在行善的企业中，有89%的企业是通过捐钱和捐物品的方式回馈社会，只有39%的企业鼓励员工参与志愿工作。

七、专业志愿服务蓬勃发展

在新加坡，参与专业志愿服务的人数也很多，主要以医护工作人员、律师和警察为主。

新加坡有10余家慈善中医院，是医疗行业开展志愿服务的中坚力量。这些医院的工作人员既有义工团队成员，也有拿薪酬的医生护士。其中一家是已有百余年历史的新加坡同济医院，它的办院宗旨为"不分种族、不分宗教、不分国籍、施医赠药、协助贫困病黎、分文不收"，其办院经费完全来自社会捐资[2]。2014年该院平均每天的门诊量超过1 000人次。

除医院外，律师馆也积极参与志愿服务。2015年新加坡共有律师5 952人，约有50%的律师参与志愿服务。新加坡律师公会在2007年设立

---

[1] 李义勤. 新加坡的志愿服务制度. 中国社会组织，2017（8）.
[2] 季怡雯. 新加坡同济医院. 北京：社会科学文献出版社，2017.

目标，希望每名律师利用自己的专业知识，每年提供25小时无偿服务。2015年1月，该公会为资助相关项目，同时也为了在法律界推广志愿服务的理念，牵头举行义走活动，吸引了包括法官、检察官、律师和大学法律系学生等1 800多人参加，募捐超过200万新元。从2015年起，律师公会规定所有律师在更新执业执照时都须申报无偿服务时数，同时对在新加坡执业的1 000多名外籍律师不积极参与志愿服务公开提出批评，并警告若不改正将受到从业审批限制。律师公会统计数据表明，2015年有2 479名律师投入68 256小时提供无偿服务，和2012年无偿服务45 094小时的数据相比，新加坡律师向社会提供无偿服务时间增长了51%，其中有102名律师提供的无偿服务时间超过100小时[1]。

最为新奇的专业志愿者是新加坡志愿者特别警察（The Volunteer Special Constabulary），它是新加坡警察队伍的重要组成部分，于1946年组建。当年，约150人响应号召，成为志愿者特别警察的先驱。志愿者特别警察队伍后来逐步成长壮大，在维护法律和社会秩序中作出了突出贡献。志愿者特别警察由来自各行各业的志愿者组成，成员涵盖从商人到蓝领工人等各社会阶层，他们因辅助新加坡警察服务国家的共同志向而聚到一起。志愿者特别警察在执法中享有与正式警察完全平等的权力，身着正式警察制服巡逻，参加禁毒行动，有时甚至还参与查处海上违法犯罪活动。他们与正式警察一起执法，共同维护新加坡社会秩序。志愿者特别警察定期举办户外的招募活动，以吸收新鲜血液。申请人必须符合基本的身体条件和学历要求，或者是前国家军人、新加坡前正式警察。具体要求如下：18～45周岁，至少通过三科新加坡普通教育证书普通水平考试，基本熟练掌握英语，具有新加坡国籍或者新加坡永久居留权。除此之外，还须符合体重、身高要求，体检须达到A或B的健康标准。

第三节　法制建设

在司法实践中，《慈善法》《社团法》《公司法》《信托公司法》《所得税法》等法律法令共同为公益慈善组织和个人参与志愿服务提供法律保障。新加坡的慈善立法的特点在于，规制慈善组织和慈善活动的各种制度

---

[1] 李义勤. 新加坡的志愿服务制度. 中国社会组织，2017（8）.

体现在慈善母法中，慈善基本法比较全面，包括了定义、注册、权利义务、内部治理等方面的内容。下面将主要介绍《慈善法》与《社团法》中与志愿服务相关的内容。

一、《慈善法》

自新加坡 1985 年颁布《慈善法》起，志愿服务就被纳入公益慈善法律框架。《慈善法》作为国家公益慈善事业基本法，采用集中立法模式，综合规定了包括志愿服务团体在内的各类公益慈善组织制度，包括慈善目的、登记注册、权利义务、资金账目、财务和人事管理、监督机制以及法律责任等。

根据《慈善法》的规定，志愿服务团体要依法注册。在新加坡成立社会组织，必须到有关部门办理登记注册手续。志愿服务团体的注册形式分为三种：社会团体、公共担保有限责任公司或信托机构①。一旦志愿服务团体经注册登记成为法律实体，即可根据《慈善法》申请注册慈善组织。按照《慈善法》的要求，新加坡的慈善组织必须依据《社团法》和《慈善法》分别登记，董事会至少要有三名成员，其中至少两名为新加坡公民或永久居民。无法满足上述条件的国际公益机构可以在新加坡的国际慈善组织计划下注册。该法规定，由部长任命的部门管理员（sector administrator）可以规定公益性机构捐款的用途、签发抵税收据及保存捐款记录及账目。如果符合法定要求，还能申请升格为公益机构，以获得更多的税收优惠，并可为募捐出具免税单据。新加坡实行强制性社会组织登记制度，依法取缔未经注册的社会组织。

志愿服务团体还需要依据《慈善法》开展活动。由于招募、培训等基本的志愿服务项目均需善款支持，而义卖、义演等许多志愿服务项目本身就是为了募捐，因此志愿服务团体通常融合在其他公益慈善组织当中或作为其分支机构开展活动②。还有一种情况是，单纯的志愿服务团体平时没有资金储备，组织活动时向公益金③等各类公益慈善基金会申请善款，也可申请技能提升基金用于培训、咨询、共享服务等津贴。

2004 年，新加坡全国肾脏基金会被媒体揭露丑闻，执行理事长因贪腐被罚款 400 万新元、监禁 3 个月，多名高管宣布个人破产。该基金会是新加坡当时规模最大、最有影响力的慈善组织，三分之二的新加坡居民向其

---

① 李义勤. 新加坡的志愿服务制度. 中国社会组织，2017（8）.
② 新加坡的志愿服务制度. [2022-07-26]. https://www.shicheng.news/v/RApwM.
③ 新加坡国家福利理事会的筹款机构，旨在帮助没有筹款能力的小规模志愿服务团体。

捐过款,大批志愿者为其提供无偿服务。事件发生后,新加坡政府痛定思痛,一方面不惧怕亮丑揭短,公开持续报道案件审理情况,另一方面果断进行监管改革,大幅度提升公益慈善组织的公信力和透明度。2007 年,新加坡通过修订《慈善法》,法定成立新加坡慈善理事会,并设立慈善总监一职,用以监督慈善组织①。

《慈善法》对慈善组织既没有行政开支比例的限制,也没有组织捐赠活动事先明确成本支出比例的要求,更没有规定工作人员薪酬上限。但《慈善法》规定所有慈善组织每年必须提交年度财务报告。商业机构组织公益活动须提前申请许可证,不得套用"慈善组织"之名,同时需呈报自己的酬劳和转交捐款的时间等。新加坡《慈善团体与公益机构监管准则》在设计之初便确定了"分级指导"原则,根据慈善团体和公共机构的类型以及慈善组织的资金规模,设计了基本一级、基本二级、强化级、高级四个监管标准②。年收入或支出 1 000 万元以下的慈善组织或 20 万元以下的公益机构,需准备年报供利益相关者查阅,其披露对象也扩展至一般公众③。自 2014 年 8 月起,慈善理事会也将所有慈善团体的财务简报统一汇总到其网站上,免费让公众调阅。

二、《社团法》

志愿性福利组织注册的法律程序除了要按照《慈善法》规定外,还有遵循《社团法》的要求。《社团法》共有 38 章,对社团的注册、变更、撤销和违法处罚都作了详细的说明,主要包括:解释社团的含义、登记官的义务和权利、登记的审核规则、年度登记的情况、社团的注销和变更登记、不符合担任社团高级职员的情形、标志旗帜的使用、非法社团及其惩罚等,对社团活动进行了严格的规范和界定。

新加坡于 2004 年对《社团法》进行了修改,从 9 月 1 日起实施社团自动注册方式,为方便那些不太可能引起法律、治安与保安问题的社团进行快捷注册,社团在提交相关资料和缴纳注册费用后即可注册。民间社团多为志愿性福利组织,是人们志愿组合的。政府对结社的态度实际上很宽松,没有特殊的政治理由,一般的申请都会得到批准,这也是新加坡志愿性福利组织数目较多的原因。

---

① 李义勤. 新加坡的志愿服务制度. 中国社会组织,2017 (8).
②③ 李健. 新加坡政府如何监管慈善组织信息公开. [2022-07-26]. https://www.sohu.com/a/290038093_669645.

新加坡志愿性福利组织主要是慈善性质的团体，属于政治非敏感性机构，采取的是简易自动注册的方式。新加坡社团注册局（Registry of Societies）为新加坡内务部下属的一个法定机构，负责依法对志愿性福利组织进行注册和注销，防止不良团体成立为社团并支援执法机构对其追究相应的法律责任。具体工作主要包括：受理社团的申请注册；受理社团的章程修改，名称、地点、社团标志更改和使用的申请；通过年度报告监督社团的合法性；注销没有活动、已经停止运作或自动解散的社团；提供其他服务，如受理检查社团文件的申请等。

为方便志愿性福利组织和公众，2003年8月开始，新加坡社团注册局实施网上注册，建立了社团注册局电子系统。所有的志愿性福利组织可以在网上提交各种申请和报告。公众可以随时直接通过该电子系统在网上查阅注册组织提交的年度报告和章程，增加了透明度。

经批准注册的志愿性福利组织要接受政府和社团注册局的监督，而实际操作的监督者是志愿代理机构。所有的志愿性福利组织必须在其登记宗旨的范围内活动，不得越规操作，尤其不得从事政治性活动。凡以组织的名义从事政治性活动的，政府将严惩不贷甚至给予撤销。为了方便监督，政府出台法律强制志愿性福利组织每年向政府或者政府规定的相关志愿代理机构提供财务报告和工作报告，政府则派志愿代理机构的专门人员对组织进行检查，以检验报告的真实性。此外，政府部门可随时要求组织提供关于它近期活动的所有信息。志愿性福利组织建立分支机构则必须经过政府批准，它们如有变动，甚至解散，都必须及时向政府及有关部门报告。

新加坡志愿性福利组织的注册和撤销具有登记简便和法制严格的特点。设立手续简便使得符合法规的志愿性福利组织有较大的自由空间，易于操作，最大限度地减少了行政干预。而严格的法制则保证了志愿性福利组织在法律的框架内运作，有效地保证了这些组织朝着公益性的方向合理发展。

第四节　组织体系

一、整体概况

新加坡的福利体系形成了从中央到地方的垂直式整合，即国家政府—社会发展、青年和体育部—社会服务全国委员会—社区发展委员会—志愿性福利组织以及其他的非营利组织等，各级体系有政府辅助及各自募捐单位，志愿性福利组织大部分依赖政府规划和资助。在国家统筹下，社会发展、青年和体育部、社会服务全国委员会以及社区发展委员会等志愿代理机构，一方面通过一系列志愿性福利组织承担日常福利管理和实施方面的主要责任，另一方面管理和分配国家在预算时直接为志愿性福利组织提供的资源以及通过自愿方式积累起来的资金。

政府是社会福利资源的主要供应者，志愿代理机构是志愿性福利组织的管理者，志愿性福利组织则是社会福利的交付和执行者，志愿代理机构成为政府与志愿性福利组织之间进行管理与控制、沟通与合作的一道桥梁。政府通过志愿代理机构考察志愿性福利组织的调查报告，然后再分配资源。

新加坡的志愿性福利组织遍布全国，仅在社会服务全国委员会统筹下的志愿性福利组织就近 300 个。这些志愿性福利组织涉及不同的福利领域，如儿童教育、卫生保健、养老、信息咨询以及为特殊群体提供服务等，对新加坡的民生建设意义重大，是社会保障中的一股重要力量。

经过几十年的努力，新加坡在志愿者招募、管理、活动策划与组织等方面形成了一套完善的制度。新加坡没有全国统一招募志愿者的机构，但各个机构可根据需要招募志愿者，有规范的、格式相近的志愿者招募登记表，招募者将应招者的情况进行整理分类，推荐给相关部门或有服务需求的对象。因此，新加坡大量的志愿者存在于社会非营利组织，每万人所拥有的非营利组织近 20 个，这些众多的非营利组织成为新加坡政府管理服务社会的抓手，起到了重要的补充作用。

二、全国性组织

新加坡的志愿组织具有很强的社会化特征，全国从事社区服务和社会福利工作的机构有 50 多家，其中既有社会服务的管理部门，如社会和家庭发展部、国家教育部课外活动中心、社会服务全国委员会等，也有法定机构，如人民协会等，还有非营利的私人公司，如华社自助理事会等。需要特别说明的是，新加坡许多从事志愿服务的机构均为法定机构，即通过法律确定其地位，政府支付其雇员部分或全部薪金，在活动资金、活动场所等方面给予最大的支持，并允许其在社会上开展募捐活动[①]。下面将主要介绍这三种类别的代表机构：社会服务全国委员会、人民协会和华社自助理事会。

（一）社会服务全国委员会

社会服务全国委员会是附属于新加坡政府社会发展、青年和体育部的

---

① 岳金柱，宋珊，何桦. 新加坡志愿服务主要经验做法及其启示. 社团管理研究，2012（12）.

志愿代理机构（组织结构如图 11-1 所示），通过许可证申请、管理基金和其他资源供应来帮助政府调控和监督志愿服务活动，对志愿性福利组织的监管发挥了强有力的杠杆作用。

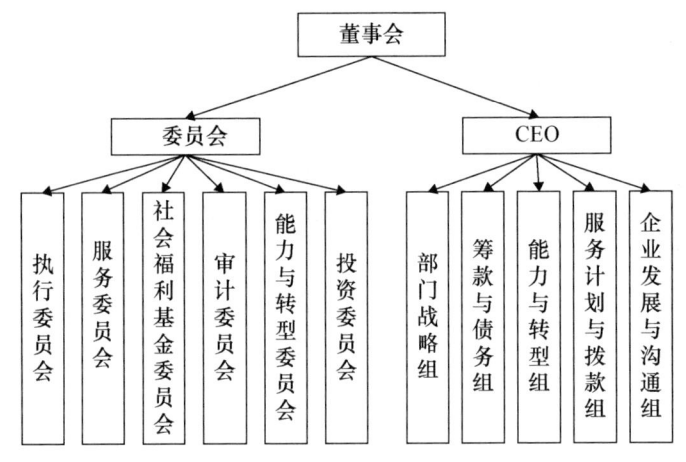

图 11-1　社会服务全国委员会组织结构图

资料来源：https://www.ncss.gov.sg/who-we-are/our-organisation.

其机构职责包括：支持会员社会服务机构的需要和发展，加强它们的规划和能力；倡导和游说企业捐助者通过捐赠等途径帮助受益人；开展研究以理解社会问题，并呼吁社会各界重视研究对解决实践问题的作用；推动社会服务部门创新工作方式、解决复杂问题并产生社会影响的举措；向社会服务机构分配和提供可持续的资金。社会服务全国委员会的服务规划及发展的六个重点范畴包括：残疾人士服务，儿童、青年和家庭服务，照顾老年人服务，精神卫生服务，标准和影响以及综合服务规划[①]。

为促进和鼓励捐助，由国家管理的慈善基金——社区福利基金（the Community Chest）在 1983 年设立。捐款被集中到社会服务全国委员会，委员会再按照志愿性福利组织的请求和需要来分配这笔钱。社区福利基金的来源比较广泛，其中存在两个特别的私人捐赠计划和项目，这两个都与公司和商业组织有关。一个是员工发起的"社会救助 SHARE 计划"。另一个是具有商业形式的公司社区联合项目，在这个项目中，公司为社区福利基金进行直接的现金捐献，赞助社区福利基金组织的基金募捐活动，向志愿性福利组织提供的社会服务项目如信息技术、咨询服务和专家建议贡

---

① https://www.ncss.gov.sg/who-we-are/our-organisation.

献资源,以及为在志愿性福利组织中作志愿者的员工提供时间。有时,一些公司也会承担一些特别的社会服务种类或者培养相关的志愿性福利组织。例如,大东方保险公司(新加坡的一个主要的保险公司),在其福利计划中已经承担了一些儿童慈善团体和为老年人扩建家园的项目。

社会服务全国委员会向申请参加公司社区联合项目的公司推荐它能够为之作出贡献的社会服务种类,从而为该社会服务项目提供更加持久的保证。志愿代理机构通过国家预算和个人、商业组织及其他私人组织获得资金,然后按照社会福利需求统一分配给相应的志愿性福利组织。

社会服务全国委员会还会帮助志愿性福利组织培训它们的捐赠群体和志愿者。培训项目主要有三种类型:一是志愿性福利的基础技术和知识;二是为志愿工作者提供理疗、演讲和职业临床医师与急救培训;三是为志愿性福利组织的管理提供培训,包括领导关系、工作动力和管理与沟通技能。为进一步帮助志愿性福利组织,社会服务全国委员会还会定期派专业人员到志愿性福利组织指导它们的服务工作。

(二)人民协会

人民协会是在人民行动党领导下的全国社区组织总机构,在全国建有由107个民众联络所(或民众俱乐部)、537个居民委员会、77个邻里委员会组成的志愿服务工作网络。社区基金是人民行动党在基层设立的福利性机构,本着居民需要什么就提供什么的志愿服务原则,为社区居民提供诸如在社区开办幼儿园、托儿中心、儿童图书馆、电脑辅导班等志愿服务,以及保健计划、学生奖学金等福利性的志愿服务。特别是20世纪60年代,为了帮助乡村低收入家庭的儿童获得学前教育,也为了增强民众的向心力,人民行动党基层支部开始开办学费低廉的幼儿园,党员轮流担任义务教师。直至今天它们仍然坚持开办幼儿园的宗旨,即为低收入和中等收入家庭提供它们负担得起的每学期只需付20~85新元学费的学前教育,这相对于每学期需付840~2 100新元学费的私立幼儿园来说,更受群众的欢迎。通过持续不断地开展充满人情味的志愿服务活动,人民行动党的影响在民众生产和生活中无处不在,由此密切了党群关系[1]。

由人民协会负责管理的分布在新加坡全国的民众联络所,是青年志愿服务活动开展的主要阵地。新加坡全国分为81个选区,每个选区都有主要由政府出资建设的民众联络所。此外,截至2013年,新加坡人民协会青年

---

[1] 黄帅. 志愿服务发展与党的群众工作创新:新加坡和上海志愿服务的比较. 党政论坛,2015(4).

运动在全国有96个青年团（基层青年组织）、10万名团员，他们经常参加联络所组织的包括志愿服务在内的活动。在大街上、商店里、出租车内，随处可见"伸出一双手，捧出一颗心——我们支持志愿者"的宣传画。新加坡的志愿组织还多方筹集资金，以保证志愿服务的顺利开展。

目前，人民协会定期组织各种各样的活动，将人们聚集在一起，继续发挥该组织在加强社区和国家建设方面的作用。据悉，新加坡志愿组织的专职人员与志愿者的比例大约为1∶20到1∶40，例如人民协会有专职雇员1 500人，稳定的志愿者却有3万多人[①]。

（三）华社自助理事会

华社自助理事会（华助会）是一个非营利的自助团体，于1992年由新加坡中华总商会和新加坡宗乡会馆联合总会联合发起，组织结构如图11-2所示。该组织为较弱势的族群提供各项计划和援助，通过自助与互助，协助它们发挥潜能，力争上游。在2021年，华助会为17 700户家庭的学生、工友、家长和年长者们提供了各方面的支持与援助[②]。

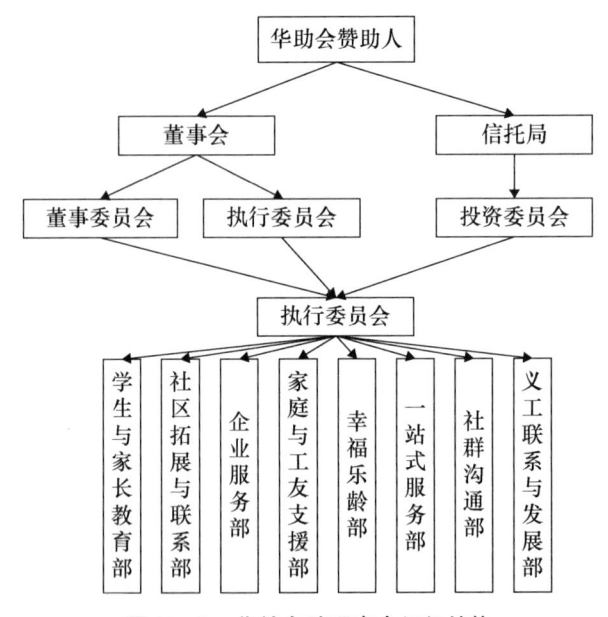

图 11-2 华社自助理事会组织结构

资料来源：https://www.cdac.org.sg/aboutus/organisation-structure/.

---

① 张春龙. 新加坡义工的启示. 唯实，2019（11）.
② https://www.cdac.org.sg/about-cdac-zh/organisation-profile/.

华社自助理事会发起了五个公益项目，它们有不同的宗旨。"学生与家长教育项目"的宗旨是通过对学生和家长两方面的教育，帮助来自低收入家庭的学生，满足其学习需求。"家庭与工友支援项目"旨在为低收入的华族家庭和工友提供支援，并协助强化家庭功能。"幸福乐龄项目"负责通过乐龄学习、乐龄康乐和乐龄义务工作等活动，帮助年长者积极、有意义地步入晚年。"义工联系与发展项目"的宗旨是联系与协助义工发展，并在社区内提倡志愿服务精神。"社区拓展与联系项目"负责管理12所华助会中心，延伸华助会的援助触角，为社区提供服务。

第五节 品牌项目和特色活动

新加坡有丰富的志愿项目，本节将重点介绍新加坡最大的青年志愿项目人民协会青年运动和全国知名度较高的"关怀分享计划"和"捐赠周"。

一、人民协会青年运动

20世纪50年代和60年代初，新加坡经历了动荡时期，种族骚乱和政治冲突使新加坡成为一个贫穷和分裂的社会。于是，1971年人民协会发起了"青年运动"，通过组织大量志愿服务活动，实现了调和种族关系、增强社会凝聚力、保持社会稳定并促进经济发展的目标。

现在，人民协会青年运动是新加坡主要的青年运动组织，旨在鼓励青年参与有意义的事业，并支持政府的国家建设。透过"青年为青年，青年为社区"的策略，人民协会青年运动为青少年提供多元化和全面性的活动，让他们成长为负责任和积极主动的公民。人民协会青年运动包括102个社区俱乐部（中心）的青年俱乐部，各种各样的项目和活动为青年创造了一个共同的空间，让他们不分种族、宗教和教育背景，为当地社区凝聚力量并作出贡献。

人民协会青年运动发起了多个支持青少年的计划。例如，"服务学习冠军计划"为中学青少年提供服务，该计划旨在促进青少年的整体发展，让他们在个人、品格和学术方面获得发展，并培养他们的价值观和生活技能，让他们通过参与社区服务培养公民责任感和责任感。对个人发展和实践经验的强调大大丰富了学生的学习经验。"社区领袖计划"则让学生接触基层工作和各种各样的志愿活动。学生将被派往青年执行委员会，并接受有经验的青年执行委员会领袖的指导，通过体验式学习、社区项目、领导工作坊、挨家挨户走访、对话会议和参与全国性活动走出自己的舒适区。"社区领袖计划"不仅可以磨炼学生的领导才能，更能培养他们对连接不同社群的重要性的认识。人民协会青年运动每年还会举办一系列不同的论坛和对话，征询学生和在职青年对当前问题和国家政策的看法，从而增强他们对国家的归属感。

到目前为止，人民协会青年运动的青少年们已推行超过 100 项可持续社区服务计划，例如每周为低收入家庭的儿童举办读书会、环保活动、每周为有需要的长者和行动不便的长者派发免费食物等。

二、关怀分享计划

"关怀分享计划"（SHARE）是新加坡公益金发起的向社会募集捐款的一个项目。该计划主要向社会募捐，帮助生活贫困者、老人及残疾人等。"关怀分享计划"确定每年 4 月为"关怀分享月"，组织义工每周为老人服务，每月组织老人参加 3 次运动，每月组织 1 次老人会餐等。"关怀分享计划"的联络所通过举办培训班等方式筹集资金维持开销，各类慈善组织将通过募捐、义演、义卖所得的收入捐赠给志愿组织。此外，企业赞助也是其收入的来源之一。按照该计划，企业员工在自愿的基础上每月从自己的工资里拿出一定数额的钱捐献给社区福利基金，同时雇主按员工 1∶1 的比例捐献。社区福利基金所积累的基金中大约 40% 是"关怀分享计划"参加者捐献的。例如，新加坡报业控股有限公司（新加坡一家主要的传媒和出版公司）的员工中大约四分之一是捐助者。"关怀分享计划"的出发点是鼓励尽可能多的员工进行小额捐助，由此减轻个人财政牺牲程度，同时增加捐助总额。

三、捐赠周

"捐赠周"是新加坡每年 12 月都会举办的活动，由全国志愿者和慈善中心、社会服务全国委员会和 SG 爱心办公室联合组织，是一项全国性的慈善行动，旨在激励个人、企业、非营利组织和社区通过分享它们的时间、才能，支持它们热爱的任何事业，无论大小。新加坡各地的企业、非营利组织和个人通过捐赠、志愿服务或筹款来支持它们选择的慈善组织。在"捐赠周"期间，新加坡各地也有许多生活和餐饮活动来支持慈善事业。2021 年，有超过 300 家公司和非营利组织参与"捐赠周"活动，收到的捐款支援了超过 100 个社会服务机构和 200 个项目，这些机构和项目主要服务以下群体：有特殊需要的儿童和问题青年、残疾成年人、有心理健康问题的人以及需要支持的家庭和老年人①。

第六节 重要机构和网站

本节主要介绍新加坡与志愿服务相关的政府机构网站、志愿服务组织网站和研究机构网站,详细网址见表11-1。

表11-1 重要机构网站

名称	网址
社会和家庭发展部	https://www.msf.gov.sg/Pages/default.aspx
社会服务全国委员会	https://www.ncss.gov.sg/
全国志愿者和慈善中心	https://cityofgood.sg/
人民协会青年运动	https://www.pa.gov.sg/
非营利领导中心	https://www.cnpl.org.sg/
社会服务研究所	https://www.ssi.gov.sg/

社会和家庭发展部,脱胎于社会发展、青年和体育部,主要负责制定和执行新加坡的社会政策、提供和维护社区基础设施、相关计划和服务等。其网站共有七个栏目:"关于我们"(Who we are),涉及组织介绍和成员介绍;"援助"(Assistance),为长者、残障人士、低收入家庭、父母等提供社会及公共援助(例如婴儿津贴、儿童保育津贴、就业安置服务、现金补助等);"政策"(Policies),在领养、婚姻、单身、儿童保育及教育、虐待及暴力、长者及老龄化等议题上的政策;"新闻"(Media room),涉及官方演讲、新闻稿、媒体报道、论坛函件回复、议会回复、媒体回复及澄清;"事件"(Events),涉及"义工及合作伙伴奖"等活动介绍;"指南"(Directories),涉及家庭服务中心、社会服务办公室等地址查询;"问答"(FAQs),常见问题回答等。

社会服务全国委员会是新加坡超过500家社会服务机构的枢纽型机构,其组织使命是为社会服务提供领导和方向,提升社会服务机构的能力,并为社会服务提供战略伙伴关系。自1992年起,该组织接管了前新加坡社会

---

① SG cares giving week 2021: where giving gives life. [2022-05-25]. https://cityofgood.sg/newsroom/sg-cares-giving-week-2021-where-giving-gives-life/.

服务理事会和新加坡公益金的职能。其网站共有六个栏目:"关于我们"(Who we are),涉及组织使命、组织结构、财务和组织治理等;"工作"(Our work),组织功能包括倡导和研究、能力建设、企业参与、创新与生产力、会员和筹款、社会服务计划和发展;"倡议"(Our initiatives),介绍委员会的各类倡导和政策;"故事"(Our stories),介绍委员会在社会关怀、赋能等方面的故事;"社会服务事业"(Social service careers),涉及工作机会、奖项、专业沟通项目等;"新闻"(Press room),涉及不同部门的新闻、出版物等。

全国志愿者和慈善中心是于2008年成立的担保有限责任公司,并于当年根据《慈善法》注册。全国志愿者和慈善中心旨在推动志愿服务和慈善事业的发展,发扬新加坡的捐赠文化,它的愿景是建立一个乐善的城市。该组织负责帮助非营利组织、企业、公共部门机构以及社区培养伙伴关系,共同建立一个强大的生态系统使捐赠和志愿服务变得简单、有趣和有意义。全国志愿者和慈善中心的运营、项目和人力成本的资金由政府财政拨款,同时也接受赞助和捐赠。该组织还通过租赁设施和收取在线捐赠门户网站的服务费获得收入。此外,非营利领导中心的项目费用也能给组织带来收入。其网站共有10个栏目:"人"(People),介绍好人好事,提出倡导——小的行动,如果乘以百万,可以使世界变得不同,使新加坡成为美好之城;"组织"(Organizations),介绍参与慈善的组织的故事;"领导者"(Leaders),介绍参与慈善的领导者的故事;"全国研究"(National studies),介绍全国性的捐赠情况;"部门视野"(Sector insights),介绍新加坡的社会问题现状;"捐赠指南"(Giving guides),介绍如何参与捐赠、志愿服务;"捐赠的未来"(Future of giving),介绍未来社会将面临的挑战;捐赠场景(Giving scenarios),介绍捐赠场景的相关研究报告和工作坊指导手册;"文章"(Articles),分享新闻报道、专业洞见等;探报(What's on),分享讲座信息。

人民协会青年运动是新加坡最大的青年志愿组织。其通过组织大量志愿服务活动,实现调和种族关系、增强社会凝聚力、保持社会稳定并促进经济发展的目标。人民协会网站共有七个栏目:"关于我们"(About us),涉及组织历史、管理董事会、年报、人民协会行动和其他结构和联系方式;"项目"(Our programmes),介绍人民协会的主要活动项目;"网络"(Our network),涉及社区俱乐部、社区发展委员会、成员组织、基层组织、合作伙伴等;"志愿者"(Our volunteers),涉及能力发展、志愿机会和申请途径;"参与"(Engage),涉及社区参与、志愿者、与政府联系;

"新闻"（News room），涉及新闻、出版物、演讲、招标公告；"工作"（Careers），涉及工作、奖学金、实习机会等。

非营利领导中心成立于2006年，是国际合作教育指导机构，倡导通过培训、咨询和研究给非营利组织提供指导，为非营利组织输送最佳的领导。它的愿景是通过忠诚的、充满激情的领导者改变非营利组织，以培养优秀的非营利组织人才为使命，目标是帮助非营利组织建立领导渠道和有效的董事会。2010年，该组织注册为慈善组织。其网站共有四个栏目："团队"（Team），组织成员履历介绍；"合作伙伴"（Partners），涉及政府部门、专业服务机构和企业、专业协会和研究机构；"资源"（Resources），非营利领域的报告等；"文章"（Articles），涉及新闻稿、媒体报道等。

社会服务研究所是隶属于社会服务国家委员会的能力与转型小组的一个关键部门。它是新加坡未来技能培训中心（SSG）为社会服务提供的继续教育和培训中心，负责培养技能专业人员和该部门的各项功能。它的网站共有六个栏目："关于我们"（About us），涉及服务对象、里程碑、合作伙伴、联系方式等；"培训"（Training），涉及课程总览、跨部门课程、志愿者发展和管理课程等；"资源"（Resources），为社会服务机构和社会服务专业人员提供广泛的资源，涉及学习途径、创造途径、收集途径等；"我们的故事"（Our stories），介绍学员的学习感受；"新闻中心"（Media centre），涉及新闻报道、演讲等；"课程搜索"（Course search），搜索选择所需课程。

思考与讨论

1. 新加坡的志愿服务发展有哪些特点？
2. 新加坡的志愿服务如何实现法制化？
3. 新加坡的志愿服务如何实现组织化？
4. 新加坡的志愿服务如何实现品牌化？
5. 新加坡经验对于中国志愿服务事业发展有何可借鉴之处？

图书在版编目（CIP）数据

国外志愿服务／张强，魏娜主编．--北京：中国人民大学出版社，2022.12
（志愿服务实务丛书）
ISBN 978-7-300-31138-8

Ⅰ．①国… Ⅱ．①张… ②魏… Ⅲ．①志愿-社会服务-国外-教材 Ⅳ．①C916.2

中国版本图书馆 CIP 数据核字（2022）第 190338 号

志愿服务实务丛书
中国志愿服务联合会　　组编
中国志愿服务基金会
国外志愿服务
主　编　张　强　魏　娜
Guowai Zhiyuan Fuwu

出版发行	中国人民大学出版社			
社　　址	北京中关村大街31号		邮政编码	100080
电　　话	010-62511242（总编室）		010-62511770（质管部）	
	010-82501766（邮购部）		010-62514148（门市部）	
	010-62515195（发行公司）		010-62515275（盗版举报）	
网　　址	http://www.crup.com.cn			
经　　销	新华书店			
印　　刷	北京宏伟双华印刷有限公司			
开　　本	720 mm×1000 mm　1/16		版　次	2022年12月第1版
印　　张	15.75 插页1		印　次	2022年12月第1次印刷
字　　数	264 000		定　价	55.00元

版权所有　　侵权必究　　印装差错　　负责调换